D1280453

ALPHONSE DE LAMARTINE

Méditations poétiques

Nouvelles Méditations poétiques

SUIVIES DE

POÉSIES DIVERSES

Édition de
Marius-François Guyard
Professeur à l'Université
de Paris-Sorbonne

GALLIMARD

PRÉFACE

Les œuvres vivent, survivent ou meurent selon des lois mystérieuses; il arrive même qu'elles ressuscitent ou passent d'une existence effacée à une rayonnante présence. Où classer Lamartine dans le panthéon poétique? S'il n'est pas oublié, le lit-on encore? Son patronyme évoque assurément des images : cheveux au vent, un jeune homme soupire au bord d'un lac; ou, debout sur une chaise, un ministre repousse le drapeau rouge. On se rappelle aussi quelques titres : Jocelyn, Graziella. Mais parmi les poètes de son temps, disparus à jamais comme Delavigne, toujours présents comme Hugo, ou promus à titre posthume comme Nerval ou Baudelaire, Lamartine semble un mort vivant : glorieux et inconnu, en tout cas célèbre et méconnu. Un destin illustre, un nom qui est sur toutes les lèvres, mais une œuvre immense réduite à quelques bribes. À tant d'infortune une seule compensation : « lamartinien » est un mot que chacun croit comprendre.

Pour résoudre l'énigme d'une si étrange destinée, cet adjectif nous met sur la bonne piste. Il suggère à nos contemporains l'amour platonique et malheureux, une molle harmonie, un ruissellement de larmes, un déluge de bons sentiments. Rien de tout cela qui soit très à la mode : nous avons le romantisme plus dur, préférant Éros à

Psyché, la dissonance à l'accord, le cri — de haine ou de souffrance — au sanglot, les maudits aux bénis.

Présentant un homme et non une œuvre, j'en appellerais de l'erreur à la vérité : un Lamartine viril, collectionneur de conquêtes (jusqu'au mariage exclusivement), un politique clairvoyant et courageux, un croyant qui a ses heures de doute et de blasphème, un chantre de la famille qui se hasarde parfois à imiter (avec maladresse, il est vrai) le marquis de Sade. Mais substituer aux images d'Épinal d'authentiques photographies, ramener la sympathie et la curiosité vers un personnage défiguré par sa légende, en quoi cela servirait-il l'œuvre qu'a laissée le poète ?

Alors, laisser parler les textes ? Encore faut-il avertir le lecteur de ce qu'il trouvera dans ce volume. La chronologie qui suit les poèmes dispense d'énumérer des dates, mais un rappel des principaux jalons d'une longue carrière poétique permettra de situer les choix que nous avons faits.

Après les Méditations *et les* Nouvelles Méditations, *Lamartine, ayant donné une conclusion au* Childe Harold *de Byron et célébré en de bien mauvais vers le sacre de Charles X, accède avec les* Harmonies *à un lyrisme plus ample. À peine a-t-il publié ce recueil — le plus beau sans doute qu'il ait composé — que les lendemains de 1830 lui inspirent des odes politiques. Le triomphe de* Jocelyn, *l'échec de* La Chute d'un Ange *révèlent que ce lyrique avait des ambitions épiques, mais les* Recueillements *semblent marquer la fin d'une carrière de poète, au moment où Hugo, lui aussi, va, croit-on, abandonner la poésie pour la politique. Pas plus que Hugo cependant Lamartine n'a délaissé la création poétique : il glisse nombre de ses productions çà et là dans des revues ou des journaux et, massivement, dans l'édition des Souscripteurs où il rassemble, après 1848, l'essentiel de son œuvre. Passent quelques années ingrates et sombres, suivies en*

1856 d'un regain d'espérance; alors le poète sexagénaire reprend ou compose plusieurs de ses chefs-d'œuvre : Le Désert, La Vigne et la Maison sont du nombre. Cette fois, à part des pièces d'album ou de médiocres épîtres, c'est fini. Cet itinéraire poétique a tout de même duré non pas dix-neuf ans (de 1820 à 1839), mais plus de quarante.

L'œuvre entière excédait les dimensions d'un volume comme celui-ci. Puisqu'il fallait choisir, on a retenu les deux premiers recueils : Méditations et Nouvelles Méditations, que suivent d'amples extraits des Harmonies et des Recueillements et de nombreux poèmes parus isolément, des odes politiques de 1830-1831 aux derniers chants en passant par La Marseillaise de la paix. On suivra ainsi la courbe d'un destin poétique en ayant loisir d'observer sinon des mutations radicales, du moins l'élargissement d'une inspiration et le renouvellement d'une manière. Lamartine n'a pas connu la métamorphose que le deuil et l'exil font subir à Victor Hugo : de 1820 à 1857 ses thèmes et ses accents demeurent à peu près identiques. Il y a pourtant une belle distance du rêveur « porté sur le char de l'aurore » au poète âgé « sur ce vieux lit des jours par l'ennui retourné » : le premier néo-classique, le second baudelairien.

Mais notre choix laisse dans l'ombre tout un aspect du génie lamartinien. La place manquait pour citer de Jocelyn et de La Chute d'un Ange autre chose que ces morceaux célèbres qui sont en eux-mêmes des poèmes complets au sein de plus vastes compositions : Les Laboureurs, le Chœur des cèdres du Liban. Qui connaîtrait de Lamartine cette seule anthologie ignorerait que sa plus haute ambition fut d'écrire une épopée de l'âme humaine, dont Jocelyn et La Chute forment deux « épisodes ». Ces limites marquées, précisons qu'aucune pièce n'a été tronquée : pour chacune d'elles on donne le texte intégral, tel qu'il a été établi pour la bibliothèque de la Pléiade

L'épopée éliminée, à contrecœur, reste le lyrisme : terme commode et trompeur qui recouvre et masque une grande diversité de thèmes et de moyens. Tout Français cultivé sait depuis le lycée que Lamartine a célébré l'amour, la nature et Dieu : n'est-il pas l'amant d'Elvire, le peintre du Vallon, *l'auteur de ces* Harmonies *qu'il appelait non sans raison* poétiques et religieuses? *Lieu commun n'est pas erreur, mais sur ces terres mêmes que l'on croit bien connues, les itinéraires lamartiniens réservent des surprises.*

Ainsi l'amour n'unit pas seulement deux âmes, l'une languissante ici-bas, l'autre bienheureuse là-haut. Ce peut être la passion charnelle qui interdit de sacrifier les réalités à la gloire :

> Ce dernier souffle de ma vie!
> Je veux le garder pour aimer.

> (L'Enthousiasme.)

La protestation n'a rien de platonique. Le Chant d'amour *qu'inspire* Marianne *est un* Cantique des Cantiques *aussi sensuel que son modèle. Et devant l'inconnue à qui Lamartine dédie* Un nom, *qui l'emporte, du respect ou du trouble de l'homme vieillissant? Sur le thème amoureux, on le verra, les variations sont plus riches que ne le laisseraient croire des souvenirs scolaires de morceaux trop choisis. Mais pour dire d'autres amours le poète a su trouver des mots inoubliables, des accents mâles sans rudesse et tendres sans mièvrerie : en 1981, oserai-je écrire que Lamartine a donné une expression achevée à la piété filiale et à la tendresse paternelle, qu'il a célébré la famille?* Gethsémani, La Vigne *et la* Maison *donnent au sophisme gidien de superbes démentis et prouvent qu'avec de bons sentiments on peut faire de la bonne littérature.*

La nature, elle, n'est pas seulement cette gardienne du souvenir qu'invoque le poète à la fin du Lac. *Indifférente aux souffrances humaines, elle est tout aussi bien destructrice et oublieuse : le retour de Jocelyn à la grotte des Aigles, ses imprécations devant la ruine du décor de ses amours annoncent* Tristesse d'Olympio; *il a voulu, lui aussi, lui déjà, « tout revoir » et rien ne l'attend. Hostile ou amicale, la nature est bien autre chose qu'une partenaire de l'homme, chargée de lui donner la réplique dans un dialogue émouvant mais théâtral. Elle est celle qui parle de Dieu : les* Harmonies *paraphrasent souvent le verset du psalmiste :* Cæli enarrant gloriam Dei. *Ne serait-elle pas l'Être même? À lire certains vers, on le croirait :*

> ... où donc allons-nous tous?
> À toi, grand Tout!...
> Flux et reflux divin de vie universelle,
> Vaste océan de l'Être où tout va s'engloutir!

(L'Occident.)

Lorsqu'on sait en quelle « horreur » Lamartine avait les panthéistes, on tend à atténuer la portée de formules comme celles-là; on en appellerait volontiers du poète trahi par son expression à l'homme lucidement croyant en un Dieu créateur. Mais la vérité du poète ne serait-elle pas la vérité profonde de l'homme? Ou encore : tout chantre de la nature, s'il n'est pas un rigoureux théologien, ne la célèbre-t-il pas, un jour ou l'autre, en des termes qui ont, pour le philosophe, une résonance panthéiste? Qu'on retienne l'une ou l'autre de ces interprétations, la nature pour Lamartine représente bien plus qu'un décor : révélant un Créateur ou s'identifiant à Dieu, elle a une signification religieuse, une valeur sacrée. On est loin du pittoresque ou de l'exotisme.

La nature nous conduit donc, comme Lamartine

lui-même, à Dieu, sans cesse invoqué, nommé, évoqué dans son œuvre. Qui est ce Dieu? En 1820, par un acte de volonté plus que par une adhésion profonde du cœur et de l'esprit, un jeune homme de vingt-neuf ans retrouve la foi de son enfance. Peu à peu, elle s'effrite jusqu'à disparaître au cours d'un voyage en Orient (1832) : la déception du pèlerin au Saint-Sépulcre, la mort de Julia déracinent ce frêle arbrisseau. Désormais, Lamartine, s'il demeure nominalement catholique, ne sera plus en fait qu'un déiste, aussi fervent que Rousseau, presque aussi anticlérical que Voltaire. Telle est, sommairement retracée, l'évolution religieuse de l'homme.

Avec des gaucheries, mais aussi des imprécisions voulues, l'œuvre poétique suit la même courbe : là encore, il faut récuser la présentation bien-pensante que l'on fait souvent d'un poète, dont trois livres, non sans raison du point de vue de l'Église, furent mis à l'Index. Dans les Méditations, *Dieu n'est que le « vague objet » de « vœux » tout aussi vagues : comment aurait-il des traits plus accusés, quand celui qui l'appelle n'a pas trouvé la certitude? Dix ans plus tard, c'est le Christ qu'invoque le poète des* Harmonies, *mais un Christ dont l' « éclipse est bien sombre », un Messie auquel un chrétien chancelant s'accroche avec une énergie voisine du désespoir : la certitude retrouvée au lendemain des* Méditations *est rongée par un doute multiforme. Plus tard encore, Dieu sera le « Grand Seul » du* Désert. *De l'homme à ce Dieu changeant, la relation ne change pas moins, au fil des ans et au gré des circonstances : élan puissant vers un Être indistinct, adoration joyeuse ou résignée, blasphème, révolte. Seule la négation est impossible : Lamartine envisagerait plutôt l'hypothèse d'un Maître méchant. Ainsi, par les thèmes qu'elle affectionne comme dans son inspiration profonde, cette poésie est constamment religieuse, mais avec beaucoup plus de nuances, de variantes et de contradictions qu'on ne le croit d'ordinaire.*

L'inventaire des grands thèmes réputés lamartiniens révèle donc une complexité insoupçonnée. Mais cet inventaire lui-même néglige bien des sujets d'inspiration auxquels on ne songe guère aujourd'hui quand on nomme Lamartine. J'en retiendrai un seul : la politique. On imagine un poète cédant un jour la place à un parlementaire qu'une révolution portera, pour quelques mois, à la tête de la France. On voit bien comment l'auteur des Girondins est devenu le ministre de 48; on voit mal — ou on ne se demande pas — comment l'auteur des Méditations a pu écrire les Girondins. En réalité, la politique n'a jamais été absente de l'œuvre du poète, et quand le député de Mâcon consacre à la vie publique le plus clair de son temps, il ne cesse pas d'être poète : au contraire, il confie en vers ce qu'il n'ose dire en prose à la Chambre ou à ses électeurs. De l'Ode des Méditations aux stances Au comte d'Orsay, on suivra ici cette veine d'inspiration. On sourira peut-être en voyant défiler les opinions d'un homme qui a connu tant de régimes : né pendant la Révolution, écolier sous l'Empire, diplomate de la Restauration, parlementaire sous Louis-Philippe, ministre de la Seconde République, écarté des affaires sous Napoléon III. Tout en souriant, on remarquera qu'à la différence de ses plus illustres pairs, il n'a jamais sacrifié à l'idole napoléonienne. Si les sujets étaient seuls en cause, la présence de pièces politiques dans l'œuvre ne justifierait pas qu'on en retînt plusieurs pour une anthologie. Il se trouve que la politique a inspiré à Lamartine quelques-uns de ses plus beaux poèmes : Bonaparte, par exemple, ou La Marseillaise de la paix. Elle est, pour parler comme Hugo, l'une des cordes de sa lyre. Il en est d'autres — la fantaisie, la satire, l'épigramme — que seule une édition complète permet de faire vibrer. Du moins ne refermera-t-on pas ce livre en voyant dans l'élégie le seul genre lamartinien.

Si l'on excepte l'épopée, Lamartine a deux manières : l'une prédomine au début de sa carrière, l'autre s'affirme davantage après 1830; mais toutes deux coexistent des premiers aux derniers vers. Ici, le ton est plaintif, la forme un peu molle; là, les accents sont plus mâles, le relief plus dur. Le Poète mourant *et les* stances à d'Orsay *illustrent ce contraste; un même thème, la mort, mais quelle différence entre ce soupir:*

La coupe de mes jours s'est brisée encor pleine...

et ce défi:

J'ai vécu pour la foule, et je veux dormir seul!

Dès les Méditations, *le poète mêle à sa « rêverie qui se prend pour la pensée » des poèmes de construction plus rigoureuse et d'intention didactique; mais en 1820 déjà, la nouveauté n'est pas là.* L'Homme, *par exemple, ajoute un discours en vers à tous ceux dont Voltaire et bien d'autres avaient inondé le marché poétique. Peu à peu, tandis que s'élargira l'inspiration lyrique et que la méditation s'épanouira en harmonie pour aboutir au psaume suprême,* La Vigne et la Maison, *Lamartine, qui définira la poésie comme « de la raison chantée », libérera sa muse prêcheuse des entraves voltairiennes.* Bonaparte, *puis les odes politiques et ces grands poèmes pré-quarante-huitards que sont* Utopie *ou* La Marseillaise de la paix *donnent de leur auteur « une plus mâle idée » que* Le Lac *ou* Le Premier Regret. *On regrette, il est vrai, dans* La Marseillaise, *la fidélité aux inversions —* Trouvant de leurs sillons les moissons trop légères *— ou aux périphrases nobles —* Ces navires vivants dont la vapeur est l'âme. *De ces tics Lamartine ne se débarrassera jamais. Tout compte fait, ils semblent insignifiants: noyés dans un ample mouvement, ils s'effacent devant la fermeté des formules, la richesse des images tour à tour modernes ou antiques. Le vocabulaire* *désuet cède la place au mot propre : « le caisson », « les bombes et l'obus ». Cette poésie oratoire, éloquente au meilleur sens du terme, donne en vers la réplique aux envolées de Michelet, que l'on croirait entendre lorsqu'est célébrée la France, « avant-garde de Dieu ». Le grand rêve internationaliste s'est-il jamais mieux exprimé qu'ici ?*

> Déchirez ces drapeaux; une autre voix vous crie :
> « L'égoïsme et la haine ont seuls une patrie;
>   La fraternité n'en a pas! »

En de tels poèmes, Lamartine s'affirme, à l'égal de Victor Hugo, « comme un écho sonore » de son siècle. L'interprète du vague à l'âme des lendemains de l'Empire devient l'annonciateur de l'Europe unie, le dénonciateur des prophètes du passé.

Est-ce bien le même poète qui parle ainsi de lui-même :

> Je ne suis que la folle brise
> Qui court sur la plaine et les bois...?

Ces vers datent de 1836 : contemporains de Jocelyn, ils sont bien postérieurs aux Méditations et aux Harmonies. Je les cite pour leur grâce, mais aussi pour souligner que les deux manières de Lamartine ne correspondent pas à deux étapes successives. Dès 1820, il sait être éloquent et ferme et il écrira sa plus belle Méditation en 1856. Mais celle-ci, La Vigne et la Maison, est aussi une harmonie du soir où se fondent dans une « unité indéfinissable » toutes les manières. On y entend l'écho agrandi de L'Isolement :

> Que me fait le coteau, le toit, la vigne aride?
> Que me ferait le ciel, si le ciel était vide?
> Je ne vois en ces lieux que ceux qui n'y sont pas!

D'autres vers rappellent Jocelyn :

Ô famille! ô mystère! ô cœur de la nature!

ou répondent par un démenti aux utopies d'autrefois,
prônées par tel « rêveur du groupe universel ».

    Tour à tour ou à la fois élégiaque et oratoire, la poésie
lamartinienne recèle-t-elle des principes d'unité, illustre-
t-elle des valeurs assez stables pour qu'aujourd'hui encore
nous sachions distinguer, sous des modulations diverses,
cette voix des autres voix? On a lu tout à l'heure un vers
baudelairien. Ceci pourrait être signé de Hugo :

Il est nuit, et j'entends sous les souffles d'automne
Le stupide Océan hurler contre un écueil!

(À Madame Victor Hugo.)

    Pour évoquer le proscrit de Guernesey, son ami tout
naturellement parle comme lui. Mais non sans raison
personne ne qualifierait ces vers-là de lamartiniens.
    La diction de Lamartine n'a pas cette infaillibilité
magistrale qui caractérise Hugo. Non qu'il cherche ses
mots : au contraire, il prend ceux de tout le monde,
c'est-à-dire ceux dont usaient les poètes quand lui-même
s'essaya à devenir l'un d'eux. Souvent il met un terme
pour un autre — ce qui n'arrive guère à Hugo — et sans
déclarer la guerre à la syntaxe, il la viole tranquillement,
négligemment, inconsciemment. Ces mots usés qu'il croit
rehausser en les enchâssant dans des figures non moins
vieillies, ces mots qu'il combine sans trop se soucier de
cohérence et de correction, Lamartine certes les choisit
pour signifier; mais il voudrait surtout, par leur alliance
même, communiquer un état d'âme, parfois, pour repren-
dre un terme qui lui est cher, une simple « impression ».
J'ai cité ailleurs une strophe d'autant plus frappante que,

dans un poème de jeunesse et sur un thème banal, elle
atteste déjà une maîtrise remarquable de l'harmonie :

> Ainsi tout change, ainsi tout passe;
> Ainsi nous-mêmes nous passons,
> Hélas! sans laisser plus de trace
> Que cette barque où nous glissons
> Sur cette mer où tout s'efface.

On surprend là le secret de Lamartine : la musique. Ce
n'est pas hasard si, indifférent au vocabulaire, à la
rhétorique, à la grammaire, il a puissamment contribué à
la révolution romantique en inventant ou redécouvrant
tant de strophes. Sans se l'être à lui-même nettement
formulé, il ne cherchait pas d'abord le sens ou la couleur,
mais le rythme, la mélodie, l'harmonie. Pour définir **Les**
Préludes *il recourt à cette correspondance musicale : « une*
sonate de poésie »; et il nomme volontiers ses compositions
« hymnes », « cantiques » ou « psaumes ». Qu'il sache
frapper, lui aussi, des vers-médailles, trouver, lui aussi, des
formules denses, c'est vrai, mais son originalité est
ailleurs : dans ce sens inné et cultivé de l'harmonie qui,
lorsqu'on le lit, comme on doit lire tout poète, à voix haute,
fait si vite oublier les impropriétés ou les faiblesses qui
heurtent le puriste ou le logicien.

La musique du vers et de la strophe est pour Lamartine
le moyen de communiquer, plus que des idées, des
sentiments. S'il cherche parfois à convaincre, il veut plus
souvent toucher et y parvient parce qu'il est musical et
vague. Ses rythmes, sa mélodie détruisent, sauf chez les
grammairiens qu'il méprisait autant que Claudel, toute
velléité de résistance. Un vague savant permet de répondre
aux sentiments les plus divers comme d'échapper aux
prises d'un contestataire éventuel. On conçoit que le poète
ait, au risque de les défigurer, enrichi ses œuvres de
commentaires *où la légende a autant de part que la vérité :*

il ne faisait que cautionner par son témoignage les commentaires de son public. Au-delà de cette intention publicitaire, il y a le souci de prolonger par des harmoniques vécues les vibrations que ses poèmes avaient fait naître dans les cœurs. Telle quelle cependant, je veux dire sans gloses, cette poésie avait sans doute plus de force et d'audience : l'amoureux sensuel comme le rêveur esseulé y trouvaient leur compte; le chrétien et le déiste se reconnaissaient dans les Méditations *et dans* Jocelyn.

Pour certains, je nuirai à l'œuvre que je présente en soulignant l'imprécision de la pensée qui l'inspire. Marque d'impuissance ou art pervers de l'équivoque, ce manque de rigueur heurtera tous les intellectualistes pour qui la poésie est subtile alchimie ou combinaison mathématique. L'avouerai-je? Je ne tente pas de convertir de tels lecteurs, mais, à l'intention de quelques autres, de définir une manière apparemment indéfinissable, si « vague » est l'épithète qui lui convient le mieux. Il y a le vague ambigu, que l'ambiguïté soit calculée ou subie, mais aussi le vague lié à la généralité. Un auteur de Confessions *raconterait sa rencontre avec une femme à Aix. Lamartine, lui, compose* Le Lac de B***, *puis, se ravisant heureusement,* Le Lac. *Où sommes-nous? Au bord et sur les eaux du lac éternel, non situé, où un homme et une femme vivent les plus beaux moments d'un amour précaire, où l'homme revient seul parce qu'elle est absente, éloignée, morte peut-être : thème de tous les temps et de tous les climats, où la vibration personnelle devient naturellement universelle, et le je du poète le moi de chacun de nous.*

Plus de barrière entre les individus et de même plus de frontière entre l'homme et la nature, entre sa rêverie et le paysage qu'elle pénètre et qui la pénètre. Une unité indéfinie se crée où peu à peu se confondent le poète, le décor et le lecteur. À la limite, si l'on peut dire — car il n'y a pas de limite —, il reste un état d'âme, allègre ou mélancolique, que la musique a imposé, que le vague des contours a favorisé. Un homme nous a parlé, créant et du même coup abolissant un paysage, le créant juste le temps nécessaire pour que ce paysage s'enrichisse de nos propres images, l'abolissant pour que subsiste en nous, sur les cadences du poète, l'état d'âme qu'il voulait nous communiquer. Certes, je décris là l'opération miraculeuse des plus beaux poèmes, prêtant à Lamartine des intentions qu'il n'a pas toujours eues consciemment : aux meilleurs lieux de son œuvre, tout se passe comme s'il les avait eues. Le vague même du contenu intellectuel, la maîtrise des rythmes et de la mélodie, l'imprécision du dessin qui suggère sans appuyer, tout concourt à faire de cette voix notre voix, à restituer en nous et pour nous cela même qui a fait jaillir le chant ou le cri. Un tel art, de toute évidence, se place avant et après le romantisme : classique non seulement par ses procédés extérieurs, mais par un constant souci de généralité; symboliste déjà par le rôle imparti à la musique et la recherche de l'impression.

Traduction, trahison; introduction, réduction. N'ai-je pas réduit à quelques traits et par là même trahi la nature de la poésie lamartinienne? Aux lecteurs à présent de rectifier, de compléter, de raturer, grâce à l'œuvre, des analyses forcément partielles. L'un retrouvera le Lamartine de la légende : feuilles mortes, cœur brisé, larmes consolantes. L'autre admirera que ce doux rêveur ait trouvé des accents si virils pour dénoncer la guerre et proposer aux hommes des lendemains meilleurs. Tel autre encore pestera comme Flaubert contre une « phrase femelle »; tel sera ébloui avec Verlaine par « des choses inouïes de beauté ». Je n'exclus pas que ce livre tombe des mains à beaucoup : si loin de nous est ce poète « étranglé par la forme vieille ». Mais Rimbaud lui-même, à qui j'emprunte cette condamnation, admettait que Lamartine fut « quelquefois voyant » : suprême éloge sous sa plume.

Ces pages n'auraient pas été écrites si je n'étais persuadé que cet artiste à tant d'égards désuet demeure notre contemporain. Ce qu'il y a chez lui de daté ajoute même un charme à son œuvre; ainsi l'usage normal que fait Racine du passé simple donne à certains de ses vers un prolongement inconnu de leurs premiers auditeurs :

Ariane, ma sœur, de quel amour blessée,
Vous mourûtes aux bords où vous fûtes laissée!

Il est temps de rendre aux tableaux de Lamartine la place qu'ils n'auraient jamais dû perdre dans notre musée imaginaire.

Marius-François Guyard.

Méditations poétiques

Ab Jove principium
VIRG.[1]

I

L'ISOLEMENT

Souvent sur la montagne, à l'ombre du vieux chêne,
Au coucher du soleil, tristement je m'assieds;
Je promène au hasard mes regards sur la plaine,
Dont le tableau changeant se déroule à mes pieds.

Ici, gronde le fleuve aux vagues écumantes,
Il serpente, et s'enfonce en un lointain obscur;
Là, le lac immobile étend ses eaux dormantes
Où l'étoile du soir se lève dans l'azur.

Au sommet de ces monts couronnés de bois sombres,
Le crépuscule encor jette un dernier rayon,
Et le char vaporeux de la reine des ombres
Monte, et blanchit déjà les bords de l'horizon.

Cependant, s'élançant de la flèche gothique,
Un son religieux se répand dans les airs.
Le voyageur s'arrête, et la cloche rustique
Aux derniers bruits du jour mêle de saints concerts.

Mais à ces doux tableaux mon âme indifférente
N'éprouve devant eux ni charme, ni transports,
Je contemple la terre, ainsi qu'une ombre errante :
Le soleil des vivants n'échauffe plus les morts.

De colline en colline en vain portant ma vue,
Du sud à l'aquilon, de l'aurore au couchant,
Je parcours tous les points de l'immense étendue,
Et je dis : Nulle part le bonheur ne m'attend.

Que me font ces vallons, ces palais, ces chaumières?
Vains objets dont pour moi le charme est envolé;
Fleuves, rochers, forêts, solitudes si chères,
Un seul être vous manque, et tout est dépeuplé.

Que le tour du soleil ou commence ou s'achève,
D'un œil indifférent je le suis dans son cours;
En un ciel sombre ou pur qu'il se couche ou se lève,
Qu'importe le soleil? je n'attends rien des jours.

Quand je pourrais le suivre en sa vaste carrière,
Mes yeux verraient partout le vide et les déserts;
Je ne désire rien de tout ce qu'il éclaire,
Je ne demande rien à l'immense univers.

Mais peut-être au-delà des bornes de sa sphère,
Lieux où le vrai soleil éclaire d'autres cieux,
Si je pouvais laisser ma dépouille à la terre,
Ce que j'ai tant rêvé paraîtrait à mes yeux?

Là, je m'enivrerais à la source où j'aspire,
Là, je retrouverais et l'espoir et l'amour,
Et ce bien idéal que toute âme désire,
Et qui n'a pas de nom au terrestre séjour!

Que ne puis-je, porté sur le char de l'aurore,
Vague objet de mes vœux, m'élancer jusqu'à toi,
Sur la terre d'exil pourquoi resté-je encore?
Il n'est rien de commun entre la terre et moi.

Quand la feuille des bois tombe dans la prairie,
Le vent du soir s'élève et l'arrache aux vallons;
Et moi, je suis semblable à la feuille flétrie :
Emportez-moi comme elle, orageux aquilons!

II

L'HOMME

À Lord Byron.

Toi, dont le monde encore ignore le vrai nom,
Esprit mystérieux, mortel, ange, ou démon,
Qui que tu sois, Byron, bon ou fatal génie,
J'aime de tes concerts la sauvage harmonie,
Comme j'aime le bruit de la foudre et des vents
Se mêlant dans l'orage à la voix des torrents!
La nuit est ton séjour, l'horreur est ton domaine :
L'aigle, roi des déserts, dédaigne ainsi la plaine;
Il ne veut, comme toi, que des rocs escarpés
Que l'hiver a blanchis, que la foudre a frappés;
Des rivages couverts des débris du naufrage,
Ou des champs tout noircis des restes du carnage;
Et, tandis que l'oiseau qui chante ses douleurs
Bâtit au bord des eaux son nid parmi les fleurs,
Lui, des sommets d'Athos franchit l'horrible cime,
Suspend aux flancs des monts son aire sur l'abîme,
Et là, seul, entouré de membres palpitants,
De rochers d'un sang noir sans cesse dégouttants,
Trouvant sa volupté dans les cris de sa proie,
Bercé par la tempête, il s'endort dans sa joie.

Et toi, Byron, semblable à ce brigand des airs,
Les cris du désespoir sont tes plus doux concerts.
Le mal est ton spectacle, et l'homme est ta victime.

Ton œil, comme Satan, a mesuré l'abîme,
Et ton âme, y plongeant loin du jour et de Dieu,
A dit à l'espérance un éternel adieu!
Comme lui, maintenant, régnant dans les ténèbres,
Ton génie invincible éclate en chants funèbres;
Il triomphe, et ta voix, sur un mode infernal,
Chante l'hymne de gloire au sombre dieu du mal.
Mais que sert de lutter contre sa destinée?
Que peut contre le sort la raison mutinée?
Elle n'a comme l'œil qu'un étroit horizon.
Ne porte pas plus loin tes yeux ni ta raison :
Hors de là tout nous fuit, tout s'éteint, tout s'efface;
Dans ce cercle borné Dieu t'a marqué ta place.
Comment? pourquoi? qui sait? De ses puissantes mains
Il a laissé tomber le monde et les humains,
Comme il a dans nos champs répandu la poussière,
Ou semé dans les airs la nuit et la lumière;
Il le sait, il suffit : l'univers est à lui,
Et nous n'avons à nous que le jour d'aujourd'hui!

Notre crime est d'être homme et de vouloir connaître :
Ignorer et servir, c'est la loi de notre être.
Byron, ce mot est dur : longtemps j'en ai douté;
Mais pourquoi reculer devant la vérité?
Ton titre devant Dieu c'est d'être son ouvrage!
De sentir, d'adorer ton divin esclavage;
Dans l'ordre universel, faible atome emporté,
D'unir à ses desseins ta libre volonté,
D'avoir été conçu par son intelligence,
De le glorifier par ta seule existence!
Voilà, voilà ton sort. Ah! loin de l'accuser,
Baise plutôt le joug que tu voudrais briser;
Descends du rang des dieux qu'usurpait ton audace;
Tout est bien, tout est bon, tout est grand à sa place;
Aux regards de celui qui fit l'immensité,
L'insecte vaut un monde : ils ont autant coûté!

Mais cette loi, dis-tu, révolte ta justice;
Elle n'est à tes yeux qu'un bizarre caprice,
Un piège où la raison trébuche à chaque pas.
Confessons-la, Byron, et ne la jugeons pas!
Comme toi, ma raison en ténèbres abonde,
Et ce n'est pas à moi de t'expliquer le monde.
Que celui qui l'a fait t'explique l'univers!
Plus je sonde l'abîme, hélas! plus je m'y perds.
Ici-bas, la douleur à la douleur s'enchaîne.
Le jour succède au jour, et la peine à la peine.
Borné dans sa nature, infini dans ses vœux,
L'homme est un dieu tombé qui se souvient des cieux;
Soit que déshérité de son antique gloire,
De ses destins perdus il garde la mémoire;
Soit que de ses désirs l'immense profondeur
Lui présage de loin sa future grandeur:
Imparfait ou déchu, l'homme est le grand mystère.
Dans la prison des sens enchaîné sur la terre,
Esclave, il sent un cœur né pour la liberté;
Malheureux, il aspire à la félicité;
Il veut sonder le monde, et son œil est débile;
Il veut aimer toujours, ce qu'il aime est fragile!
Tout mortel est semblable à l'exilé d'Éden:
Lorsque Dieu l'eut banni du céleste jardin,
Mesurant d'un regard les fatales limites,
Il s'assit en pleurant aux portes interdites.
Il entendit de loin dans le divin séjour
L'harmonieux soupir de l'éternel amour,
Les accents du bonheur, les saints concerts des anges
Qui, dans le sein de Dieu, célébraient ses louanges;
Et, s'arrachant du ciel dans un pénible effort,
Son œil avec effroi retomba sur son sort.

Malheur à qui du fond de l'exil de la vie
Entendit ces concerts d'un monde qu'il envie!
Du nectar idéal sitôt qu'elle a goûté,

La nature répugne à la réalité :
Dans le sein du possible en songe elle s'élance;
Le réel est étroit, le possible est immense;
L'âme avec ses désirs s'y bâtit un séjour,
Où l'on puisse à jamais la science et l'amour;
Où l'on puise à jamais la science et l'amour:
L'homme, altéré toujours, toujours se désaltère;
Et, de songes si beaux enivrant son sommeil,
Ne se reconnaît plus au moment du réveil.

Hélas! tel fut ton sort, telle est ma destinée.
J'ai vidé comme toi la coupe empoisonnée;
Mes yeux, comme les tiens, sans voir se sont ouverts;
J'ai cherché vainement le mot de l'univers.
J'ai demandé sa cause à toute la nature,
J'ai demandé sa fin à toute créature;
Dans l'abîme sans fond mon regard a plongé;
De l'atome au soleil, j'ai tout interrogé;
J'ai devancé les temps, j'ai remonté les âges.
Tantôt passant les mers pour écouter les sages,
Mais le monde à l'orgueil est un livre fermé!
Tantôt, pour deviner le monde inanimé,
Fuyant avec mon âme au sein de la nature,
J'ai cru trouver un sens à cette langue obscure.
J'étudiai la loi par qui roulent les cieux :
Dans leurs brillants déserts Newton guida mes yeux,
Des empires détruits je méditai la cendre :
Dans ses sacrés tombeaux Rome m'a vu descendre;
Des mânes les plus saints troublant le froid repos,
J'ai pesé dans mes mains la cendre des héros.
J'allais redemander à leur vaine poussière
Cette immortalité que tout mortel espère!
Que dis-je? suspendu sur le lit des mourants,
Mes regards la cherchaient dans des yeux expirants;
Sur ces sommets noircis par d'éternels nuages,
Sur ces flots sillonnés par d'éternels orages,

J'appelais, je bravais le choc des éléments.
Semblable à la sibylle en ses emportements,
J'ai cru que la nature en ces rares spectacles
Laissait tomber pour nous quelqu'un de ses oracles;
J'aimais à m'enfoncer dans ces sombres horreurs.
Mais en vain dans son calme, en vain dans ses
[fureurs,
Cherchant ce grand secret sans pouvoir le surprendre,
J'ai vu partout un Dieu sans jamais le comprendre!
J'ai vu le bien, le mal, sans choix et sans dessein,
Tomber comme au hasard, échappés de son sein;
Mes yeux dans l'univers n'ont vu qu'un grand peut-
[être,
J'ai blasphémé ce Dieu, ne pouvant le connaître;
Et ma voix, se brisant contre ce ciel d'airain,
N'a pas même eu l'honneur d'arrêter le destin.

Mais, un jour que, plongé dans ma propre infortune,
J'avais lassé le ciel d'une plainte importune,
Une clarté d'en haut dans mon sein descendit,
Me tenta de bénir ce que j'avais maudit,
Et cédant sans combattre au souffle qui m'inspire,
L'hymne de la raison s'élança de ma lyre.

— « Gloire à toi, dans les temps et dans l'éternité!
Éternelle raison, suprême volonté!
Toi, dont l'immensité reconnaît la présence!
Toi, dont chaque matin annonce l'existence!
Ton souffle créateur s'est abaissé sur moi;
Celui qui n'était pas a paru devant toi!
J'ai reconnu ta voix avant de me connaître,
Je me suis élancé jusqu'aux portes de l'être:
Me voici! le néant te salue en naissant;
Me voici! mais que suis-je? un atome pensant!
Qui peut entre nous deux mesurer la distance?
Moi, qui respire en toi ma rapide existence,

À l'insu de moi-même à ton gré façonné,
Que me dois-tu, Seigneur, quand je ne suis pas né?
Rien avant, rien après : Gloire à la fin suprême :
Qui tira tout de soi se doit tout à soi-même!
Jouis, grand artisan, de l'œuvre de tes mains :
Je suis, pour accomplir tes ordres souverains,
Dispose, ordonne, agis; dans les temps, dans l'espace,
Marque-moi pour ta gloire et mon jour et ma place;
Mon être, sans se plaindre, et sans t'interroger,
De soi-même, en silence, accourra s'y ranger.
Comme ces globes d'or qui dans les champs du vide
Suivent avec amour ton ombre qui les guide,
Noyé dans la lumière, ou perdu dans la nuit,
Je marcherai comme eux où ton doigt me conduit;
Soit que choisi par toi pour éclairer les mondes,
Réfléchissant sur eux les feux dont tu m'inondes,
Je m'élance entouré d'esclaves radieux,
Et franchisse d'un pas tout l'abîme des cieux;
Soit que, me reléguant loin, bien loin de ta vue,
Tu ne fasses de moi, créature inconnue,
Qu'un atome oublié sur les bords du néant,
Ou qu'un grain de poussière emporté par le vent,
Glorieux de mon sort, puisqu'il est ton ouvrage,
J'irai, j'irai partout te rendre un même hommage,
Et, d'un égal amour accomplissant ma loi,
Jusqu'aux bords du néant murmurer : Gloire à toi!

— « Ni si haut, ni si bas! simple enfant de la terre,
Mon sort est un problème, et ma fin un mystère;
Je ressemble, Seigneur, au globe de la nuit
Qui, dans la route obscure où ton doigt le conduit,
Réfléchit d'un côté les clartés éternelles,
Et de l'autre est plongé dans les ombres mortelles.
L'homme est le point fatal où les deux infinis
Par la toute-puissance ont été réunis.
À tout autre degré, moins malheureux peut-être,

J'eusse été... Mais je suis ce que je devais être,
J'adore sans la voir ta suprême raison,
Gloire à toi qui m'as fait! Ce que tu fais est bon!

— « Cependant, accablé sous le poids de ma chaîne,
Du néant au tombeau l'adversité m'entraîne;
Je marche dans la nuit par un chemin mauvais,
Ignorant d'où je viens, incertain où je vais,
Et je rappelle en vain ma jeunesse écoulée,
Comme l'eau du torrent dans sa source troublée.
Gloire à toi! Le malheur en naissant m'a choisi;
Comme un jouet vivant, ta droite m'a saisi;
J'ai mangé dans les pleurs le pain de ma misère,
Et tu m'as abreuvé des eaux de ta colère.
Gloire à toi! J'ai crié, tu n'as pas répondu;
J'ai jeté sur la terre un regard confondu.
J'ai cherché dans le ciel le jour de ta justice;
Il s'est levé, Seigneur, et c'est pour mon supplice!
Gloire à toi! L'innocence est coupable à tes yeux :
Un seul être, du moins, me restait sous les cieux;
Toi-même de nos jours avais mêlé la trame,
Sa vie était ma vie, et son âme mon âme;
Comme un fruit encor vert du rameau détaché,
Je l'ai vu de mon sein avant l'âge arraché!
Ce coup, que tu voulais me rendre plus terrible,
La frappa lentement pour m'être plus sensible;
Dans ses traits expirants, où je lisais mon sort,
J'ai vu lutter ensemble et l'amour et la mort;
J'ai vu dans ses regards la flamme de la vie,
Sous la main du trépas par degrés assoupie,
Se ranimer encore au souffle de l'amour!
Je disais chaque jour : Soleil! encore un jour!
Semblable au criminel qui, plongé dans les ombres,
Et descendu vivant dans les demeures sombres,
Près du dernier flambeau qui doive l'éclairer,
Se penche sur sa lampe et la voit expirer,

Je voulais retenir l'âme qui s'évapore;
Dans son dernier regard je la cherchais encore!
Ce soupir, ô mon Dieu! dans ton sein s'exhala;
Hors du monde avec lui mon espoir s'envola!
Pardonne au désespoir un moment de blasphème,
J'osai... Je me repens : Gloire au maître suprême!
Il fit l'eau pour couler, l'aquilon pour courir,
Les soleils pour brûler, et l'homme pour souffrir!

— « Que j'ai bien accompli cette loi de mon être!
La nature insensible obéit sans connaître;
Moi seul, te découvrant sous la nécessité,
J'immole avec amour ma propre volonté,
Moi seul, je t'obéis avec intelligence;
Moi seul, je me complais dans cette obéissance;
Je jouis de remplir, en tout temps, en tout lieu,
La loi de ma nature et l'ordre de mon Dieu;
J'adore en mes destins ta sagesse suprême,
J'aime ta volonté dans mes supplices même,
Gloire à toi! Gloire à toi! Frappe, anéantis-moi!
Tu n'entendras qu'un cri : Gloire à jamais à toi! »
Ainsi ma voix monta vers la voûte céleste :
Je rendis gloire au ciel, et le ciel fit le reste.

Fais silence, ô ma lyre! Et toi, qui dans tes mains
Tiens le cœur palpitant des sensibles humains,
Byron, viens en tirer des torrents d'harmonie :
C'est pour la vérité que Dieu fit le génie.
Jette un cri vers le ciel, ô chantre des enfers!
Le ciel même aux damnés enviera tes concerts!
Peut-être qu'à ta voix, de la vivante flamme
Un rayon descendra dans l'ombre de ton âme?
Peut-être que ton cœur, ému de saints transports,
S'apaisera soi-même à tes propres accords,
Et qu'un éclair d'en haut perçant ta nuit profonde,
Tu verseras sur nous la clarté qui t'inonde?

Ah! si jamais ton luth, amolli par tes pleurs,
Soupirait sous tes doigts l'hymne de tes douleurs,
Ou si, du sein profond des ombres éternelles,
Comme un ange tombé, tu secouais tes ailes,
Et prenant vers le jour un lumineux essor,
Parmi les chœurs sacrés tu t'asseyais encor;
Jamais, jamais l'écho de la céleste voûte,
Jamais ces harpes d'or que Dieu lui-même écoute,
Jamais des séraphins les chœurs mélodieux,
De plus divins accords n'auraient ravi les cieux!
Courage! enfant déchu d'une race divine!
Tu portes sur ton front ta superbe origine!
Tout homme en te voyant reconnaît dans tes yeux
Un rayon éclipsé de la splendeur des cieux!
Roi des chants immortels, reconnais-toi toi-même!
Laisse aux fils de la nuit le doute et le blasphème;
Dédaigne un faux encens qu'on t'offre de si bas,
La gloire ne peut être où la vertu n'est pas.
Viens reprendre ton rang dans ta splendeur première,
Parmi ces purs enfants de gloire et de lumière,
Que d'un souffle choisi Dieu voulut animer,
Et qu'il fit pour chanter, pour croire et pour aimer!

III

À ELVIRE

Oui, l'Anio murmure encore
Le doux nom de Cynthie aux rochers de Tibur,
Vaucluse a retenu le nom chéri de Laure,
Et Ferrare au siècle futur
Murmurera toujours celui d'Éléonore[1]!
Heureuse la beauté que le poète adore!

Heureux le nom qu'il a chanté!
Toi, qu'en secret son culte honore,
Tu peux, tu peux mourir! dans la postérité
Il lègue à ce qu'il aime une éternelle vie,
Et l'amante et l'amant sur l'aile du génie
Montent, d'un vol égal, à l'immortalité!
Ah! si mon frêle esquif, battu par la tempête,
Grâce à des vents plus doux, pouvait surgir au port?
Si des soleils plus beaux se levaient sur ma tête?
Si les pleurs d'une amante, attendrissant le sort,
Écartaient de mon front les ombres de la mort?
Peut-être?..., oui, pardonne, ô maître de la lyre!
Peut-être j'oserais, et que n'ose un amant?
Égaler mon audace à l'amour qui m'inspire,
Et, dans des chants rivaux célébrant mon délire.
De notre amour aussi laisser un monument!
Ainsi le voyageur qui dans son court passage
Se repose un moment à l'abri du vallon,
Sur l'arbre hospitalier dont il goûta l'ombrage
Avant que de partir, aime à graver son nom!

Vois-tu comme tout change ou meurt dans la nature?
La terre perd ses fruits, les forêts leur parure;
Le fleuve perd son onde au vaste sein des mers;
Par un souffle des vents la prairie est fanée,
Et le char de l'automne, au penchant de l'année,
Roule, déjà poussé par la main des hivers!
Comme un géant armé d'un glaive inévitable,
Atteignant au hasard tous les êtres divers,
Le temps avec la mort, d'un vol infatigable
Renouvelle en fuyant ce mobile univers!
Dans l'éternel oubli tombe ce qu'il moissonne :
Tel un rapide été voit tomber sa couronne
Dans la corbeille des glaneurs!
Tel un pampre jauni voit la féconde automne
Livrer ses fruits dorés au char des vendangeurs!

Vous tomberez ainsi, courtes fleurs de la vie!
Jeunesse, amour, plaisir, fugitive beauté!
Beauté, présent d'un jour que le ciel nous envie,
Ainsi vous tomberez, si la main du génie
     Ne vous rend l'immortalité!

Vois d'un œil de pitié la vulgaire jeunesse,
Brillante de beauté, s'enivrant de plaisir!
Quand elle aura tari sa coupe enchanteresse,
Que restera-t-il d'elle? à peine un souvenir:
Le tombeau qui l'attend l'engloutit tout entière,
Un silence éternel succède à ses amours;
Mais les siècles auront passé sur ta poussière,
     Elvire, et tu vivras toujours!

IV

LE SOIR

Le soir ramène le silence.
Assis sur ces rochers déserts,
Je suis dans le vague des airs
Le char de la nuit qui s'avance.

Vénus se lève à l'horizon;
À mes pieds l'étoile amoureuse
De sa lueur mystérieuse
Blanchit les tapis de gazon.

De ce hêtre au feuillage sombre
J'entends frissonner les rameaux:
On dirait autour des tombeaux
Qu'on entend voltiger une ombre.

Tout à coup détaché des cieux,
Un rayon de l'astre nocturne,
Glissant sur mon front taciturne,
Vient mollement toucher mes yeux.

Doux reflet d'un globe de flamme,
Charmant rayon, que me veux-tu?
Viens-tu dans mon sein abattu
Porter la lumière à mon âme?

Descends-tu pour me révéler
Des mondes le divin mystère?
Ces secrets cachés dans la sphère
Où le jour va te rappeler?

Une secrète intelligence
T'adresse-t-elle aux malheureux?
Viens-tu la nuit briller sur eux
Comme un rayon de l'espérance?

Viens-tu dévoiler l'avenir
Au cœur fatigué qui t'implore?
Rayon divin, es-tu l'aurore
Du jour qui ne doit pas finir?

Mon cœur à ta clarté s'enflamme,
Je sens des transports inconnus,
Je songe à ceux qui ne sont plus:
Douce lumière, es-tu leur âme?

Peut-être ces mânes heureux
Glissent ainsi sur le bocage?
Enveloppé de leur image,
Je crois me sentir plus près d'eux!

Ah! si c'est vous, ombres chéries!
Loin de la foule et loin du bruit,

Revenez ainsi chaque nuit
Vous mêler à mes rêveries.

Ramenez la paix et l'amour
Au sein de mon âme épuisée,
Comme la nocturne rosée
Qui tombe après les feux du jour.

Venez!... mais des vapeurs funèbres
Montent des bords de l'horizon :
Elles voilent le doux rayon,
Et tout rentre dans les ténèbres.

V

L'IMMORTALITÉ

Le soleil de nos jours pâlit dès son aurore,
Sur nos fronts languissants à peine il jette encore
Quelques rayons tremblants qui combattent la nuit;
L'ombre croît, le jour meurt, tout s'efface et tout fuit!
    Qu'un autre à cet aspect frissonne et s'attendrisse,
Qu'il recule en tremblant des bords du précipice,
Qu'il ne puisse de loin entendre sans frémir
Le triste chant des morts tout prêt à retentir,
Les soupirs étouffés d'une amante ou d'un frère
Suspendus sur les bords de son lit funéraire,
Ou l'airain gémissant, dont les sons éperdus
Annoncent aux mortels qu'un malheureux n'est plus!
    Je te salue, ô mort! Libérateur céleste,
Tu ne m'apparais point sous cet aspect funeste
Que t'a prêté longtemps l'épouvante ou l'erreur;
Ton bras n'est point armé d'un glaive destructeur,
Ton front n'est point cruel, ton œil n'est point perfide,

Au secours des douleurs un Dieu clément te guide;
Tu n'anéantis pas, tu délivres! ta main,
Céleste messager, porte un flambeau divin;
Quand mon œil fatigué se ferme à la lumière,
Tu viens d'un jour plus pur inonder ma paupière;
Et l'espoir près de toi, rêvant sur un tombeau,
Appuyé sur la foi, m'ouvre un monde plus beau!

Viens donc, viens détacher mes chaînes corporelles,
Viens, ouvre ma prison; viens, prête-moi tes ailes;
Que tardes-tu? Parais; que je m'élance enfin
Vers cet être inconnu, mon principe et ma fin!

Qui m'en a détaché? qui suis-je, et que dois-je être?
Je meurs et ne sais pas ce que c'est que de naître.
Toi, qu'en vain j'interroge, esprit, hôte inconnu,
Avant de m'animer, quel ciel habitais-tu?
Quel pouvoir t'a jeté sur ce globe fragile?
Quelle main t'enferma dans ta prison d'argile?
Par quels nœuds étonnants, par quels secrets rapports
Le corps tient-il à toi comme tu tiens au corps?
Quel jour séparera l'âme de la matière?
Pour quel nouveau palais quitteras-tu la terre?
As-tu tout oublié? Par-delà le tombeau,
Vas-tu renaître encor dans un oubli nouveau?
Vas-tu recommencer une semblable vie?
Ou dans le sein de Dieu, ta source et ta patrie,
Affranchi pour jamais de tes liens mortels,
Vas-tu jouir enfin de tes droits éternels?

Oui, tel est mon espoir, ô moitié de ma vie!
C'est par lui que déjà mon âme raffermie
A pu voir sans effroi sur tes traits enchanteurs
Se faner du printemps les brillantes couleurs.
C'est par lui que percé du trait qui me déchire,
Jeune encore, en mourant vous me verrez sourire,
Et que des pleurs de joie à nos derniers adieux,
À ton dernier regard, brilleront dans mes yeux.

« Vain espoir! » s'écriera le troupeau d'Épicure,

Et celui dont la main disséquant la nature,
Dans un coin du cerveau nouvellement décrit,
Voit penser la matière et végéter l'esprit;
Insensé! diront-ils, que trop d'orgueil abuse,
Regarde autour de toi : tout commence et tout s'use,
Tout marche vers un terme, et tout naît pour mourir;
Dans ces prés jaunissants tu vois la fleur languir;
Tu vois dans ces forêts le cèdre au front superbe
Sous le poids de ses ans tomber, ramper sous l'herbe;
Dans leurs lits desséchés tu vois les mers tarir;
Les cieux même, les cieux commencent à pâlir;
Cet astre dont le temps a caché la naissance,
Le soleil, comme nous, marche à sa décadence,
Et dans les cieux déserts les mortels éperdus
Le chercheront un jour et ne le verront plus!
Tu vois autour de toi dans la nature entière
Les siècles entasser poussière sur poussière,
Et le temps, d'un seul pas confondant ton orgueil,
De tout ce qu'il produit devenir le cercueil.
Et l'homme, et l'homme seul, ô sublime folie!
Au fond de son tombeau croit retrouver la vie,
Et dans le tourbillon au néant emporté,
Abattu par le temps, rêve l'éternité!
   Qu'un autre vous réponde, ô sages de la terre!
Laissez-moi mon erreur : j'aime, il faut que j'espère;
Notre faible raison se trouble et se confond.
Oui, la raison se tait : mais l'instinct vous répond.
Pour moi, quand je verrais dans les célestes plaines,
Les astres, s'écartant de leurs routes certaines,
Dans les champs de l'éther l'un par l'autre heurtés,
Parcourir au hasard les cieux épouvantés;
Quand j'entendrais gémir et se briser la terre;
Quand je verrais son globe errant et solitaire
Flottant loin des soleils, pleurant l'homme détruit,
Se perdre dans les champs de l'éternelle nuit;
Et quand, dernier témoin de ces scènes funèbres,

Entouré du chaos, de la mort, des ténèbres,
Seul je serais debout : seul, malgré mon effroi,
Être infaillible et bon, j'espérerais en toi,
Et, certain du retour de l'éternelle aurore,
Sur les mondes détruits, je t'attendrais encore!

   Souvent, tu t'en souviens, dans cet heureux séjour
Où naquit d'un regard notre immortel amour,
Tantôt sur les sommets de ces rochers antiques,
Tantôt aux bords déserts des lacs mélancoliques,
Sur l'aile du désir, loin du monde emportés,
Je plongeais avec toi dans ces obscurités.
Les ombres à longs plis descendant des montagnes,
Un moment à nos yeux dérobaient les campagnes :
Mais bientôt s'avançant sans éclat et sans bruit
Le chœur mystérieux des astres de la nuit,
Nous rendant les objets voilés à notre vue,
De ses molles lueurs revêtait l'étendue;
Telle, en nos temples saints par le jour éclairés,
Quand les rayons du soir pâlissent par degrés,
La lampe, répandant sa pieuse lumière,
D'un jour plus recueilli remplit le sanctuaire.

   Dans ton ivresse alors tu ramenais mes yeux,
Et des cieux à la terre, et de la terre aux cieux;
Dieu caché, disais-tu, la nature est ton temple!
L'esprit te voit partout quand notre œil la contemple;
De tes perfections, qu'il cherche à concevoir,
Ce monde est le reflet, l'image, le miroir;
Le jour est ton regard, la beauté ton sourire :
Partout le cœur t'adore et l'âme te respire;
Éternel, infini, tout-puissant et tout bon,
Ces vastes attributs n'achèvent pas ton nom;
Et l'esprit, accablé sous ta sublime essence,
Célèbre ta grandeur jusque dans son silence.
Et cependant, ô Dieu! par sa sublime loi,
Cet esprit abattu s'élance encore à toi,
Et sentant que l'amour est la fin de son être,

Impatient d'aimer, brûle de te connaître.
  Tu disais : et nos cœurs unissaient leurs soupirs
Vers cet être inconnu qu'attestaient nos désirs;
À genoux devant lui, l'aimant dans ses ouvrages,
Et l'aurore et le soir lui portaient nos hommages,
Et nos yeux enivrés contemplaient tour à tour
La terre notre exil, et le ciel son séjour.
  Ah! si dans ces instants où l'âme fugitive
S'élance et veut briser le sein qui la captive,
Ce Dieu, du haut du ciel répondant à nos vœux,
D'un trait libérateur nous eût frappés tous deux!
Nos âmes, d'un seul bond remontant vers leur source,
Ensemble auraient franchi les mondes dans leur course
À travers l'infini, sur l'aile de l'amour,
Elles auraient monté comme un rayon du jour,
Et, jusqu'à Dieu lui-même arrivant éperdues,
Se seraient dans son sein pour jamais confondues!
Ces vœux nous trompaient-ils? Au néant destinés,
Est-ce pour le néant que les êtres sont nés?
Partageant le destin du corps qui la recèle,
Dans la nuit du tombeau l'âme s'engloutit-elle?
Tombe-t-elle en poussière? ou, prête à s'envoler,
Comme un son qui n'est plus va-t-elle s'exhaler?
Après un vain soupir, après l'adieu suprême
De tout ce qui t'aimait, n'est-il plus rien qui t'aime?
Ah! sur ce grand secret n'interroge que toi!
Vois mourir ce qui t'aime, Elvire, et réponds-moi!

VI

LE VALLON

Mon cœur, lassé de tout, même de l'espérance,
N'ira plus de ses vœux importuner le sort;

Prêtez-moi seulement, vallons de mon enfance,
Un asile d'un jour pour attendre la mort.

Voici l'étroit sentier de l'obscure vallée :
Du flanc de ces coteaux pendent des bois épais
Qui, courbant sur mon front leur ombre entremêlée,
Me couvrent tout entier de silence et de paix.

Là, deux ruisseaux cachés sous des ponts de verdure
Tracent en serpentant les contours du vallon;
Ils mêlent un moment leur onde et leur murmure,
Et non loin de leur source ils se perdent sans nom.

La source de mes jours comme eux s'est écoulée,
Elle a passé sans bruit, sans nom, et sans retour :
Mais leur onde est limpide, et mon âme troublée
N'aura pas réfléchi les clartés d'un beau jour.

La fraîcheur de leurs lits, l'ombre qui les couronne,
M'enchaînent tout le jour sur les bords des ruisseaux;
Comme un enfant bercé par un chant monotone,
Mon âme s'assoupit au murmure des eaux.

Ah! c'est là qu'entouré d'un rempart de verdure,
D'un horizon borné qui suffit à mes yeux,
J'aime à fixer mes pas, et, seul dans la nature,
À n'entendre que l'onde, à ne voir que les cieux.

J'ai trop vu, trop senti, trop aimé dans ma vie,
Je viens chercher vivant le calme du Léthé;
Beaux lieux, soyez pour moi ces bords où l'on oublie
L'oubli seul désormais est ma félicité.

Mon cœur est en repos, mon âme est en silence!
Le bruit lointain du monde expire en arrivant,
Comme un son éloigné qu'affaiblit la distance,
À l'oreille incertaine apporté par le vent.

D'ici je vois la vie, à travers un nuage,
S'évanouir pour moi dans l'ombre du passé;
L'amour seul est resté : comme une grande image
Survit seule au réveil dans un songe effacé.

Repose-toi, mon âme, en ce dernier asile,
Ainsi qu'un voyageur, qui, le cœur plein d'espoir,
S'assied avant d'entrer aux portes de la ville,
Et respire un moment l'air embaumé du soir.

Comme lui, de nos pieds secouons la poussière;
L'homme par ce chemin ne repasse jamais :
Comme lui, respirons au bout de la carrière
Ce calme avant-coureur de l'éternelle paix.

Tes jours, sombres et courts comme des jours
                            [d'automne,
Déclinent comme l'ombre au penchant des coteaux;
L'amitié te trahit, la pitié t'abandonne,
Et, seule, tu descends le sentier des tombeaux.

Mais la nature est là qui t'invite et qui t'aime;
Plonge-toi dans son sein qu'elle t'ouvre toujours;
Quand tout change pour toi, la nature est la même,
Et le même soleil se lève sur tes jours.

De lumière et d'ombrage elle t'entoure encore;
Détache ton amour des faux biens que tu perds;
Adore ici l'écho qu'adorait Pythagore,
Prête avec lui l'oreille aux célestes concerts.

Suis le jour dans le ciel, suis l'ombre sur la terre,
Dans les plaines de l'air vole avec l'aquilon,
Avec les doux rayons de l'astre du mystère
Glisse à travers les bois dans l'ombre du vallon.

Dieu, pour le concevoir, a fait l'intelligence;
Sous la nature enfin découvre son auteur!
Une voix à l'esprit parle dans son silence,
Qui n'a pas entendu cette voix dans son cœur?

VII
LE DÉSESPOIR

Lorsque du Créateur la parole féconde,
Dans une heure fatale, eut enfanté le monde
    Des germes du chaos,
De son œuvre imparfaite il détourna sa face,
Et d'un pied dédaigneux le lançant dans l'espace,
    Rentra dans son repos.

Va, dit-il, je te livre à ta propre misère;
Trop indigne à mes yeux d'amour ou de colère,
    Tu n'es rien devant moi.
Roule au gré du hasard dans les déserts du vide;
Qu'à jamais loin de moi le destin soit ton guide,
    Et le Malheur ton roi.

Il dit. Comme un vautour qui plonge sur sa proie,
Le Malheur, à ces mots, pousse, en signe de joie,
    Un long gémissement;
Et pressant l'univers dans sa serre cruelle,
Embrasse pour jamais de sa rage éternelle
    L'éternel aliment.

Le mal dès lors régna dans son immense empire;
Dès lors tout ce qui pense et tout ce qui respire
    Commença de souffrir;
Et la terre, et le ciel, et l'âme, et la matière,
Tout gémit : et la voix de la nature entière
    Ne fut qu'un long soupir.

Levez donc vos regards vers les célestes plaines,
Cherchez Dieu dans son œuvre, invoquez dans vos
      Ce grand consolateur,   [peines
Malheureux! sa bonté de son œuvre est absente,
Vous cherchez votre appui? l'univers vous présente
      Votre persécuteur.

De quel nom te nommer, ô fatale puissance?
Qu'on t'appelle destin, nature, providence,
      Inconcevable loi!
Qu'on tremble sous ta main, ou bien qu'on la
                   [blasphème,
Soumis ou révolté, qu'on te craigne ou qu'on t'aime,
      Toujours, c'est toujours toi!

Hélas! ainsi que vous j'invoquai l'espérance;
Mon esprit abusé but avec complaisance
      Son philtre empoisonneur;
C'est elle qui, poussant nos pas dans les abîmes,
De festons et de fleurs couronne les victimes
      Qu'elle livre au Malheur.

Si du moins au hasard il décimait les hommes,
Ou si sa main tombait sur tous tant que nous sommes
      Avec d'égales lois?
Mais les siècles ont vu les âmes magnanimes,
La beauté, le génie, ou les vertus sublimes,
      Victimes de son choix.

Tel, quand des dieux de sang voulaient en sacrifices
Des troupeaux innocents les sanglantes prémices,
      Dans leurs temples cruels,
De cent taureaux choisis on formait l'hécatombe,
Et l'agneau sans souillure, ou la blanche colombe
      Engraissaient leurs autels.

Créateur, Tout-Puissant, principe de tout être!
Toi pour qui le possible existe avant de naître :
      Roi de l'immensité,
Tu pouvais cependant, au gré de ton envie,
Puiser pour tes enfants le bonheur et la vie
      Dans ton éternité?

Sans t'épuiser jamais, sur toute la nature
Tu pouvais à longs flots répandre sans mesure
      Un bonheur absolu.
L'espace, le pouvoir, le temps, rien ne te coûte.
Ah! ma raison frémit; tu le pouvais sans doute,
      Tu ne l'as pas voulu.

Quel crime avons-nous fait pour mériter de naître?
L'insensible néant t'a-t-il demandé l'être,
      Ou l'a-t-il accepté?
Sommes-nous, ô hasard, l'œuvre de tes caprices?
Ou plutôt, Dieu cruel, fallait-il nos supplices
      Pour ta félicité?

Montez donc vers le ciel, montez, encens qu'il aime,
Soupirs, gémissements, larmes, sanglots, blasphème,
      Plaisirs, concerts divins!
Cris du sang, voix des morts, plaintes inextinguibles,
Montez, allez frapper les voûtes insensibles
      Du palais des destins!

Terre, élève ta voix; cieux, répondez; abîmes,
Noirs séjours où la mort entasse ses victimes,
      Ne formez qu'un soupir.
Qu'une plainte éternelle accuse la nature,
Et que la douleur donne à toute créature
      Une voix pour gémir.

Du jour où la nature, au néant arrachée,
S'échappa de tes mains comme une œuvre ébauchée,

Qu'as-tu vu cependant?
Aux désordres du mal la matière asservie,
Toute chair gémissant, hélas! et toute vie
          Jalouse du néant.

Des éléments rivaux les luttes intestines;
Le Temps, qui flétrit tout, assis sur les ruines
          Qu'entassèrent ses mains,
Attendant sur le seuil tes œuvres éphémères;
Et la mort étouffant, dès le sein de leurs mères,
          Les germes des humains!

La vertu succombant sous l'audace impunie,
L'imposture en honneur, la vérité bannie;
          L'errante liberté
Aux dieux vivants du monde offerte en sacrifice;
Et la force, partout, fondant de l'injustice
          Le règne illimité.

La valeur sans les dieux décidant des batailles!
Un Caton libre encor déchirant ses entrailles
          Sur la foi de Platon!
Un Brutus qui, mourant pour la vertu qu'il aime,
Doute au dernier moment de cette vertu même,
          Et dit : Tu n'es qu'un nom[1]!...

La fortune toujours du parti des grands crimes!
Les forfaits couronnés devenus légitimes!
          La gloire au prix du sang!
Les enfants héritant l'iniquité des pères!
Et le siècle qui meurt racontant ses misères
          Au siècle renaissant!

Eh quoi! tant de tourments, de forfaits, de supplices,
N'ont-ils pas fait fumer d'assez de sacrifices
          Tes lugubres autels?

Ce soleil, vieux témoin des malheurs de la terre,
Ne fera-t-il pas naître un seul jour qui n'éclaire
            L'angoisse des mortels?

Héritiers des douleurs, victimes de la vie,
Non, non, n'espérez pas que sa rage assouvie
            Endorme le Malheur!
Jusqu'à ce que la Mort, ouvrant son aile immense,
Engloutisse à jamais dans l'éternel silence
            L'éternelle douleur!

VIII

LA PROVIDENCE À L'HOMME

Quoi! le fils du néant a maudit l'existence!
Quoi! tu peux m'accuser de mes propres bienfaits!
Tu peux fermer tes yeux à la magnificence
            Des dons que je t'ai faits!

Tu n'étais pas encor, créature insensée,
Déjà de ton bonheur j'enfantais le dessein;
Déjà, comme son fruit, l'éternelle pensée
            Te portait dans son sein.

Oui, ton être futur vivait dans ma mémoire;
Je préparais les temps selon ma volonté.
Enfin ce jour parut; je dis : Nais pour ma gloire
            Et ta félicité!

Tu naquis : ma tendresse, invisible et présente,
Ne livra pas mon œuvre aux chances du hasard;
J'échauffai de tes sens la sève languissante,
            Des feux de mon regard.

D'un lait mystérieux je remplis la mamelle;
Tu t'enivras sans peine à ces sources d'amour.
J'affermis les ressorts, j'arrondis la prunelle
      Où se peignit le jour.

Ton âme, quelque temps par les sens éclipsée,
Comme tes yeux au jour, s'ouvrit à la raison :
Tu pensas; la parole acheva ta pensée,
      Et j'y gravai mon nom.

    En quel éclatant caractère
    Ce grand nom s'offrit à tes yeux!
    Tu vis ma bonté sur la terre,
    Tu lus ma grandeur dans les cieux!
    L'ordre était mon intelligence;
    La nature, ma providence;
    L'espace, mon immensité!
    Et, de mon être ombre altérée,
    Le temps te peignit ma durée,
    Et le destin, ma volonté!

    Tu m'adoras dans ma puissance,
    Tu me bénis dans ton bonheur,
    Et tu marchas en ma présence
    Dans la simplicité du cœur;
    Mais aujourd'hui que l'infortune
    A couvert d'une ombre importune
    Ces vives clartés du réveil,
    Ta voix m'interroge et me blâme,
    Le nuage couvre ton âme,
    Et tu ne crois plus au soleil.

    « Non, tu n'es plus qu'un grand problème
    Que le sort offre à la raison;
    Si ce monde était ton emblème,
    Ce monde serait juste et bon. »

Arrête, orgueilleuse pensée;
À la loi que je t'ai tracée
Tu prétends comparer ma loi?
Connais leur différence auguste :
Tu n'as qu'un jour pour être juste,
J'ai l'éternité devant moi!

Quand les voiles de ma sagesse
À tes yeux seront abattus,
Ces maux, dont gémit ta faiblesse,
Seront transformés en vertus.
De ces obscurités cessantes
Tu verras sortir triomphantes
Ma justice et ta liberté;
C'est la flamme qui purifie
Le creuset divin où la vie
Se change en immortalité!

Mais ton cœur endurci doute et murmure encore;
Ce jour ne suffit pas à tes yeux révoltés,
Et dans la nuit des sens tu voudrais voir éclore
          De l'éternelle aurore
          Les célestes clartés!

Attends; ce demi-jour, mêlé d'une ombre obscure,
Suffit pour te guider en ce terrestre lieu :
Regarde qui je suis, et marche sans murmure,
          Comme fait la nature
          Sur la foi de son Dieu.

La terre ne sait pas la loi qui la féconde;
L'océan, refoulé sous mon bras tout-puissant,
Sait-il comment au gré du nocturne croissant
          De sa prison profonde
          La mer vomit son onde,
          Et des bords qu'elle inonde
          Recule en mugissant?

Ce soleil éclatant, ombre de ma lumière,
Sait-il où le conduit le signe de ma main?
S'est-il tracé soi-même un glorieux chemin?
    Au bout de sa carrière,
    Quand j'éteins sa lumière,
    Promet-il à la terre
    Le soleil de demain?

Cependant tout subsiste et marche en assurance.
Ma voix chaque matin réveille l'univers!
J'appelle le soleil du fond de ses déserts :
    Franchissant la distance,
    Il monte en ma présence,
    Me répond, et s'élance
    Sur le trône des airs!

    Et toi, dont mon souffle est la vie;
    Toi, sur qui mes yeux sont ouverts,
    Peux-tu craindre que je t'oublie,
    Homme, roi de cet univers?
    Crois-tu que ma vertu sommeille?
    Non, mon regard immense veille
    Sur tous les mondes à la fois!
    La mer qui fuit à ma parole,
    Ou la poussière qui s'envole,
    Suivent et comprennent mes lois.

    Marche au flambeau de l'espérance
    Jusque dans l'ombre du trépas,
    Assuré que ma providence
    Ne tend point de piège à tes pas.
    Chaque aurore la justifie,
    L'univers entier s'y confie,
    Et l'homme seul en a douté!
    Mais ma vengeance paternelle

Confondra ce doute infidèle
Dans l'abîme de ma bonté.

IX

SOUVENIR

En vain le jour succède au jour,
Ils glissent sans laisser de trace;
Dans mon âme rien ne t'efface,
Ô dernier songe de l'amour!

Je vois mes rapides années
S'accumuler derrière moi,
Comme le chêne autour de soi
Voit tomber ses feuilles fanées.

Mon front est blanchi par le temps;
Mon sang refroidi coule à peine,
Semblable à cette onde qu'enchaîne
Le souffle glacé des autans.

Mais ta jeune et brillante image,
Que le regret vient embellir,
Dans mon sein ne saurait vieillir :
Comme l'âme, elle n'a point d'âge.

Non, tu n'as pas quitté mes yeux;
Et quand mon regard solitaire
Cessa de te voir sur la terre,
Soudain je te vis dans les cieux.

Là, tu m'apparais telle encore
Que tu fus à ce dernier jour,

Quand vers ton céleste séjour
Tu t'envolas avec l'aurore.

Ta pure et touchante beauté
Dans les cieux même t'a suivie;
Tes yeux, où s'éteignait la vie,
Rayonnent d'immortalité!

Du zéphyr l'amoureuse haleine
Soulève encor tes longs cheveux;
Sur ton sein leurs flots onduleux
Retombent en tresses d'ébène.

L'ombre de ce voile incertain
Adoucit encor ton image,
Comme l'aube qui se dégage
Des derniers voiles du matin.

Du soleil la céleste flamme
Avec les jours revient et fuit;
Mais mon amour n'a pas de nuit,
Et tu luis toujours sur mon âme.

C'est toi que j'entends, que je vois,
Dans le désert, dans le nuage;
L'onde réfléchit ton image;
Le zéphyr m'apporte ta voix.

Tandis que la terre sommeille,
Si j'entends le vent soupirer,
Je crois t'entendre murmurer
Des mots sacrés à mon oreille.

Si j'admire ces feux épars
Qui des nuits parsèment le voile,
Je crois te voir dans chaque étoile
Qui plaît le plus à mes regards.

Et si le souffle du zéphyre
M'enivre du parfum des fleurs,
Dans ses plus suaves odeurs
C'est ton souffle que je respire.

C'est ta main qui sèche mes pleurs,
Quand je vais, triste et solitaire,
Répandre en secret ma prière
Près des autels consolateurs.

Quand je dors, tu veilles dans l'ombre;
Tes ailes reposent sur moi;
Tous mes songes viennent de toi,
Doux comme le regard d'une ombre.

Pendant mon sommeil, si ta main
De mes jours déliait la trame,
Céleste moitié de mon âme,
J'irais m'éveiller dans ton sein!

Comme deux rayons de l'aurore,
Comme deux soupirs confondus,
Nos deux âmes ne forment plus
Qu'une âme, et je soupire encore!

X

ODE

Delicta majorum immeritus lues
HORAT., od. VI, lib. III'.

Peuple! des crimes de tes pères
Le Ciel punissant tes enfants,
De châtiments héréditaires

Accablera leurs descendants!
Jusqu'à ce qu'une main propice
Relève l'auguste édifice
Par qui la terre touche aux cieux,
Et que le zèle et la prière
Dissipent l'indigne poussière
Qui couvre l'image des dieux!

Sortez de vos débris antiques,
Temples que pleurait Israël;
Relevez-vous, sacrés portiques;
Lévites, montez à l'autel!
Aux sons des harpes de Solime,
Que la renaissante victime
S'immole sous vos chastes mains!
Et qu'avec les pleurs de la terre
Son sang éteigne le tonnerre
Qui gronde encor sur les humains!

Plein d'une superbe folie,
Ce peuple au front audacieux
S'est dit un jour : « Dieu m'humilie;
Soyons à nous-mêmes nos dieux.
Notre intelligence sublime
A sondé le ciel et l'abîme
Pour y chercher ce grand esprit!
Mais ni dans les flancs de la terre,
Mais ni dans les feux de la sphère,
Son nom pour nous ne fut écrit.

« Déjà nous enseignons au monde
À briser le sceptre des rois;
Déjà notre audace profonde
Se rit du joug usé des lois.
Secouez, malheureux esclaves,
Secouez d'indignes entraves.

Rentrez dans votre liberté!
Mortel! du jour où tu respires,
Ta loi, c'est ce que tu désires;
Ton devoir, c'est la volupté!

« Ta pensée a franchi l'espace,
Tes calculs précèdent les temps,
La foudre cède à ton audace,
Les cieux roulent tes chars flottants;
Comme un feu que tout alimente,
Ta raison, sans cesse croissante,
S'étendra sur l'immensité!
Et ta puissance, qu'elle assure,
N'aura de terme et de mesure
Que l'espace et l'éternité.

« Heureux nos fils! heureux cet âge
Qui, fécondé par nos leçons,
Viendra recueillir l'héritage
Des dogmes que nous lui laissons!
Pourquoi les jalouses années
Bornent-elles nos destinées
À de si rapides instants?
Ô loi trop injuste et trop dure!
Pour triompher de la nature
Que nous a-t-il manqué? le temps. »

Eh bien! le temps sur vos poussières
À peine encore a fait un pas!
Sortez, ô mânes de nos pères,
Sortez de la nuit du trépas!
Venez contempler votre ouvrage!
Venez partager de cet âge
La gloire et la félicité!
Ô race en promesses féconde,
Paraissez! bienfaiteurs du monde,
Voilà votre postérité!

Que vois-je? ils détournent la vue,
Et, se cachant sous leurs lambeaux,
Leur foule, de honte éperdue,
Fuit et rentre dans les tombeaux!
Non, non, restez, ombres coupables;
Auteurs de nos jours déplorables,
Restez! ce supplice est trop doux.
Le Ciel, trop lent à vous poursuivre,
Devait vous condamner à vivre
Dans le siècle enfanté par vous!

Où sont-ils, ces jours où la France,
À la tête des nations,
Se levait comme un astre immense
Inondant tout de ses rayons?
Parmi nos siècles, siècle unique,
De quel cortège magnifique
La gloire composait ta cour!
Semblable au dieu qui nous éclaire,
Ta grandeur étonnait la terre,
Dont tes clartés étaient l'amour!

Toujours les siècles du génie
Sont donc les siècles des vertus!
Toujours les dieux de l'harmonie
Pour les héros sont descendus!
Près du trône qui les inspire,
Voyez-les déposer la lyre
Dans de pures et chastes mains,
Et les Racine et les Turenne
Enchaîner les grâces d'Athène
Au char triomphant des Romains!

Mais, ô déclin! quel souffle aride
De notre âge a séché les fleurs?
Eh quoi! le lourd compas d'Euclide

Étouffe nos arts enchanteurs!
Élans de l'âme et du génie!
Des calculs la froide manie
Chez nos pères vous remplaça :
Ils posèrent sur la nature
Le doigt glacé qui la mesure,
Et la nature se glaça!

Et toi, prêtresse de la terre,
Vierge du Pinde ou de Sion,
Tu fuis ce globe de matière,
Privé de ton dernier rayon!
Ton souffle divin se retire
De ces cœurs flétris, que la lyre
N'émeut plus de ses sons touchants!
Et pour son Dieu qui le contemple,
Sans toi l'univers est un temple
Qui n'a plus ni parfums ni chants!

Pleurons donc, enfants de nos pères!
Pleurons! de deuil couvrons nos fronts!
Lavons dans nos larmes amères
Tant d'irréparables affronts!
Comme les fils d'Héliodore,
Rassemblons du soir à l'aurore
Les débris du temple abattu!
Et sous ces cendres criminelles
Cherchons encor les étincelles
Du génie et de la vertu!

XI

L'ENTHOUSIASME

Ainsi, quand l'aigle du tonnerre
Enlevait Ganymède aux cieux,
L'enfant, s'attachant à la terre,
Luttait contre l'oiseau des dieux;
Mais entre ses serres rapides
L'aigle pressant ses flancs timides,
L'arrachait aux champs paternels;
Et, sourd à la voix qui l'implore,
Il le jetait, tremblant encore,
Jusques aux pieds des immortels.

Ainsi quand tu fonds sur mon âme,
Enthousiasme, aigle vainqueur,
Au bruit de tes ailes de flamme
Je frémis d'une sainte horreur;
Je me débats sous ta puissance,
Je fuis, je crains que ta présence
N'anéantisse un cœur mortel,
Comme un feu que la foudre allume,
Qui ne s'éteint plus, et consume
Le bûcher, le temple et l'autel.

Mais à l'essor de la pensée
L'instinct des sens s'oppose en vain;
Sous le dieu, mon âme oppressée
Bondit, s'élance, et bat mon sein.
La foudre en mes veines circule :
Étonné du feu qui me brûle,
Je l'irrite en le combattant,
Et la lave de mon génie

Déborde en torrents d'harmonie,
Et me consume en s'échappant.

Muse, contemple ta victime!
Ce n'est plus ce front inspiré,
Ce n'est plus ce regard sublime
Qui lançait un rayon sacré :
Sous ta dévorante influence,
À peine un reste d'existence
À ma jeunesse est échappé.
Mon front, que la pâleur efface,
Ne conserve plus que la trace
De la foudre qui m'a frappé.

Heureux le poète insensible!
Son luth n'est point baigné de pleurs,
Son enthousiasme paisible
N'a point ces tragiques fureurs.
De sa veine féconde et pure
Coulent, avec nombre et mesure,
Des ruisseaux de lait et de miel;
Et ce pusillanime Icare,
Trahi par l'aile de Pindare,
Ne retombe jamais du ciel.

Mais nous, pour embraser les âmes,
Il faut brûler, il faut ravir
Au ciel jaloux ses triples flammes.
Pour tout peindre, il faut tout sentir.
Foyers brûlants de la lumière,
Nos cœurs de la nature entière
Doivent concentrer les rayons;
Et l'on accuse notre vie!
Mais ce flambeau qu'on nous envie
S'allume au feu des passions.

Non, jamais un sein pacifique
N'enfanta ces divins élans,
Ni ce désordre sympathique
Qui soumet le monde à nos chants.
Non, non, quand l'Apollon d'Homère,
Pour lancer ses traits sur la terre,
Descendait des sommets d'Eryx,
Volant aux rives infernales,
Il trempait ses armes fatales
Dans les eaux bouillantes du Styx.

Descendez de l'auguste cime
Qu'indignent de lâches transports!
Ce n'est que d'un luth magnanime
Que partent les divins accords.
Le cœur des enfants de la lyre
Ressemble au marbre qui soupire
Sur le sépulcre de Memnon;
Pour lui donner la voix et l'âme,
Il faut que de sa chaste flamme
L'œil du jour lui lance un rayon.

Et tu veux qu'éveillant encore
Des feux sous la cendre couverts,
Mon reste d'âme s'évapore
En accents perdus dans les airs!
La gloire est le rêve d'une ombre;
Elle a trop retranché le nombre
Des jours qu'elle devait charmer.
Tu veux que je lui sacrifie
Ce dernier souffle de ma vie!
Je veux le garder pour aimer[1].

XII

LA RETRAITE

À M. de C*** ¹

Aux bords de ton lac enchanté,
Loin des sots préjugés que l'erreur déifie,
Couvert du bouclier de ta philosophie,
Le temps n'emporte rien de ta félicité;
Ton matin fut brillant; et ma jeunesse envie
L'azur calme et serein du beau soir de ta vie!

Ce qu'on appelle nos beaux jours
N'est qu'un éclair brillant dans une nuit d'orage,
Et rien, excepté nos amours,
N'y mérite un regret du sage;
Mais, que dis-je? on aime à tout âge :
Ce feu durable et doux, dans l'âme renfermé,
Donne plus de chaleur en jetant moins de flamme;
C'est le souffle divin dont tout l'homme est formé,
Il ne s'éteint qu'avec son âme.

Étendre son esprit, resserrer ses désirs,
C'est là ce grand secret ignoré du vulgaire :
Tu le connais, ami; cet heureux coin de terre
Renferme tes amours, tes goûts et tes plaisirs;
Tes vœux ne passent point ton champêtre domaine,
Mais ton esprit plus vaste étend son horizon,
Et, du monde embrassant la scène,
Le flambeau de l'étude éclaire ta raison.

Tu vois qu'aux bords du Tibre, et du Nil et du
[Gange,
En tous lieux, en tous temps, sous des masques
[divers,

L'homme partout est l'homme, et qu'en cet univers,
Dans un ordre éternel tout passe et rien ne change;
Tu vois les nations s'éclipser tour à tour
      Comme les astres dans l'espace,
      De mains en mains le sceptre passe,
Chaque peuple a son siècle, et chaque homme a son
      Sujets à cette loi suprême,   [jour;
      Empire, gloire, liberté,
      Tout est par le temps emporté,
      Le temps emporta les dieux même
      De la crédule antiquité,
Et ce que des mortels dans leur orgueil extrême
      Osaient nommer la vérité.

      Au milieu de ce grand nuage,
      Réponds-moi : que fera le sage
Toujours entre le doute et l'erreur combattu?
Content du peu de jours qu'il saisit au passage,
      Il se hâte d'en faire usage
      Pour le bonheur et la vertu.

J'ai vu ce sage heureux; dans ses belles demeures
      J'ai goûté l'hospitalité,
À l'ombre du jardin que ses mains ont planté,
Aux doux sons de sa lyre[2] il endormait les heures
      En chantant sa félicité.
Soyez touché, grand Dieu, de sa reconnaissance.
Il ne vous lasse point d'un inutile vœu;
Gardez-lui seulement sa rustique opulence,
Donnez tout à celui qui vous demande peu.
      Des doux objets de sa tendresse
Qu'à son riant foyer toujours environné,
Sa femme et ses enfants couronnent sa vieillesse,
Comme de ses fruits mûrs un arbre est couronné.
Que sous l'or des épis ses collines jaunissent;
Qu'au pied de son rocher son lac soit toujours pur;
Que de ses beaux jasmins les ombres s'épaississent;

Que son soleil soit doux, que son ciel soit d'azur,
Et que pour l'étranger toujours ses vins mûrissent.

Pour moi, loin de ce port de la félicité,
Hélas! par la jeunesse et l'espoir emporté,
Je vais tenter encore et les flots et l'orage;
Mais, ballotté par l'onde et fatigué du vent,
　　　　Au pied de ton rocher sauvage,
　　　　Ami, je reviendrai souvent
Rattacher, vers le soir, ma barque à ton rivage.

XIII

LE LAC

Ainsi, toujours poussés vers de nouveaux rivages,
Dans la nuit éternelle emportés sans retour,
Ne pourrons-nous jamais sur l'océan des âges
　　　　Jeter l'ancre un seul jour?

Ô lac! l'année à peine a fini sa carrière,
Et près des flots chéris qu'elle devait revoir,
Regarde! je viens seul m'asseoir sur cette pierre
　　　　Où tu la vis s'asseoir!

Tu mugissais ainsi sous ces roches profondes,
Ainsi tu te brisais sur leurs flancs déchirés,
Ainsi le vent jetait l'écume de tes ondes
　　　　Sur ses pieds adorés.

Un soir, t'en souvient-il? nous voguions en silence;
On n'entendait au loin, sur l'onde et sous les cieux,
Que le bruit des rameurs qui frappaient en cadence
　　　　Tes flots harmonieux.

Tout à coup des accents inconnus à la terre
Du rivage charmé frappèrent les échos :
Le flot fut attentif, et la voix qui m'est chère
      Laissa tomber ces mots :

« Ô temps! suspends ton vol, et vous, heures propices!
      Suspendez votre cours :
Laissez-nous savourer les rapides délices
      Des plus beaux de nos jours!

« Assez de malheureux ici-bas vous implorent,
      Coulez, coulez pour eux;
Prenez avec leurs jours les soins qui les dévorent,
      Oubliez les heureux.

« Mais je demande en vain quelques moments encore,
      Le temps m'échappe et fuit;
Je dis à cette nuit : Sois plus lente; et l'aurore
      Va dissiper la nuit.

« Aimons donc, aimons donc! de l'heure fugitive,
      Hâtons-nous, jouissons!
L'homme n'a point de port, le temps n'a point de rive;
      Il coule, et nous passons! »

Temps jaloux, se peut-il que ces moments d'ivresse,
Où l'amour à longs flots nous verse le bonheur,
S'envolent loin de nous de la même vitesse
      Que les jours de malheur?

Eh quoi! n'en pourrons-nous fixer au moins la trace?
Quoi! passés pour jamais! quoi! tout entiers perdus!
Ce temps qui les donna, ce temps qui les efface,
      Ne nous les rendra plus!

Éternité, néant, passé, sombres abîmes,
Que faites-vous des jours que vous engloutissez?
Parlez : nous rendrez-vous ces extases sublimes
    Que vous nous ravissez?

Ô lac! rochers muets! grottes! forêt obscure!
Vous, que le temps épargne ou qu'il peut rajeunir,
Gardez de cette nuit, gardez, belle nature,
    Au moins le souvenir!

Qu'il soit dans ton repos, qu'il soit dans tes orages,
Beau lac, et dans l'aspect de tes riants coteaux,
Et dans ces noirs sapins, et dans ces rocs sauvages
    Qui pendent sur tes eaux.

Qu'il soit dans le zéphyr qui frémit et qui passe,
Dans les bruits de tes bords par tes bords répétés,
Dans l'astre au front d'argent qui blanchit ta surface
    De ses molles clartés.

Que le vent qui gémit, le roseau qui soupire,
Que les parfums légers de ton air embaumé,
Que tout ce qu'on entend, l'on voit ou l'on respire,
    Tout dise : Ils ont aimé!

XIV

LA GLOIRE

À un poète exilé.

Généreux favoris des filles de mémoire,
Deux sentiers différents devant vous vont s'ouvrir :
L'un conduit au bonheur, l'autre mène à la gloire;
    Mortels, il faut choisir.

Ton sort, ô Manoel, suivit la loi commune;
La muse t'enivra de précoces faveurs;
Tes jours furent tissus de gloire et d'infortune,
      Et tu verses des pleurs!

Rougis plutôt, rougis d'envier au vulgaire
Le stérile repos dont son cœur est jaloux :
Les dieux ont fait pour lui tous les biens de la terre,
      Mais la lyre est à nous.

Les siècles sont à toi, le monde est ta patrie.
Quand nous ne sommes plus, notre ombre a des
Où le juste avenir prépare à ton génie   [autels
      Des honneurs immortels.

Ainsi l'aigle superbe au séjour du tonnerre
S'élance; et, soutenant son vol audacieux,
Semble dire aux mortels : Je suis né sur la terre,
      Mais je vis dans les cieux.

Oui, la gloire t'attend; mais arrête, et contemple
À quel prix on pénètre en ses parvis sacrés;
Vois : l'infortune, assise à la porte du temple,
      En garde les degrés.

Ici, c'est ce vieillard[1] que l'ingrate Ionie
A vu de mers en mers promener ses malheurs :
Aveugle, il mendiait au prix de son génie
      Un pain mouillé de pleurs.

Là, le Tasse, brûlé d'une flamme fatale,
Expiant dans les fers sa gloire et son amour,
Quand il va recueillir la palme triomphale,
      Descend au noir séjour.

Partout des malheureux, des proscrits, des victimes,
Luttant contre le sort ou contre les bourreaux;
On dirait que le ciel aux cœurs plus magnanimes
    Mesure plus de maux.

Impose donc silence aux plaintes de ta lyre,
Des cœurs nés sans vertu l'infortune est l'écueil;
Mais toi, roi détrôné, que ton malheur t'inspire
    Un généreux orgueil!

Que t'importe après tout que cet ordre barbare
T'enchaîne loin des bords qui furent ton berceau?
Que t'importe en quels lieux le destin te prépare
    Un glorieux tombeau?

Ni l'exil, ni les fers de ces tyrans du Tage
N'enchaîneront ta gloire aux bords où tu mourras :
Lisbonne la réclame, et voilà l'héritage
    Que tu lui laisseras!

Ceux qui l'ont méconnu pleureront le grand homme;
Athène à des proscrits ouvre son Panthéon;
Coriolan expire, et les enfants de Rome
    Revendiquent son nom.

Aux rivages des morts avant que de descendre,
Ovide lève au ciel ses suppliantes mains :
Aux Sarmates grossiers il a légué sa cendre,
    Et sa gloire aux Romains.

XV

ODE SUR LA NAISSANCE
DU DUC DE BORDEAUX

Versez du sang! frappez encore!
Plus vous retranchez ses rameaux,
Plus le tronc sacré voit éclore
Ses rejetons toujours nouveaux!
Est-ce un dieu qui trompe le crime?
Toujours d'une auguste victime
Le sang est fertile en vengeur!
Toujours échappé d'Athalie
Quelque enfant que le fer oublie
Grandit à l'ombre du Seigneur!

Il est né l'enfant du miracle!
Héritier du sang d'un martyr,
Il est né d'un tardif oracle,
Il est né d'un dernier soupir!
Aux accents du bronze qui tonne
La France s'éveille et s'étonne
Du fruit que la mort a porté!
Jeux du sort! merveilles divines!
Ainsi fleurit sur des ruines
Un lis que l'orage a planté.

Il vient, quand les peuples victimes
Du sommeil de leurs conducteurs,
Errent aux penchants des abîmes
Comme des troupeaux sans pasteurs!
Entre un passé qui s'évapore,
Vers un avenir qu'il ignore,
L'homme nage dans un chaos!
Le doute égare sa boussole,

Le monde attend une parole,
La terre a besoin d'un héros!

Courage! c'est ainsi qu'ils naissent!
C'est ainsi que dans sa bonté
Un dieu les sème! Ils apparaissent
Sur des jours de stérilité!
Ainsi, dans une sainte attente,
Quand des pasteurs la troupe errante
Parlait d'un Moïse nouveau,
De la nuit déchirant le voile,
Une mystérieuse étoile
Les conduisit vers un berceau!

Sacré berceau! frêle espérance
Q'une mère tient dans ses bras!
Déjà tu rassures la France,
Les miracles ne trompent pas!
Confiante dans son délire,
À ce berceau déjà ma lyre
Ouvre un avenir triomphant;
Et, comme ces rois de l'Aurore[1],
Un instinct que mon âme ignore
Me fait adorer un enfant!

Comme l'orphelin de Pergame[2],
Il verra près de son berceau
Un roi, des princes, une femme,
Pleurer aussi sur un tombeau!
Bercé sur le sein de sa mère,
S'il vient à demander son père,
Il verra se baisser leurs yeux!
Et cette veuve inconsolée,
En lui cachant le mausolée,
Du doigt lui montrera les cieux!

Jeté sur le déclin des âges,
Il verra l'empire sans fin,
Sorti de glorieux orages,
Frémir encor de son déclin.
Mais son glaive aux champs de victoire
Nous rappellera la mémoire
Des destins promis à Clovis,
Tant que le tronçon d'une épée,
D'un rayon de gloire frappée,
Brillerait aux mains de ses fils!

Sourd aux leçons efféminées
Dont le siècle aime à les nourrir,
Il saura que les destinées
Font roi, pour régner ou mourir;
Que des vieux héros de sa race
Le premier titre fut l'audace,
Et le premier trône un pavois;
Et qu'en vain l'humanité crie :
Le sang versé pour la patrie
Est toujours la pourpre des rois!

Tremblant à la voix de l'histoire,
Ce juge vivant des humains,
Français! il saura que la gloire
Tient deux flambeaux entre ses mains
L'un, d'une sanglante lumière
Sillonne l'horrible carrière
Des peuples par le crime heureux;
Semblable aux torches des furies
Que jadis les fameux impies
Sur leurs pas traînaient après eux'!

L'autre, du sombre oubli des âges,
Tombeau des peuples et des rois,

Ne sauve que les siècles sages,
Et les légitimes exploits :
Ses clartés immenses et pures,
Traversant les races futures,
Vont s'unir au jour éternel;
Pareil à ces feux pacifiques,
Ô Vesta! que des mains pudiques
Entretenaient sur ton autel!

Il saura qu'aux jours où nous sommes,
Pour vieillir au trône des rois,
Il faut montrer aux yeux des hommes
Ses vertus auprès de ses droits;
Qu'assis à ce degré suprême,
Il faut s'y défendre soi-même,
Comme les dieux sur leurs autels;
Rappeler en tout leur image,
Et faire adorer le nuage
Qui les sépare des mortels!

Au pied du trône séculaire
Où s'assied un autre Nestor,
De la tempête populaire
Le flot calmé murmure encor!
Ce juste, que le ciel contemple,
Lui montrera par son exemple
Comment, sur les écueils jeté,
On élève sur le rivage,
Avec les débris du naufrage,
Un temple à l'immortalité!

Ainsi s'expliquaient sur ma lyre
Les destins présents à mes yeux;
Et tout secondait mon délire,
Et sur la terre, et dans les cieux!
Le doux regard de l'espérance

Éclairait le deuil de la France :
Comme, après une longue nuit,
Sortant d'un berceau de ténèbres,
L'aube efface les pas funèbres
De l'ombre obscure qui s'enfuit.

XVI

LA PRIÈRE

Le roi brillant du jour, se couchant dans sa gloire,
Descend avec lenteur de son char de victoire.
Le nuage éclatant qui le cache à nos yeux
Conserve en sillons d'or sa trace dans les cieux,
Et d'un reflet de pourpre inonde l'étendue.
Comme une lampe d'or, dans l'azur suspendue,
La lune se balance aux bords de l'horizon;
Ses rayons affaiblis dorment sur le gazon,
Et le voile des nuits sur les monts se déplie :
C'est l'heure où la nature, un moment recueillie,
Entre la nuit qui tombe et le jour qui s'enfuit,
S'élève au Créateur du jour et de la nuit,
Et semble offrir à Dieu, dans son brillant langage,
De la création le magnifique hommage.
   Voilà le sacrifice immense, universel!
L'univers est le temple, et la terre est l'autel;
Les cieux en sont le dôme : et ces astres sans nombre,
Ces feux demi-voilés, pâle ornement de l'ombre,
Dans la voûte d'azur avec ordre semés,
Sont les sacrés flambeaux pour ce temple allumés :
Et ces nuages purs qu'un jour mourant colore,
Et qu'un souffle léger, du couchant à l'aurore,
Dans les plaines de l'air, repliant mollement,
Roule en flocons de pourpre aux bords du firmament,
Sont les flots de l'encens qui monte et s'évapore

Jusqu'au trône du Dieu que la nature adore.

Mais ce temple est sans voix. Où sont les saints
D'où s'élèvera l'hymne au roi de l'univers? [concerts?
Tout se tait : mon cœur seul parle dans ce silence.
La voix de l'univers, c'est mon intelligence.
Sur les rayons du soir, sur les ailes du vent,
Elle s'élève à Dieu comme un parfum vivant;
Et, donnant un langage à toute créature,
Prête pour l'adorer mon âme à la nature.
Seul, invoquant ici son regard paternel,
Je remplis le désert du nom de l'Éternel;
Et celui qui, du sein de sa gloire infinie,
Des sphères qu'il ordonne écoute l'harmonie,
Écoute aussi la voix de mon humble raison,
Qui contemple sa gloire et murmure son nom.

Salut, principe et fin de toi-même et du monde,
Toi qui rends d'un regard l'immensité féconde;
Âme de l'univers, Dieu, père, créateur,
Sous tous ces noms divers je crois en toi, Seigneur;
Et, sans avoir besoin d'entendre ta parole,
Je lis au front des cieux mon glorieux symbole.
L'étendue à mes yeux révèle ta grandeur,
La terre ta bonté, les astres ta splendeur.
Tu t'es produit toi-même en ton brillant ouvrage;
L'univers tout entier réfléchit ton image,
Et mon âme à son tour réfléchit l'univers.
Ma pensée, embrassant tes attributs divers,
Partout autour de soi te découvre et t'adore,
Se contemple soi-même et t'y découvre encore :
Ainsi l'astre du jour éclate dans les cieux,
Se réfléchit dans l'onde et se peint à mes yeux.

C'est peu de croire en toi, bonté, beauté suprême;
Je te cherche partout, j'aspire à toi, je t'aime;
Mon âme est un rayon de lumière et d'amour
Qui, du foyer divin, détaché pour un jour,
De désirs dévorants loin de toi consumée,

Brûle de remonter à sa source enflammée.
Je respire, je sens, je pense, j'aime en toi.
Ce monde qui te cache est transparent pour moi;
C'est toi que je découvre au fond de la nature,
C'est toi que je bénis dans toute créature.
Pour m'approcher de toi, j'ai fui dans ces déserts;
Là, quand l'aube, agitant son voile dans les airs,
Entr'ouvre l'horizon qu'un jour naissant colore,
Et sème sur les monts les perles de l'aurore,
Pour moi c'est ton regard qui, du divin séjour,
S'entr'ouvre sur le monde et lui répand le jour :
Quand l'astre à son midi, suspendant sa carrière,
M'inonde de chaleur, de vie et de lumière,
Dans ses puissants rayons, qui raniment mes sens,
Seigneur, c'est ta vertu, ton souffle que je sens;
Et quand la nuit, guidant son cortège d'étoiles,
Sur le monde endormi jette ses sombres voiles,
Seul, au sein du désert et de l'obscurité,
Méditant de la nuit la douce majesté,
Enveloppé de calme, et d'ombre, et de silence,
Mon âme, de plus près, adore ta présence;
D'un jour intérieur je me sens éclairer,
Et j'entends une voix qui me dit d'espérer.
    Oui, j'espère, Seigneur, en ta magnificence :
Partout à pleines mains prodiguant l'existence,
Tu n'auras pas borné le nombre de mes jours
À ces jours d'ici-bas, si troublés et si courts.
Je te vois en tous lieux conserver et produire;
Celui qui peut créer dédaigne de détruire.
Témoin de ta puissance et sûr de ta bonté,
J'attends le jour sans fin de l'immortalité.
La mort m'entoure en vain de ses ombres funèbres,
Ma raison voit le jour à travers ces ténèbres.
C'est le dernier degré qui m'approche de toi,
C'est le voile qui tombe entre ta face et moi.
Hâte pour moi, Seigneur, ce moment que j'implore;

Ou, si dans tes secrets tu le retiens encore,
Entends du haut du ciel le cri de mes besoins;
L'atome et l'univers sont l'objet de tes soins,
Des dons de ta bonté soutiens mon indigence,
Nourris mon corps de pain, mon âme d'espérance;
Réchauffe d'un regard de tes yeux tout-puissants
Mon esprit éclipsé par l'ombre de mes sens
Et, comme le soleil aspire la rosée,
Dans ton sein, à jamais, absorbe ma pensée.

XVII

INVOCATION

Ô toi qui m'apparus dans ce désert du monde,
Habitante du ciel, passagère en ces lieux!
Ô toi qui fis briller dans cette nuit profonde
          Un rayon d'amour à mes yeux;

À mes yeux étonnés montre-toi tout entière,
Dis-moi quel est ton nom, ton pays, ton destin.
          Ton berceau fut-il sur la terre?
          Ou n'es-tu qu'un souffle divin?

Vas-tu revoir demain l'éternelle lumière?
Ou dans ce lieu d'exil, de deuil, et de misère,
Dois-tu poursuivre encor ton pénible chemin?
Ah! quel que soit ton nom, ton destin, ta patrie,
Ou fille de la terre, ou du divin séjour,
          Ah! laisse-moi, toute ma vie,
          T'offrir mon culte ou mon amour.

Si tu dois, comme nous, achever ta carrière,
Sois mon appui, mon guide, et souffre qu'en tous lieux,

De tes pas adorés je baise la poussière.
Mais si tu prends ton vol, et si, loin de nos yeux,
Sœur des anges, bientôt tu remontes près d'eux,
Après m'avoir aimé quelques jours sur la terre,
    Souviens-toi de moi dans les cieux.

XVIII

LA FOI

Ô néant! ô seul Dieu que je puisse comprendre!
Silencieux abîme où je vais redescendre,
Pourquoi laissas-tu l'homme échapper de ta main?
De quel sommeil profond je dormais dans ton sein!
Dans l'éternel oubli j'y dormirais encore;
Mes yeux n'auraient pas vu ce faux jour que j'abhorre,
Et dans ta longue nuit, mon paisible sommeil
N'aurait jamais connu ni songes, ni réveil.
— Mais puisque je naquis, sans doute il fallait naître.
Si l'on m'eût consulté, j'aurais refusé l'être.
Vains regrets! le destin me condamnait au jour,
Et je vins, ô soleil, te maudire à mon tour.
— Cependant, il est vrai, cette première aurore,
Ce réveil incertain d'un être qui s'ignore,
Cet espace infini s'ouvrant devant ses yeux,
Ce long regard de l'homme interrogeant les cieux,
Ce vague enchantement, ces torrents d'espérance,
Éblouissent les yeux au seuil de l'existence.
Salut, nouveau séjour où le temps m'a jeté,
Globe, témoin futur de ma félicité!
Salut, sacré flambeau qui nourris la nature!
Soleil, premier amour de toute créature!
Vastes cieux, qui cachez le Dieu qui vous a faits!
Terre, berceau de l'homme, admirable palais!

Homme, semblable à moi, mon compagnon, mon frère!
Toi plus belle à mes yeux, à mon âme plus chère!
Salut, objets, témoins, instruments du bonheur!
Remplissez vos destins, je vous apporte un cœur...
— Que ce rêve est brillant! mais, hélas! c'est un rêve.
Il commençait alors; maintenant il s'achève.
La douleur lentement m'entr'ouvre le tombeau :
Salut, mon dernier jour! sois mon jour le plus beau!
    J'ai vécu; j'ai passé ce désert de la vie,
Où toujours sous mes pas chaque fleur s'est flétrie;
Où toujours l'espérance, abusant ma raison,
Me montrait le bonheur dans un vague horizon.
Où du vent de la mort les brûlantes haleines
Sous mes lèvres toujours tarissaient les fontaines.
Qu'un autre, s'exhalant en regrets superflus,
Redemande au passé ses jours qui ne sont plus,
Pleure de son printemps l'aurore évanouie,
Et consente à revivre une seconde vie :
Pour moi, quand le destin m'offrirait à mon choix
Le sceptre du génie, ou le trône des rois,
La gloire, la beauté, les trésors, la sagesse,
Et joindrait à ses dons l'éternelle jeunesse,
J'en jure par la mort; dans un monde pareil,
Non, je ne voudrais pas rajeunir d'un soleil.
Je ne veux pas d'un monde où tout change, où tout
                                             [passe;
Où, jusqu'au souvenir, tout s'use et tout s'efface;
Où tout est fugitif, périssable, incertain;
Où le jour du bonheur n'a pas de lendemain!
— Combien de fois ainsi, trompé par l'existence,
De mon sein pour jamais j'ai banni l'espérance!
Combien de fois ainsi mon esprit abattu
A cru s'envelopper d'une froide vertu,
Et, rêvant de Zénon la trompeuse sagesse,
Sous un manteau stoïque a caché sa faiblesse!
Dans son indifférence un jour enseveli,

Pour trouver le repos il invoquait l'oubli.
Vain repos! faux sommeil! — Tel qu'au pied des
[collines,
Où Rome sort du sein de ses propres ruines,
L'œil voit dans ce chaos, confusément épars,
D'antiques monuments, de modernes remparts,
Des théâtres croulants, dont les frontons superbes
Dorment dans la poussière ou rampent sous les herbes,
Les palais des héros par les ronces couverts,
Des dieux couchés au seuil de leurs temples déserts,
L'obélisque éternel ombrageant la chaumière,
La colonne portant une image étrangère,
L'herbe dans le forum, les fleurs dans les tombeaux,
Et ces vieux panthéons peuplés de dieux nouveaux;
Tandis que, s'élevant de distance en distance,
Un faible bruit de vie interrompt ce silence :
Telle est notre âme, après ces longs ébranlements;
Secouant la raison jusqu'en ses fondements,
Le malheur n'en fait plus qu'une immense ruine,
Où comme un grand débris le désespoir domine!
De sentiments éteints silencieux chaos,
Éléments opposés, sans vie et sans repos,
Restes de passions par le temps effacées,
Combat désordonné de vœux et de pensées,
Souvenirs expirants, regrets, dégoûts, remords.
Si du moins ces débris nous attestaient sa mort!
Mais sous ce vaste deuil l'âme encore est vivante;
Ce feu sans aliment soi-même s'alimente;
Il renaît de sa cendre, et ce fatal flambeau
Craint de brûler encore au-delà du tombeau.

Âme! qui donc es-tu? flamme qui me dévore,
Dois-tu vivre après moi? dois-tu souffrir encore?
Hôte mystérieux, que vas-tu devenir?
Au grand flambeau du jour vas-tu te réunir?
Peut-être de ce feu tu n'es qu'une étincelle,
Qu'un rayon égaré, que cet astre rappelle.

Peut-être que, mourant lorsque l'homme est détruit,
Tu n'es qu'un suc plus pur que la terre a produit,
Une fange animée, une argile pensante...
Mais que vois-je? à ce mot, tu frémis d'épouvante :
Redoutant le néant, et lasse de souffrir,
Hélas! tu crains de vivre et trembles de mourir.
— Qui te révélera, redoutable mystère?
J'écoute en vain la voix des sages de la terre :
Le doute égare aussi ces sublimes esprits,
Et de la même argile ils ont été pétris.
Rassemblant les rayons de l'antique sagesse,
Socrate te cherchait aux beaux jours de la Grèce;
Platon à Sunium te cherchait après lui;
Deux mille ans sont passés, je te cherche aujourd'hui;
Deux mille ans passeront, et les enfants des hommes
S'agiteront encor dans la nuit où nous sommes.
La vérité rebelle échappe à nos regards,
Et Dieu seul réunit tous ses rayons épars.
— Ainsi, prêt à fermer mes yeux à la lumière,
Nul espoir ne viendra consoler ma paupière :
Mon âme aura passé, sans guide et sans flambeau
De la nuit d'ici-bas dans la nuit du tombeau,
Et j'emporte au hasard, au monde où je m'élance,
Ma vertu sans espoir, mes maux sans récompense.
Réponds-moi, Dieu cruel! S'il est vrai que tu sois,
J'ai donc le droit fatal de maudire tes lois!
Après le poids du jour, du moins le mercenaire
Le soir s'assied à l'ombre, et reçoit son salaire :
Et moi, quand je fléchis sous le fardeau du sort,
Quand mon jour est fini, mon salaire est la mort.
. . . .
. . . .
— Mais, tandis qu'exhalant le doute et le blasphème,
Les yeux sur mon tombeau, je pleure sur moi-même,
La foi, se réveillant, comme un doux souvenir,
Jette un rayon d'espoir sur mon pâle avenir,

Sous l'ombre de la mort me ranime et m'enflamme,
Et rend à mes vieux jours la jeunesse de l'âme.
Je remonte aux lueurs de ce flambeau divin,
Du couchant de ma vie à son riant matin;
J'embrasse d'un regard la destinée humaine;
À mes yeux satisfaits tout s'ordonne et s'enchaîne;
Je lis dans l'avenir la raison du présent;
L'espoir ferme après moi les portes du néant,
Et rouvrant l'horizon à mon âme ravie,
M'explique par la mort l'énigme de la vie.

   Cette foi qui m'attend au bord de mon tombeau,
Hélas! il m'en souvient, plana sur mon berceau.
De la terre promise immortel héritage,
Les pères à leurs fils l'ont transmis d'âge en âge.
Notre esprit la reçoit à son premier réveil,
Comme les dons d'en haut, la vie et le soleil;
Comme le lait de l'âme, en ouvrant la paupière,
Elle a coulé pour nous des lèvres d'une mère;
Elle a pénétré l'homme en sa tendre saison;
Son flambeau dans les cœurs précéda la raison.
L'enfant, en essayant sa première parole,
Balbutie au berceau son sublime symbole,
Et, sous l'œil maternel germant à son insu,
Il la sent dans son cœur croître avec la vertu.

   Ah! si la vérité fut faite pour la terre,
Sans doute elle a reçu ce simple caractère;
Sans doute dès l'enfance offerte à nos regards,
Dans l'esprit par les sens entrant de toutes parts,
Comme les purs rayons de la céleste flamme
Elle a dû dès l'aurore environner notre âme,
De l'esprit par l'amour descendre dans les cœurs,
S'unir au souvenir, se fondre dans les mœurs;
Ainsi qu'un grain fécond que l'hiver couvre encore,
Dans notre sein longtemps germer avant d'éclore,
Et, quand l'homme a passé son orageux été,
Donner son fruit divin pour l'immortalité.

Soleil mystérieux! flambeau d'une autre sphère,
Prête à mes yeux mourants ta mystique lumière,
Pars du sein du Très-Haut, rayon consolateur.
Astre vivifiant, lève-toi dans mon cœur!
Hélas! je n'ai que toi; dans mes heures funèbres,
Ma raison qui pâlit m'abandonne aux ténèbres;
Cette raison superbe, insuffisant flambeau,
S'éteint comme la vie aux portes du tombeau;
Viens donc la remplacer, ô céleste lumière!
Viens d'un jour sans nuage inonder ma paupière;
Tiens-moi lieu du soleil que je ne dois plus voir,
Et brille à l'horizon comme l'astre du soir.

XIX

LE GÉNIE

À M. de Bonald.

Impavidum ferient ruinæ [1].

Ainsi, quand parmi les tempêtes,
Au sommet brûlant du Sina,
Jadis le plus grand des prophètes
Gravait les tables de Juda;
Pendant cet entretien sublime,
Un nuage couvrait la cime
Du mont inaccessible aux yeux,
Et, tremblant aux coups du tonnerre,
Juda, couché dans la poussière,
Vit ses lois descendre des cieux.

Ainsi des sophistes célèbres
Dissipant les fausses clartés,
Tu tires du sein des ténèbres

D'éblouissantes vérités.
Ce voile qui des lois premières
Couvrait les augustes mystères,
Se déchire et tombe à ta voix[2];
Et tu suis ta route assurée,
Jusqu'à cette source sacrée
Où le monde a puisé ses lois.

Assis sur la base immuable
De l'éternelle vérité,
Tu vois d'un œil inaltérable
Les phases de l'humanité.
Secoués de leurs gonds antiques,
Les empires, les républiques
S'écroulent en débris épars;
Tu ris des terreurs où nous sommes :
Partout où nous voyons les hommes,
Un Dieu se montre à tes regards!

En vain par quelque faux système,
Un système faux est détruit;
Par le désordre à l'ordre même,
L'univers moral est conduit.
Et comme autour d'un astre unique,
La terre, dans sa route oblique,
Décrit sa route dans les airs;
Ainsi, par une loi plus belle,
Ainsi la justice éternelle
Est le pivot de l'univers!

Mais quoi! tandis que le génie
Te ravit si loin de nos yeux,
Les lâches clameurs de l'envie
Te suivent jusque dans les cieux!
Crois-moi, dédaigne d'en descendre;
Ne t'abaisse pas pour entendre

Ces bourdonnements détracteurs.
Poursuis ta sublime carrière,
Poursuis; le mépris du vulgaire
Est l'apanage des grands cœurs.

Objet de ses amours frivoles,
Ne l'as-tu pas vu tour à tour
Se forger de frêles idoles
Qu'il adore et brise en un jour?
N'as-tu pas vu son inconstance
De l'héréditaire croyance
Éteindre les sacrés flambeaux?
Brûler ce qu'adoraient ses pères,
Et donner le nom de lumières
À l'épaisse nuit des tombeaux?

Secouant ses antiques rênes,
Mais par d'autres tyrans flatté,
Tout meurtri du poids de ses chaînes,
L'entends-tu crier : *Liberté?*
Dans ses sacrilèges caprices,
Le vois-tu, donnant à ses vices
Les noms de toutes les vertus;
Traîner Socrate aux gémonies,
Pour faire, en des temples impies,
L'apothéose d'Anitus?

Si pour caresser sa faiblesse,
Sous tes pinceaux adulateurs,
Tu parais du nom de sagesse
Les leçons de ses corrupteurs,
Tu verrais ses mains avilies,
Arrachant des palmes flétries
De quelque front déshonoré,
Les répandre sur ton passage,

Et, changeant la gloire en outrage,
T'offrir un triomphe abhorré!

Mais loin d'abandonner la lice
Où ta jeunesse a combattu,
Tu sais que l'estime du vice
Est un outrage à la vertu!
Tu t'honores de tant de haine,
Tu plains ces faibles cœurs qu'entraîne
Le cours de leur siècle égaré;
Et seul contre le flot rapide,
Tu marches d'un pas intrépide
Au but que la gloire a montré!

Tel un torrent, fils de l'orage,
En roulant du sommet des monts,
S'il rencontre sur son passage
Un chêne, l'orgueil des vallons;
Il s'irrite, il écume, il gronde,
Il presse des plis de son onde
L'arbre vainement menacé;
Mais debout parmi les ruines,
Le chêne aux profondes racines
Demeure; et le fleuve a passé!

Toi donc, des mépris de ton âge
Sans être jamais rebuté,
Retrempe ton mâle courage
Dans les flots de l'adversité!
Pour cette lutte qui s'achève,
Que la vérité soit ton glaive,
La justice ton bouclier.
Va! dédaigne d'autres armures;
Et si tu reçois des blessures,
Nous les couvrirons de laurier!

Vois-tu dans la carrière antique,
Autour des coursiers et des chars,
Jaillir la poussière olympique
Qui les dérobe à nos regards?
Dans sa course ainsi le génie,
Par les nuages de l'envie
Marche longtemps environné;
Mais au terme de la carrière,
Des flots de l'indigne poussière
Il sort vainqueur et couronné.

XX

PHILOSOPHIE

Au Marquis de L.M.F.

Oh! qui m'emportera vers les tièdes rivages,
Où l'Arno couronné de ses pâles ombrages,
Aux murs des Médicis en sa course arrêté,
Réfléchit le palais par un sage habité,
Et semble, au bruit flatteur de son onde plus lente,
Murmurer les grands noms de Pétrarque et du Dante?
Ou plutôt, que ne puis-je, au doux tomber du jour,
Quand le front soulagé du fardeau de la cour,
Tu vas sous tes bosquets chercher ton Égérie,
Suivre, en rêvant, tes pas de prairie en prairie;
Jusqu'au modeste toit par tes mains embelli,
Où tu cours adorer le silence et l'oubli!
J'adore aussi ces dieux : depuis que la sagesse
Aux rayons du malheur a mûri ma jeunesse,
Pour nourrir ma raison des seuls fruits immortels,
J'y cherche en soupirant l'ombre de leurs autels;
Et, s'il est au sommet de la verte colline,

S'il est sur le penchant du coteau qui s'incline,
S'il est aux bords déserts du torrent ignoré
Quelque rustique abri, de verdure entouré,
Dont le pampre arrondi sur le seuil domestique
Dessine en serpentant le flexible portique;
Semblable à la colombe errante sur les eaux,
Qui, des cèdres d'Arar découvrant les rameaux,
Vola sur leur sommet poser ses pieds de rose,
Soudain mon âme errante y vole et s'y repose!
Aussi, pendant qu'admis dans les conseils des rois,
Représentant d'un maître honoré par son choix,
Tu tiens un des grands fils de la trame du monde;
Moi, parmi les pasteurs, assis aux bords de l'onde,
Je suis d'un œil rêveur les barques sur les eaux;
J'écoute les soupirs du vent dans les roseaux;
Nonchalamment couché près du lit des fontaines,
Je suis l'ombre qui tourne autour du tronc des chênes,
Ou je grave un vain nom sur l'écorce des bois,
Ou je parle à l'écho qui répond à ma voix,
Ou dans le vague azur contemplant les nuages,
Je laisse errer comme eux mes flottantes images;
La nuit tombe, et le Temps, de son doigt redouté,
Me marque un jour de plus que je n'ai pas compté!

Quelquefois seulement quand mon âme oppressée
Sent en rythmes nombreux déborder ma pensée;
Au souffle inspirateur du soir dans les déserts,
Ma lyre abandonnée exhale encor des vers!
J'aime à sentir ces fruits d'une sève plus mûre,
Tomber, sans qu'on les cueille, au gré de la nature,
Comme le sauvageon secoué par les vents,
Sur les gazons flétris, de ses rameaux mouvants
Laisse tomber ces fruits que la branche abandonne,
Et qui meurent au pied de l'arbre qui les donne!
Il fut un temps, peut-être, où mes jours mieux remplis,
Par la gloire éclairés, par l'amour embellis,

Et fuyant loin de moi sur des ailes rapides,
Dans la nuit du passé ne tombaient pas si vides.
Aux douteuses clartés de l'humaine raison,
Égaré dans les cieux sur les pas de Platon,
Par ma propre vertu je cherchais à connaître
Si l'âme est en effet un souffle du grand être;
Si ce rayon divers, dans l'argile enfermé,
Doit être par la mort éteint ou rallumé;
S'il doit après mille ans revivre sur la terre;
Ou si, changeant sept fois de destins et de sphère,
Et montant d'astre en astre à son centre divin,
D'un but qui fuit toujours il s'approche sans fin?
Si dans ces changements nos souvenirs survivent?
Si nos soins, nos amours, si nos vertus nous suivent?
S'il est un juge assis aux portes des enfers,
Qui sépare à jamais les justes des pervers?
S'il est de saintes lois qui, du ciel émanées,
Des empires mortels prolongent les années,
Jettent un frein au peuple indocile à leur voix,
Et placent l'équité sous la garde des rois?
Ou si d'un dieu qui dort l'aveugle nonchalance
Laisse au gré du destin trébucher sa balance,
Et livre, en détournant ses yeux indifférents,
La nature au hasard, et la terre aux tyrans?
Mais ainsi que des cieux, où son vol se déploie,
L'aigle souvent trompé redescend sans sa proie,
Dans ces vastes hauteurs où mon œil s'est porté
Je n'ai rien découvert que doute et vanité!
Et las d'errer sans fin dans des champs sans limite,
Au seul jour où je vis, au seul bord que j'habite,
J'ai borné désormais ma pensée et mes soins :
Pourvu qu'un dieu caché fournisse à mes besoins!
Pourvu que dans les bras d'une épouse chérie
Je goûte obscurément les doux fruits de ma vie!
Que le rustique enclos par mes pères planté
Me donne un toit l'hiver, et de l'ombre l'été;

Et que d'heureux enfants ma table couronnée
D'un convive de plus se peuple chaque année!
Ami! je n'irai plus ravir si loin de moi,
Dans les secrets de Dieu ces comment, ces pourquoi,
Ni du risible effort de mon faible génie,
Aider péniblement la sagesse infinie!
Vivre est assez pour nous; un plus sage l'a dit :
Le soin de chaque jour à chaque jour suffit.
Humble, et du saint des saints respectant les mystères,
J'héritai l'innocence et le dieu de mes pères;
En inclinant mon front j'élève à lui mes bras,
Car la terre l'adore et ne le comprend pas :
Semblable à l'Alcyon, que la mer dorme ou gronde,
Qui dans son nid flottant s'endort en paix sur l'onde,
Me reposant sur Dieu du soin de me guider
À ce port invisible où tout doit aborder,
Je laisse mon esprit, libre d'inquiétude,
D'un facile bonheur faisant sa seule étude,
Et prêtant sans orgueil la voile à tous les vents,
Les yeux tournés vers lui, suivre le cours du temps.

Toi, qui longtemps battu des vents et de l'orage,
Jouissant aujourd'hui de ce ciel sans nuage,
Du sein de ton repos contemples du même œil
Nos revers sans dédain, nos erreurs sans orgueil;
Dont la raison facile, et chaste sans rudesse,
Des sages de ton temps n'a pris que la sagesse,
Et qui reçus d'en haut ce don mystérieux
De parler aux mortels dans la langue des dieux [1];
De ces bords enchanteurs où ta voix me convie,
Où s'écoule à flots purs l'automne de ta vie,
Où les eaux et les fleurs, et l'ombre, et l'amitié,
De tes jours nonchalants usurpent la moitié,
Dans ces vers inégaux que ta muse entrelace,
Dis-nous, comme autrefois nous l'aurait dit Horace,
Si l'homme doit combattre ou suivre son destin?

Si je me suis trompé de but ou de chemin?
S'il est vers la sagesse une autre route à suivre?
Et si l'art d'être heureux n'est pas tout l'art de vivre.

XXI

LE GOLFE DE BAYA,

PRÈS DE NAPLES

Vois-tu comme le flot paisible
Sur le rivage vient mourir!
Vois-tu le volage zéphyr
Rider, d'une haleine insensible,
L'onde qu'il aime à parcourir!
Montons sur la barque légère
Que ma main guide sans efforts,
Et de ce golfe solitaire
Rasons timidement les bords.

Loin de nous déjà fuit la rive.
Tandis que d'une main craintive
Tu tiens le docile aviron,
Courbé sur la rame bruyante
Au sein de l'onde frémissante
Je trace un rapide sillon.

Dieu! quelle fraîcheur on respire!
Plongé dans le sein de Thétis,
Le soleil a cédé l'empire
À la pâle reine des nuits.
Le sein des fleurs demi-fermées
S'ouvre, et de vapeurs embaumées
En ce moment remplit les airs;

Et du soir la brise légère
Des plus doux parfums de la terre
À son tour embaume les mers.

Quels chants sur ces flots retentissent?
Quels chants éclatent sur ces bords?
De ces deux concerts qui s'unissent
L'écho prolonge les accords.
N'osant se fier aux étoiles,
Le pêcheur, repliant ses voiles,
Salue, en chantant, son séjour.
Tandis qu'une folle jeunesse
Pousse au ciel des cris d'allégresse,
Et fête son heureux retour.

Mais déjà l'ombre plus épaisse
Tombe, et brunit les vastes mers;
Le bord s'efface, le bruit cesse,
Le silence occupe les airs.
C'est l'heure où la mélancolie
S'assoit pensive et recueillie
Aux bords silencieux des mers,
Et, méditant sur les ruines,
Contemple au penchant des collines
Ce palais, ces temples déserts.

Ô de la liberté vieille et sainte patrie!
Terre autrefois féconde en sublimes vertus!
Sous d'indignes Césars* maintenant asservie,
Ton empire est tombé! tes héros ne sont plus!
        Mais dans ton sein l'âme agrandie
Croit sur leurs monuments respirer leur génie,
Comme on respire encor dans un temple aboli
La majesté du dieu dont il était rempli.
Mais n'interrogeons pas vos cendres généreuses,

---

* Ceci était écrit en 1813[1].

Vieux Romains! fiers Catons! mânes des deux Brutus!
Allons redemander à ces murs abattus
Des souvenirs plus doux, des ombres plus heureuses.

  Horace, dans ce frais séjour,
  Dans une retraite embellie
  Par le plaisir et le génie,
  Fuyait les pompes de la cour;
  Properce y visitait Cinthie,
  Et sous les regards de Délie
Tibulle y modulait les soupirs de l'amour.
Plus loin, voici l'asile où vint chanter le Tasse,
Quand, victime à la fois du génie et du sort,
Errant dans l'univers, sans refuge et sans port,
La pitié recueillit son illustre disgrâce.
Non loin des mêmes bords, plus tard il vint mourir;
La gloire l'appelait, il arrive, il succombe :
La palme qui l'attend devant lui semble fuir,
Et son laurier tardif n'ombrage que sa tombe.

Colline de Baya! poétique séjour!
Voluptueux vallon qu'habita tour à tour
  Tout ce qui fut grand dans le monde,
Tu ne retentis plus de gloire ni d'amour.
  Pas une voix qui me réponde,
  Que le bruit plaintif de cette onde,
Ou l'écho réveillé des débris d'alentour!

  Ainsi tout change, ainsi tout passe;
  Ainsi nous-mêmes nous passons,
  Hélas! sans laisser plus de trace
  Que cette barque où nous glissons
  Sur cette mer où tout s'efface.

XXII

LE TEMPLE

Qu'il est doux, quand du soir l'étoile solitaire,
Précédant de la nuit le char silencieux,
S'élève lentement dans la voûte des cieux,
Et que l'ombre et le jour se disputent la terre,
Qu'il est doux de porter ses pas religieux
Dans le fond du vallon, vers ce temple rustique
Dont la mousse a couvert le modeste portique,
Mais où le ciel encor parle à des cœurs pieux!

Salut, bois consacré! Salut, champ funéraire,
Des tombeaux du village humble dépositaire;
Je bénis en passant tes simples monuments.
Malheur à qui des morts profane la poussière!
J'ai fléchi le genou devant leur humble pierre,
Et la nef a reçu mes pas retentissants.
Quelle nuit! quel silence! au fond du sanctuaire
À peine on aperçoit la tremblante lumière
De la lampe qui brûle auprès des saints autels.
Seule elle luit encor, quand l'univers sommeille :
Emblème consolant de la bonté qui veille
Pour recueillir ici les soupirs des mortels.
Avançons. Aucun bruit n'a frappé mon oreille;
Le parvis frémit seul sous mes pas mesurés;
Du sanctuaire enfin j'ai franchi les degrés.
Murs sacrés, saints autels! je suis seul, et mon âme
Peut verser devant vous ses douleurs et sa flamme,
Et confier au ciel des accents ignorés,
Que lui seul connaîtra, que vous seuls entendrez.

Mais quoi! de ces autels j'ose approcher sans crainte!
J'ose apporter, grand Dieu, dans cette auguste
[enceinte
Un cœur encor brûlant de douleur et d'amour!
Et je ne tremble pas que ta majesté sainte
Ne venge le respect qu'on doit à son séjour!
Non : je ne rougis plus du feu qui me consume :
L'amour est innocent quand la vertu l'allume.
Aussi pur que l'objet à qui je l'ai juré,
Le mien brûle mon cœur, mais c'est d'un feu sacré;
La constance l'honore et le malheur l'épure.
Je l'ai dit à la terre, à toute la nature;
Devant tes saints autels je l'ai dit sans effroi :
J'oserais, Dieu puissant, la nommer devant toi.
Oui, malgré la terreur que ton temple m'inspire,
Ma bouche a murmuré tout bas le nom d'Elvire;
Et ce nom répété de tombeaux en tombeaux,
Comme l'accent plaintif d'une ombre qui soupire,
De l'enceinte funèbre a troublé le repos.

Adieu, froids monuments! adieu, saintes demeures!
Deux fois l'écho nocturne a répété les heures,
Depuis que devant vous mes larmes ont coulé :
Le ciel a vu ces pleurs, et je sors consolé.

Peut-être au même instant, sur un autre rivage,
Elvire veille ainsi, seule avec mon image,
Et dans un temple obscur, les yeux baignés de pleurs
Vient aux autels déserts confier ses douleurs.

XXIII

CHANTS LYRIQUES DE SAÜL

IMITATION DES PSAUMES DE DAVID

Je répandrai mon âme au seuil du sanctuaire!
Seigneur, dans ton nom seul je mettrai mon espoir;
Mes cris t'éveilleront, et mon humble prière
S'élèvera vers toi, comme l'encens du soir!

Dans quel abaissement ma gloire s'est perdue!
J'erre sur la montagne ainsi qu'un passereau;
Et par tant de rigueurs mon âme confondue,
Mon âme est devant toi, comme un désert sans eau.

Pour mes fiers ennemis ce deuil est une fête.
Ils se montrent, Seigneur, ton Christ humilié.
Le voilà, disent-ils : ses dieux l'ont oublié;
Et Moloch en passant a secoué la tête
       Et souri de pitié!

. . . .
. . . .
. . . .
. . . .

Seigneur tendez votre arc; levez-vous, jugez-moi!
Remplissez mon carquois de vos flèches brûlantes!
Que des hauteurs du ciel vos foudres dévorantes
Portent sur eux la mort qu'ils appelaient sur moi!

Dieu se lève, il s'élance, il abaisse la voûte
De ces cieux éternels ébranlés sous ses pas;
Le soleil et la foudre ont éclairé sa route;
Ses anges devant lui font voler le trépas.

Le feu de son courroux fait monter la fumée,
Son éclat a fendu les nuages des cieux;
      La terre est consumée
      D'un regard de ses yeux.

    Il parle; sa voix foudroyante
    A fait chanceler d'épouvante
Les cèdres du Liban, les rochers des déserts;
Le Jourdain montre à nu sa source reculée;
      De la terre ébranlée
      Les os sont découverts.

Le Seigneur m'a livré la race criminelle
      Des superbes enfants d'Ammon.
Levez-vous, ô Saül! et que l'ombre éternelle
      Engloutisse jusqu'à leur nom!
. . . .
. . . .
. . . .
. . . .

Que vois-je? vous tremblez, orgueilleux oppresseurs!
      Le héros prend sa lance,
      Il l'agite, il s'élance;
      À sa seule présence,
La terreur de ses yeux a passé dans vos cœurs!

Fuyez!... il est trop tard! sa redoutable épée
Décrit autour de vous un cercle menaçant,
En tout lieu vous poursuit, en tout lieu vous attend,

Et déjà mille fois dans votre sang trempée,
S'enivre encor de votre sang.

Son coursier superbe
Foule comme l'herbe
Les corps des mourants;
Le héros l'excite,
Et le précipite
À travers les rangs;
Les feux l'environnent,
Les casques résonnent
Sous ses pieds sanglants :
Devant sa carrière
Cette foule altière
Tombe tout entière
Sous ses traits brûlants,
Comme la poussière
Qu'emportent les vents.

Où sont ces fiers Ismaélites,
Ces enfants de Moab, cette race d'Édom?
Iduméens, guerriers d'Ammon;
Et vous, superbes fils de Tyr et de Sidon,
Et vous, cruels Amalécites?

Les voilà devant moi comme un fleuve tari,
Et leur mémoire même avec eux a péri!
. . . .
. . . .
. . . .
. . . .

Que de biens le Seigneur m'apprête!
Qu'il couronne d'honneurs la vieillesse du roi!
Ephraïm, Manassé, Galaad, sont à moi;
Jacob, mon bouclier, est l'appui de ma tête.

Que de biens le Seigneur m'apprête!
Qu'il couronne d'honneurs la vieillesse du roi!

Des bords où l'aurore se lève
Aux bords où le soleil achève
Son cours tracé par l'Éternel,
L'opulente Saba, la grasse Éthiopie,
La riche mer de Tyr, les déserts d'Arabie,
Adorent le roi d'Israël.

Peuples, frappez des mains, le roi des rois s'avance,
Il monte, il s'est assis sur son trône éclatant;
Il pose de Sion l'éternel fondement;
La montagne frémit de joie et d'espérance.
Peuples, frappez des mains, le roi des rois s'avance,
Il pose de Sion l'éternel fondement.

De sa main pleine de justice,
Il verse aux nations l'abondance et la paix.
Réjouis-toi, Sion, sous ton ombre propice,
Ainsi que le palmier qui parfume Cadès,
La paix et l'équité fleurissent à jamais.
De sa main pleine de justice,
Il verse aux nations l'abondance et la paix.

Dieu chérit de Sion les sacrés tabernacles
Plus que les tentes d'Israël;
Il y fait sa demeure, il y rend ses oracles,
Il y fait éclater sa gloire et ses miracles;
Sion, ainsi que lui ton nom est immortel.
Dieu chérit de Sion les sacrés tabernacles
Plus que les tentes d'Israël.

C'est là qu'un jour vaut mieux que mille;
C'est là qu'environné de la troupe docile
De ses nombreux enfants, sa gloire et son appui,

Le roi vieillit, semblable à l'olivier fertile
Qui voit ses rejetons fleurir autour de lui.

XXIV

HYMNE AU SOLEIL

Vous avez pris pitié de sa longue douleur!
Vous me rendez le jour, Dieu que l'amour implore!
Déjà mon front couvert d'une molle pâleur,
Des teintes de la vie à ses yeux se colore;
Déjà dans tout mon être une douce chaleur
Circule avec mon sang, remonte dans mon cœur :
       Je renais pour aimer encore!

Mais la nature aussi se réveille en ce jour!
Au doux soleil de mai nous la voyons renaître;
Les oiseaux de Vénus autour de ma fenêtre
Du plus chéri des mois proclament le retour!
Guidez mes premiers pas dans nos vertes campagnes!
Conduis-moi, chère Elvire, et soutiens ton amant :
Je veux voir le soleil s'élever lentement,
Précipiter son char du haut de nos montagnes,
Jusqu'à l'heure où dans l'onde il ira s'engloutir,
Et cédera les airs au nocturne zéphyr!
Viens! Que crains-tu pour moi? Le ciel est sans nuage!
Ce plus beau de nos jours passera sans orage;
Et c'est l'heure où déjà sur les gazons en fleurs
Dorment près des troupeaux les paisibles pasteurs!

Dieu! que les airs sont doux! Que la lumière est
Tu règnes en vainqueur sur toute la nature,   [pure!
Ô soleil! et des cieux, où ton char est porté,

Tu lui verses la vie et la fécondité!
Le jour où, séparant la nuit de la lumière,
L'Éternel te lança dans ta vaste carrière,
L'univers tout entier te reconnut pour roi;
Et l'homme, en t'adorant, s'inclina devant toi!
De ce jour, poursuivant ta carrière enflammée,
Tu décris sans repos ta route accoutumée;
L'éclat de tes rayons ne s'est point affaibli,
Et sous la main des temps ton front n'a point pâli!

Quand la voix du matin vient réveiller l'aurore,
L'Indien, prosterné, te bénit et t'adore!
Et moi, quand le midi de ses feux bienfaisants
Ranime par degrés mes membres languissants,
Il me semble qu'un Dieu, dans tes rayons de flamme,
En échauffant mon sein, pénètre dans mon âme!
Et je sens de ses fers mon esprit détaché,
Comme si du Très-Haut le bras m'avait touché!
Mais ton sublime auteur défend-il de le croire?
N'es-tu point, ô soleil! un rayon de sa gloire?
Quand tu vas mesurant l'immensité des cieux,
Ô soleil! n'es-tu point un regard de ses yeux?

Ah! si j'ai quelquefois, aux jours de l'infortune,
Blasphémé du soleil la lumière importune;
Si j'ai maudit les dons que j'ai reçus de toi,
Dieu, qui lis dans les cœurs, ô Dieu! pardonne-moi!
Je n'avais pas goûté la volupté suprême
De revoir la nature auprès de ce que j'aime,
De sentir dans mon cœur, aux rayons d'un beau jour,
Redescendre à la fois et la vie et l'amour!
Insensé! j'ignorais tout le prix de la vie!
Mais ce jour me l'apprend, et je te glorifie!

XXV

ADIEU

Oui, j'ai quitté ce port tranquille,
Ce port si longtemps appelé,
Où loin des ennuis de la ville,
Dans un loisir doux et facile,
Sans bruit mes jours auraient coulé.
J'ai quitté l'obscure vallée,
Le toit champêtre d'un ami;
Loin des bocages de Bissy,
Ma muse, à regret exilée,
S'éloigne triste et désolée
Du séjour qu'elle avait choisi.
Nous n'irons plus dans les prairies,
Au premier rayon du matin,
Égarer, d'un pas incertain,
Nos poétiques rêveries.
Nous ne verrons plus le soleil,
Du haut des cimes d'Italie
Précipitant son char vermeil,
Semblable au père de la vie,
Rendre à la nature assoupie
Le premier éclat du réveil.
Nous ne goûterons plus votre ombre,
Vieux pins, l'honneur de ces forêts,
Vous n'entendrez plus nos secrets;
Sous cette grotte humide et sombre
Nous ne chercherons plus le frais,

Et le soir, au temple rustique,
Quand la cloche mélancolique
Appellera tout le hameau,
Nous n'irons plus, à la prière,
Nous courber sur la simple pierre
Qui couvre un rustique tombeau.
Adieu, vallons; adieu, bocages;
Lac azuré, rochers sauvages,
Bois touffus, tranquille séjour,
Séjour des heureux et des sages,
Je vous ai quittés sans retour.

Déjà ma barque fugitive
Au souffle des zéphyrs trompeurs
S'éloigne à regret de la rive
Que m'offraient des dieux protecteurs.
J'affronte de nouveaux orages;
Sans doute à de nouveaux naufrages
Mon frêle esquif est dévoué;
Et pourtant à la fleur de l'âge,
Sur quels écueils, sur quels rivages
N'ai-je déjà pas échoué?
Mais d'une plainte téméraire
Pourquoi fatiguer le destin?
À peine au milieu du chemin,
Faut-il regarder en arrière?
Mes lèvres à peine ont goûté
Le calice amer de la vie,
Loin de moi je l'ai rejeté;
Mais l'arrêt cruel est porté,
Il faut boire jusqu'à la lie!
Lorsque mes pas auront franchi
Les deux tiers de notre carrière,
Sous le poids d'une vie entière
Quand mes cheveux auront blanchi,
Je reviendrai du vieux Bissy

Visiter le toit solitaire
Où le ciel me garde un ami.
Dans quelque retraite profonde,
Sous les arbres par lui plantés,
Nous verrons couler comme l'onde
La fin de nos jours agités.
Là, sans crainte et sans espérance,
Sur notre orageuse existence,
Ramenés par le souvenir,
Jetant nos regards en arrière,
Nous mesurerons la carrière
Qu'il aura fallu parcourir.

Tel un pilote octogénaire,
Du haut d'un rocher solitaire,
Le soir, tranquillement assis,
Laisse au loin égarer sa vue
Et contemple encor l'étendue
Des mers qu'il sillonna jadis.

XXVI

LA SEMAINE SAINTE
À LA ROCHE-GUYON

Ici viennent mourir les derniers bruits du monde :
Nautoniers sans étoile, abordez! c'est le port :
Ici l'âme se plonge en une paix profonde,
    Et cette paix n'est pas la mort.

Ici jamais le ciel n'est orageux ni sombre;
Un jour égal et pur y repose les yeux .
C'est ce vivant soleil, dont le soleil est l'ombre,
    Qui le répand du haut des cieux.

Comme un homme éveillé longtemps avant l'aurore
Jeunes, nous avons fui dans cet heureux séjour,
Notre rêve est fini, le vôtre dure encore;
      Éveillez-vous! voilà le jour.

Cœurs tendres, approchez! Ici l'on aime encore;
Mais l'amour, épuré, s'allume sur l'autel.
Tout ce qu'il a d'humain, à ce feu s'évapore;
      Tout ce qui reste est immortel!

La prière qui veille en ces saintes demeures
De l'astre matinal nous annonce le cours;
Et, conduisant pour nous le char pieux des heures,
      Remplit et mesure nos jours.

L'airain religieux s'éveille avec l'aurore;
Il mêle notre hommage à la voix des zéphyrs,
Et les airs, ébranlés sous le marteau sonore,
      Prennent l'accent de nos soupirs.

Dans le creux du rocher, sous une voûte obscure,
S'élève un simple autel : roi du ciel, est-ce toi?
Oui, contraint par l'amour, le Dieu de la nature
      Y descend, visible à la foi.

Que ma raison se taise, et que mon cœur adore!
La croix à mes regards révèle un nouveau jour;
Aux pieds d'un Dieu mourant, puis-je douter encore?
      Non, l'amour m'explique l'amour!

Tous ces fronts prosternés, ce feu qui les embrase,
Ces parfums, ces soupirs s'exhalant du saint lieu,
Ces élans enflammés, ces larmes de l'extase,
      Tout me répond que c'est un Dieu.

Favoris du Seigneur, souffrez qu'à votre exemple,

Ainsi qu'un mendiant aux portes d'un palais,
J'adore aussi de loin, sur le seuil de son temple,
　　　Le Dieu qui vous donne la paix.

Ah! laissez-moi mêler mon hymne à vos louanges!
Que mon encens souillé monte avec votre encens.
Jadis les fils de l'homme aux saints concerts des anges
　　　Ne mêlaient-ils pas leurs accents!

Du nombre des vivants chaque aurore m'efface,
Je suis rempli de jours, de douleurs, de remords.
Sous le portique obscur venez marquer ma place,
　　　Ici, près du séjour des morts!

Souffrez qu'un étranger veille auprès de leur cendre,
Brûlant sur un cercueil comme ces saints flambeaux;
La mort m'a tout ravi, la mort doit tout me rendre;
　　　J'attends le réveil des tombeaux!

Ah! puissé-je près d'eux, au gré de mon envie,
À l'ombre de l'autel, et non loin de ce port,
Seul, achever ainsi les restes de ma vie
　　　Entre l'espérance et la mort!

XXVII

LE CHRÉTIEN MOURANT

Qu'entends-je? autour de moi l'airain sacré résonne!
Quelle foule pieuse en pleurant m'environne?
Pour qui ce chant funèbre et ce pâle flambeau?
Ô mort, est-ce ta voix qui frappe mon oreille
Pour la dernière fois? eh quoi! je me réveille
　　　Sur le bord du tombeau!

Ô toi! d'un feu divin précieuse étincelle,
De ce corps périssable habitante immortelle,
Dissipe ces terreurs : la mort vient t'affranchir!
Prends ton vol, ô mon âme! et dépouille tes chaînes.
Déposer le fardeau des misères humaines,
   Est-ce donc là mourir?

Oui, le temps a cessé de mesurer mes heures.
Messagers rayonnants des célestes demeures,
Dans quels palais nouveaux allez-vous me ravir?
Déjà, déjà je nage en des flots de lumière;
L'espace devant moi s'agrandit, et la terre
   Sous mes pieds semble fuir!

Mais qu'entends-je? au moment où mon âme s'éveille,
Des soupirs, des sanglots ont frappé mon oreille?
Compagnons de l'exil, quoi! vous pleurez ma mort?
Vous pleurez? et déjà dans la coupe sacrée
J'ai bu l'oubli des maux, et mon âme enivrée
   Entre au céleste port!

XXVIII

DIEU

À M. de La Mennais.

Oui, mon âme se plaît à secouer ses chaînes :
Déposant le fardeau des misères humaines,
Laissant errer mes sens dans ce monde des corps,
Au monde des esprits je monte sans efforts.
Là, foulant à mes pieds cet univers visible,
Je plane en liberté dans les champs du possible.
Mon âme est à l'étroit dans sa vaste prison :

Il me faut un séjour qui n'ait pas d'horizon.
    Comme une goutte d'eau dans l'Océan versée,
L'infini dans son sein absorbe ma pensée;
Là, reine de l'espace et de l'éternité,
Elle ose mesurer le temps, l'immensité,
Aborder le néant, parcourir l'existence,
Et concevoir de Dieu l'inconcevable essence.
Mais sitôt que je veux peindre ce que je sens,
Toute parole expire en efforts impuissants.
Mon âme croit parler, ma langue embarrassée
Frappe l'air de vingt sons, ombre de ma pensée.
    Dieu fit pour les esprits deux langages divers :
En sons articulés l'un vole dans les airs;
Ce langage borné s'apprend parmi les hommes,
Il suffit aux besoins de l'exil où nous sommes,
Et, suivant des mortels les destins inconstants
Change avec les climats ou passe avec les temps
L'autre, éternel, sublime, universel, immense,
Est le langage inné de toute intelligence :
Ce n'est point un son mort dans les airs répandu,
C'est un verbe vivant dans le cœur entendu;
On l'entend, on l'explique, on le parle avec l'âme;
Ce langage senti touche, illumine, enflamme;
De ce que l'âme éprouve interprètes brûlants,
Il n'a que des soupirs, des ardeurs, des élans;
C'est la langue du ciel que parle la prière,
Et que le tendre amour comprend seul sur la terre.
    Aux pures régions où j'aime à m'envoler,
L'enthousiasme aussi vient me la révéler;
Lui seul est mon flambeau dans cette nuit profonde,
Et mieux que la raison il m'explique le monde.
Viens donc! il est mon guide, et je veux t'en servir.
À ses ailes de feu, viens, laisse-toi ravir!
Déjà l'ombre du monde à nos regards s'efface,
Nous échappons au temps, nous franchissons l'espace,
Et dans l'ordre éternel de la réalité,

Nous voilà face à face avec la vérité!
  Cet astre universel, sans déclin, sans aurore,
C'est Dieu, c'est ce grand tout, qui soi-même s'adore!
Il est; tout est en lui : l'immensité, les temps,
De son être infini sont les purs éléments;
L'espace est son séjour, l'éternité son âge;
Le jour est son regard, le monde est son image;
Tout l'univers subsiste à l'ombre de sa main;
L'être à flots éternels découlant de son sein,
Comme un fleuve nourri par cette source immense,
S'en échappe, et revient finir où tout commence.
Sans bornes comme lui ses ouvrages parfaits
Bénissent en naissant la main qui les a faits!
Il peuple l'infini chaque fois qu'il respire;
Pour lui, vouloir c'est faire, exister c'est produire!
Tirant tout de soi seul, rapportant tout à soi,
Sa volonté suprême est sa suprême loi!
Mais cette volonté, sans ombre et sans faiblesse,
Est à la fois puissance, ordre, équité, sagesse.
Sur tout ce qui peut être il l'exerce à son gré;
Le néant jusqu'à lui s'élève par degré :
Intelligence, amour, force, beauté, jeunesse,
Sans s'épuiser jamais, il peut donner sans cesse,
Et comblant le néant de ses dons précieux,
Des derniers rangs de l'être il peut tirer des dieux!
Mais ces dieux de sa main, ces fils de sa puissance,
Mesurent d'eux à lui l'éternelle distance,
Tendant par leur nature à l'être qui les fit;
Il est leur fin à tous, et lui seul se suffit!
  Voilà, voilà le Dieu que tout esprit adore,
Qu'Abraham a servi, que rêvait Pythagore,
Que Socrate annonçait, qu'entrevoyait Platon;
Ce Dieu que l'univers révèle à la raison,
Que la justice attend, que l'infortune espère,
Et que le Christ enfin vint montrer à la terre!
Ce n'est plus là ce Dieu par l'homme fabriqué,

Ce Dieu par l'imposture à l'erreur expliqué,
Ce Dieu défiguré par la main des faux prêtres,
Qu'adoraient en tremblant nos crédules ancêtres.
Il est seul, il est un, il est juste, il est bon;
La terre voit son œuvre, et le ciel sait son nom!

Heureux qui le connaît! plus heureux qui l'adore!
Qui, tandis que le monde ou l'outrage ou l'ignore,
Seul, aux rayons pieux des lampes de la nuit,
S'élève au sanctuaire où la foi l'introduit
Et, consumé d'amour et de reconnaissance,
Brûle comme l'encens son âme en sa présence!
Mais pour monter à lui notre esprit abattu
Doit emprunter d'en haut sa force et sa vertu
Il faut voler au ciel sur des ailes de flamme :
Le désir et l'amour sont les ailes de l'âme.

Ah! que ne suis-je né dans l'âge où les humains,
Jeunes, à peine encore échappés de ses mains,
Près de Dieu par le temps, plus près par l'innocence,
Conversaient avec lui, marchaient en sa présence?
Que n'ai-je vu le monde à son premier soleil?
Que n'ai-je entendu l'homme à son premier réveil?
Tout lui parlait de toi, tu lui parlais toi-même;
L'univers respirait ta majesté suprême;
La nature, sortant des mains du Créateur,
Étalait en tous sens le nom de son auteur;
Ce nom, caché depuis sous la rouille des âges,
En traits plus éclatants brillait sur tes ouvrages;
L'homme dans le passé ne remontait qu'à toi;
Il invoquait son père, et tu disais : C'est moi.

Longtemps comme un enfant ta voix daigna l'instruire,
Et par la main longtemps tu voulus le conduire.
Que de fois dans ta gloire à lui tu t'es montré,
Aux vallons de Sennar, aux chênes de Membré,
Dans le buisson d'Horeb, ou sur l'auguste cime
Où Moïse aux Hébreux dictait sa loi sublime!
Ces enfants de Jacob, premiers-nés des humains,

Reçurent quarante ans la manne de tes mains :
Tu frappais leur esprit par tes vivants oracles!
Tu parlais à leurs yeux par la voix des miracles!
Et lorsqu'ils t'oubliaient, tes anges descendus
Rappelaient ta mémoire à leurs cœurs éperdus!
Mais enfin, comme un fleuve éloigné de sa source,
Ce souvenir si pur s'altéra dans sa course!
De cet astre vieilli la sombre nuit des temps
Éclipsa par degrés les rayons éclatants;
Tu cessas de parler; l'oubli, la main des âges,
Usèrent ce grand nom empreint dans tes ouvrages;
Les siècles en passant firent pâlir la foi;
L'homme plaça le doute entre le monde et toi.

   Oui, ce monde, Seigneur, est vieilli pour ta gloire;
Il a perdu ton nom, ta trace et ta mémoire
Et pour les retrouver il nous faut, dans son cours,
Remonter flots à flots le long fleuve des jours!
Nature! firmament! l'œil en vain vous contemple;
Hélas! sans voir le Dieu, l'homme admire le temple,
Il voit, il suit en vain, dans les déserts des cieux,
De leurs mille soleils le cours mystérieux!
Il ne reconnaît plus la main qui les dirige!
Un prodige éternel cesse d'être un prodige!
Comme ils brillaient hier, ils brilleront demain!
Qui sait où commença leur glorieux chemin?
Qui sait si ce flambeau, qui luit et qui féconde,
Une première fois s'est levé sur le monde?
Nos pères n'ont point vu briller son premier tour,
Et les jours éternels n'ont point de premier jour.

   Sur le monde moral, en vain ta providence,
Dans ces grands changements révèle ta présence!
C'est en vain qu'en tes jeux l'empire des humains
Passe d'un sceptre à l'autre, errant de mains en
Nos yeux accoutumés à sa vicissitude   [mains;
Se sont fait de ta gloire une froide habitude;
Les siècles ont tant vu de ces grands coups du sort :

Le spectacle est usé, l'homme engourdi s'endort.
  Réveille-nous, grand Dieu! parle et change le monde;
Fais entendre au néant ta parole féconde.
Il est temps! lève-toi! sors de ce long repos;
Tire un autre univers de cet autre chaos.
À nos yeux assoupis il faut d'autres spectacles!
À nos esprits flottants il faut d'autres miracles!
Change l'ordre des cieux qui ne nous parle plus!
Lance un nouveau soleil à nos yeux éperdus!
Détruis ce vieux palais, indigne de ta gloire;
Viens! montre-toi toi-même et force-nous de croire!
  Mais peut-être, avant l'heure où dans les cieux
Le soleil cessera d'éclairer l'univers, |déserts
De ce soleil moral la lumière éclipsée
Cessera par degrés d'éclairer la pensée;
Et le jour qui verra ce grand flambeau détruit
Plongera l'univers dans l'éternelle nuit.
  Alors tu briseras ton inutile ouvrage :
Ses débris foudroyés rediront d'âge en âge :
Seul je suis! hors de moi rien ne peut subsister!
L'homme cessa de croire, il cessa d'exister!

XXIX

L'AUTOMNE

Salut! bois couronnés d'un reste de verdure!
Feuillages jaunissants sur les gazons épars!
Salut, derniers beaux jours! Le deuil de la nature
Convient à la douleur et plaît à mes regards!

Je suis d'un pas rêveur le sentier solitaire,
J'aime à revoir encor, pour la dernière fois,

Ce soleil pâlissant, dont la faible lumière
Perce à peine à mes pieds l'obscurité des bois!

Oui, dans ces jours d'automne où la nature expire,
À ses regards voilés, je trouve plus d'attraits,
C'est l'adieu d'un ami, c'est le dernier sourire
Des lèvres que la mort va fermer pour jamais!

Ainsi, prêt à quitter l'horizon de la vie,
Pleurant de mes longs jours l'espoir évanoui,
Je me retourne encore, et d'un regard d'envie
Je contemple ses biens dont je n'ai pas joui!

Terre, soleil, vallons, belle et douce nature,
Je vous dois une larme aux bords de mon tombeau;
L'air est si parfumé! la lumière est si pure!
Aux regards d'un mourant le soleil est si beau!

Je voudrais maintenant vider jusqu'à la lie
Ce calice mêlé de nectar et de fiel!
Au fond de cette coupe où je buvais la vie,
Peut-être restait-il une goutte de miel?

Peut-être l'avenir me gardait-il encore
Un retour de bonheur dont l'espoir est perdu?
Peut-être dans la foule, une âme que j'ignore
Aurait compris mon âme, et m'aurait répondu?...

La fleur tombe en livrant ses parfums au zéphire;
À la vie, au soleil, ce sont là ses adieux;
Moi, je meurs; et mon âme, au moment qu'elle expire,
S'exhale comme un son triste et mélodieux.

XXX

LA POÉSIE SACRÉE

DITHYRAMBE

À M. Eugène de Genoude *

Son front est couronné de palmes et d'étoiles;
Son regard immortel, que rien ne peut ternir,
Traversant tous les temps, soulevant tous les voiles,
Réveille le passé, plonge dans l'avenir!
Du monde sous ses yeux les fastes se déroulent,
Les siècles à ses pieds comme un torrent s'écoulent;
À son gré descendant ou remontant leurs cours,
Elle sonne aux tombeaux l'heure, l'heure fatale,
    Ou sur sa lyre virginale
Chante au monde vieilli ce jour, père des jours!

———

    Écoutez! — Jehova s'élance
    Du sein de son éternité.
Le chaos endormi s'éveille en sa présence,
Sa vertu le féconde, et sa toute-puissance
    Repose sur l'immensité!

———

* M. de Genoude, à qui ce dithyrambe est adressé, est le premier qui ait fait passer dans la langue française la sublime poésie des Hébreux. Jusqu'à présent, nous ne connaissions que le sens des livres de Job, d'Isaïe, de David; grâce à lui, l'expression, la couleur, le mouvement, l'énergie, vivent aujourd'hui dans notre langue. Ce dithyrambe est un témoignage de la reconnaissance de l'Auteur pour la manière nouvelle dont M. de Genoude lui a fait envisager la poésie sacrée.

Dieu dit, et le jour fut; Dieu dit, et les étoiles
De la nuit éternelle éclaircirent les voiles;
      Tous les éléments divers
      À sa voix se séparèrent;
      Les eaux soudain s'écoulèrent
      Dans le lit creusé des mers;
      Les montagnes s'élevèrent,
      Et les aquilons volèrent
      Dans les libres champs des airs!

Sept fois de Jéhova la parole féconde
      Se fit entendre au monde,
Et sept fois le néant à sa voix répondit;
Et Dieu dit : Faisons l'homme à ma vivante image.
Il dit, l'homme naquit; à ce dernier ouvrage
Le Verbe créateur s'arrête et s'applaudit!

———

Mais ce n'est plus un Dieu! — C'est l'homme qui
Éden a fui!... voilà le travail et la mort!   [soupire
      Dans les larmes sa voix expire;
La corde du bonheur se brise sur sa lyre,
Et Job en tire un son triste comme le sort.

———

Ah! périsse à jamais le jour qui m'a vu naître!
Ah! périsse à jamais la nuit qui m'a conçu!
      Et le sein qui m'a donné l'être,
      Et les genoux qui m'ont reçu!

Que du nombre des jours Dieu pour jamais l'efface;
Que, toujours obscurci des ombres du trépas,
Ce jour parmi les jours ne trouve plus sa place,
      Qu'il soit comme s'il n'était pas!

Maintenant dans l'oubli je dormirais encore,
     Et j'achèverais mon sommeil
Dans cette longue nuit qui n'aura point d'aurore,
Avec ces conquérants que la terre dévore,
Avec le fruit conçu qui meurt avant d'éclore
     Et qui n'a pas vu le soleil.

     Mes jours déclinent comme l'ombre;
     Je voudrais les précipiter.
     Ô mon Dieu! retranchez le nombre
     Des soleils que je dois compter!
     L'aspect de ma longue infortune
     Éloigne, repousse, importune
     Mes frères lassés de mes maux;
     En vain je m'adresse à leur foule,
     Leur pitié m'échappe et s'écoule
     Comme l'onde au flanc des coteaux.

     Ainsi qu'un nuage qui passe,
     Mon printemps s'est évanoui;
     Mes yeux ne verront plus la trace
     De tous ces biens dont j'ai joui.
     Par le souffle de la colère,
     Hélas! arraché à la terre,
     Je vais d'où l'on ne revient pas!
     Mes vallons, ma propre demeure,
     Et cet œil même qui me pleure,
     Ne reverront jamais mes pas!

     L'homme vit un jour sur la terre
     Entre la mort et la douleur;
     Rassasié de sa misère,
     Il tombe enfin comme la fleur;
     Il tombe! Au moins par la rosée
     Des fleurs la racine arrosée
     Peut-elle un moment refleurir!

Mais l'homme, hélas! après la vie,
C'est un lac dont l'eau s'est enfuie :
On le cherche, il vient de tarir.

Mes jours fondent comme la neige
Au souffle du courroux divin;
Mon espérance, qu'il abrège,
S'enfuit comme l'eau de ma main;
Ouvrez-moi mon dernier asile;
Là, j'ai dans l'ombre un lit tranquille,
Lit préparé pour mes douleurs!
Ô tombeau! vous êtes mon père!
Et je dis aux vers de la terre :
Vous êtes ma mère et mes sœurs!

Mais les jours heureux de l'impie
Ne s'éclipsent pas au matin;
Tranquille, il prolonge sa vie
Avec le sang de l'orphelin!
Il étend au loin ses racines;
Comme un troupeau sur les collines,
Sa famille couvre Ségor;
Puis dans un riche mausolée
Il est couché dans la vallée,
Et l'on dirait qu'il vit encor.

C'est le secret de Dieu, je me tais et j'adore!
C'est sa main qui traça les sentiers de l'aurore,
Qui pesa l'Océan, qui suspendit les cieux!
Pour lui, l'abîme est nu, l'enfer même est sans voiles!
Il a fondé la terre et semé les étoiles!
          Et qui suis-je à ses yeux?

————

Mais la harpe a frémi sous les doigts d'Isaïe;
De son sein bouillonnant la menace à longs flots

S'échappe; un Dieu l'appelle, il s'élance, il s'écrie :
Cieux et terre, écoutez! silence au fils d'Amos!

———

Osias n'était plus : Dieu m'apparut; je vis
Adonaï vêtu de gloire et d'épouvante!
Les bords éblouissants de sa robe flottante
     Remplissaient le sacré parvis!

Des séraphins debout sur des marches d'ivoire
Se voilaient devant lui de six ailes de feux;
Volant de l'un à l'autre, ils se disaient entre eux :
Saint, saint, saint, le Seigneur, le Dieu, le roi des dieux!
     Toute la terre est pleine de sa gloire!

Du temple à ces accents la voûte s'ébranla,
Adonaï s'enfuit sous la nue enflammée :
Le saint lieu fut rempli de torrents de fumée.
     La terre sous mes pieds trembla!

Et moi! je resterais dans un lâche silence!
Moi qui t'ai vu, Seigneur, je n'oserais parler!
     À ce peuple impur qui t'offense
     Je craindrais de te révéler!

Qui marchera pour nous? dit le Dieu des armées.
Qui parlera pour moi? dit Dieu : Qui? moi, Seigneur!
     Touche mes lèvres enflammées!
     Me voilà! je suis prêt!... malheur!

     Malheur à vous qui dès l'aurore
     Respirez les parfums du vin!
     Et que le soir retrouve encore
     Chancelants aux bords du festin!
     Malheur à vous qui par l'usure
     Étendez sans fin ni mesure

La borne immense de vos champs!
Voulez-vous donc, mortels avides,
Habiter dans vos champs arides,
Seuls, sur la terre des vivants?

Malheur à vous, race insensée!
Enfants d'un siècle audacieux,
Qui dites dans votre pensée :
Nous sommes sages à nos yeux .
Vous changez ma nuit en lumière,
Et le jour en ombre grossière
Où se cachent vos voluptés!
Mais, comme un taureau dans la plaine,
Vous traînez après vous la chaîne
De vos longues iniquités!

Malheur à vous, filles de l'onde!
Îles de Sidon et de Tyr!
Tyrans! qui trafiquez du monde
Avec la pourpre et l'or d'Ophyr!
Malheur à vous! votre heure sonne!
En vain l'Océan vous couronne,
Malheur à toi, reine des eaux,
À toi qui, sur des mers nouvelles,
Fais retentir comme des ailes
Les voiles de mille vaisseaux!

Ils sont enfin venus les jours de ma justice;
Ma colère, dit Dieu, se déborde sur vous!
        Plus d'encens, plus de sacrifice
        Qui puisse éteindre mon courroux!

Je livrerai ce peuple à la mort, au carnage;
Le fer moissonnera comme l'herbe sauvage
        Ses bataillons entiers!
— Seigneur! épargnez-nous! Seigneur! — Non, point de
                                        [trêve,

Et je ferai sur lui ruisseler de mon glaive
   Le sang de ses guerriers!

Ses torrents sécheront sous ma brûlante haleine;
Ma main nivellera, comme une vaste plaine,
   Ses murs et ses palais;
Le feu les brûlera comme il brûle le chaume.
Là, plus de nation, de ville, de royaume;
   Le silence à jamais!

Ses murs se couvriront de ronces et d'épines;
L'hyène et le serpent peupleront ses ruines;
   Les hiboux, les vautours,
L'un l'autre s'appelant durant la nuit obscure,
Viendront à leurs petits porter la nourriture
   Au sommet de ses tours!

———

Mais Dieu ferme à ces mots les lèvres d'Isaïe :
   Le sombre Ézéchiel
Sur le tronc desséché de l'ingrat Israël
Fait descendre à son tour la parole de vie.

———

L'Éternel emporta mon esprit au désert :
D'ossements desséchés le sol était couvert;
J'approche en frissonnant; mais Jéhova me crie :
Si je parle à ces os, reprendront-ils la vie?
— Éternel, tu le sais! — Eh bien! dit le Seigneur,
Écoute mes accents! retiens-les et dis-leur :
Ossements desséchés! insensible poussière!
Levez-vous! recevez l'esprit et la lumière!
Que vos membres épars s'assemblent à ma voix!
Que l'esprit vous anime une seconde fois!
Qu'entre vos os flétris vos muscles se replacent!
Que votre sang circule et vos nerfs s'entrelacent!

Levez-vous et vivez, et voyez qui je suis!
J'écoutai le Seigneur, j'obéis et je dis :
Esprit, soufflez sur eux du couchant, de l'aurore;
Soufflez de l'aquilon, soufflez!... Pressés d'éclore,
Ces restes du tombeau, réveillés par mes cris,
Entrechoquent soudain leurs ossements flétris;
Aux clartés du soleil leur paupière se rouvre,
Leurs os sont rassemblés, et la chair les recouvre!
Et ce champ de la mort tout entier se leva,
Redevint un grand peuple, et connut Jéhova!

———

Mais Dieu de ses enfants a perdu la mémoire;
La fille de Sion, méditant ses malheurs,
S'assied en soupirant, et, veuve de sa gloire,
Écoute Jérémie, et retrouve des pleurs.

———

Le Seigneur, m'accablant du poids de sa colère,
Retire tour à tour et ramène sa main;
      Vous qui passez par le chemin,
Est-il une misère égale à ma misère?

En vain ma voix s'élève, il n'entend plus ma voix;
Il m'a choisi pour but de ses flèches de flamme,
      Et tout le jour contre mon âme
Sa fureur a lancé les fils de son carquois!

Sur mes os consumés ma peau s'est desséchée;
Les enfants m'ont chanté dans leurs dérisions;
      Seul, au milieu des nations,
Le Seigneur m'a jeté comme une herbe arrachée.

Il s'est enveloppé de son divin courroux:
Il a fermé ma route, il a troublé ma voie;
      Mon sein n'a plus connu la joie,
Et j'ai dit au Seigneur : Seigneur, souvenez-vous,

Souvenez-vous, Seigneur, de ces jours de colère;
Souvenez-vous du fiel dont vous m'avez nourri;
          Non, votre amour n'est point tari :
Vous me frappez, Seigneur, et c'est pourquoi j'espère.

Je repasse en pleurant ces misérables jours;
J'ai connu le Seigneur dès ma plus tendre aurore :
          Quand il punit, il aime encore;
Il ne s'est pas, mon âme, éloigné pour toujours.

Heureux qui le connaît! heureux qui dès l'enfance
Porta le joug d'un Dieu, clément dans sa rigueur!
          Il croit au salut du Seigneur,
S'assied au bord du fleuve, et l'attend en silence.

Il sent peser sur lui ce joug de votre amour;
Il répand dans la nuit ses pleurs et sa prière,
          Et la bouche dans la poussière,
Il invoque, il espère, il attend votre jour.

———

          Silence, ô lyre! et vous silence,
          Prophètes, voix de l'avenir!
          Tout l'univers se tait d'avance
          Devant celui qui doit venir!
          Fermez-vous, lèvres inspirées;
          Reposez-vous, harpes sacrées,
          Jusqu'au jour où sur les hauts lieux
          Une voix au monde inconnue,
          Fera retentir dans la nue :
          PAIX À LA TERRE, ET GLOIRE AUX CIEUX!

Nouvelles Méditations poétiques

Musæ Jovis omnia plena!
VIRG.[1].

I

L'ESPRIT DE DIEU

À L. de V***.

Le feu divin qui nous consume
Ressemble à ces feux indiscrets
Qu'un pasteur imprudent allume
Aux bords des profondes forêts;
Tant qu'aucun souffle ne l'éveille,
L'humble foyer couve et sommeille;
Mais s'il respire l'aquilon,
Tout à coup la flamme engourdie
S'enfle, déborde; et l'incendie
Embrase un immense horizon!

Ô mon âme, de quels rivages
Viendra ce souffle inattendu?
Sera-ce un enfant des orages?
Un soupir à peine entendu?
Viendra-t-il, comme un doux zéphyre,
Mollement caresser ma lyre,
Ainsi qu'il caresse une fleur?
Ou sous ses ailes frémissantes,
Briser ses cordes gémissantes
Du cri perçant de la douleur?

Viens du couchant ou de l'aurore!
Doux ou terrible au gré du sort,

Le sein généreux qui t'implore
Brave la souffrance ou la mort!
Aux cœurs altérés d'harmonie
Qu'importe le prix du génie?
Si c'est la mort, il faut mourir!...
On dit que la bouche d'Orphée,
Par les flots de l'Èbre étouffée,
Rendit un immortel soupir!

Mais soit qu'un mortel vive ou meure,
Toujours rebelle à nos souhaits,
L'esprit ne souffle qu'à son heure,
Et ne se repose jamais!
Préparons-lui des lèvres pures,
Un œil chaste, un front sans souillures,
Comme, aux approches du saint lieu,
Des enfants, des vierges voilées,
Jonchent de roses effeuillées
La route où va passer un Dieu!

Fuyant des bords qui l'ont vu naître,
De Jéthro¹ l'antique berger
Un jour devant lui vit paraître
Un mystérieux étranger;
Dans l'ombre, ses larges prunelles
Lançaient de pâles étincelles,
Ses pas ébranlaient le vallon;
Le courroux gonflait sa poitrine,
Et le souffle de sa narine
Résonnait comme l'aquilon!

Dans un formidable silence
Ils se mesurent un moment;
Soudain l'un sur l'autre s'élance,
Saisi d'un même emportement :
Leurs bras menaçants se replient,

Leurs fronts luttent, leurs membres crient,
Leurs flancs pressent leurs flancs pressés;
Comme un chêne qu'on déracine
Leur tronc se balance et s'incline
Sur leurs genoux entrelacés!

Tous deux ils glissent dans la lutte.
Et Jacob enfin terrassé
Chancelle, tombe, et dans sa chute
Entraîne l'ange renversé :
Palpitant de crainte et de rage,
Soudain le pasteur se dégage
Des bras du combattant des cieux,
L'abat, le presse, le surmonte,
Et sur son sein gonflé de honte
Pose un genou victorieux!

Mais, sur le lutteur qu'il domine,
Jacob encor mal affermi,
Sent à son tour sur sa poitrine
Le poids du céleste ennemi!...
Enfin, depuis les heures sombres
Où le soir lutte avec les ombres,
Tantôt vaincu, tantôt vainqueur,
Contre ce rival qu'il ignore
Il combattit jusqu'à l'aurore...
Et c'était l'esprit du Seigneur[2]!

Ainsi dans les ombres du doute
L'homme, hélas! égaré souvent,
Se trace à soi-même sa route,
Et veut voguer contre le vent;
Mais dans cette lutte insensée,
Bientôt notre aile terrassée
Par le souffle qui la combat,
Sur la terre tombe essoufflée

Comme la voile désenflée
Qui tombe et dort le long du mât.

Attendons le souffle suprême
Dans un repos silencieux;
Nous ne sommes rien de nous-même
Qu'un instrument mélodieux!
Quand le doigt d'en haut se retire,
Restons muets comme la lyre
Qui recueille ses saints transports
Jusqu'à ce que la main puissante
Touche la corde frémissante
Où dorment les divins accords!

II

SAPHO

ÉLÉGIE ANTIQUE

L'aurore se levait, la mer battait la plage;
Ainsi parla Sapho debout sur le rivage,
Et près d'elle, à genoux, les filles de Lesbos
Se penchaient sur l'abîme et contemplaient les flots :

Fatal rocher, profond abîme!
Je vous aborde sans effroi!
Vous allez à Vénus dérober sa victime :
J'ai méconnu l'amour, l'amour punit mon crime.
Ô Neptune! tes flots seront plus doux pour moi!
Vois-tu de quelles fleurs j'ai couronné ma tête?
Vois : ce front, si longtemps chargé de mon ennui,
Orné pour mon trépas comme pour une fête,
Du bandeau solennel étincelle aujourd'hui!

On dit que dans ton sein... mais je ne puis le croire!
On échappe au courroux de l'implacable Amour;
On dit que, par tes soins, si l'on renaît au jour,
D'une flamme insensée on y perd la mémoire!
Mais de l'abîme, ô dieu! quel que soit le secours,
Garde-toi, garde-toi de préserver mes jours!
Je ne viens pas chercher dans tes ondes propices
Un oubli passager, vain remède à mes maux!
J'y viens, j'y viens trouver le calme des tombeaux!
Reçois, ô roi des mers, mes joyeux sacrifices!
Et vous, pourquoi ces pleurs? pourquoi ces vains
                                        [sanglots?
Chantez, chantez un hymne, ô vierges de Lesbos!

Importuns souvenirs, me suivrez-vous sans cesse?
C'était sous les bosquets du temple de Vénus;
Moi-même, de Vénus insensible prêtresse,
Je chantais sur la lyre un hymne à la déesse :
Aux pieds de ses autels, soudain je t'aperçus!
Dieux! quels transports nouveaux! ô dieux! comment
                                        [décrire
Tous les feux dont mon sein se remplit à la fois?
Ma langue se glaça, je demeurais sans voix,
Et ma tremblante main laissa tomber ma lyre!
Non : jamais aux regards de l'ingrate Daphné
Tu ne parus plus beau, divin fils de Latone;
Jamais le thyrse en main, de pampres couronné,
Le jeune dieu de l'Inde, en triomphe traîné,
N'apparut plus brillant aux regards d'Érigone.
Tout sortit... de lui seul je me souvins, hélas!
Sans rougir de ma flamme, en tout temps, à toute
                                        [heure,
J'errais seule et pensive autour de sa demeure.
Un pouvoir plus qu'humain m'enchaînait sur ses pas!
Que j'aimais à le voir, de la foule enivrée,
Au gymnase, au théâtre, attirer tous les yeux,

5

Lancer le disque au loin, d'une main assurée,
Et sur tous ses rivaux l'emporter dans nos jeux!
Que j'aimais à le voir, penché sur la crinière
D'un coursier de l'Élide aussi prompt que les vents,
S'élancer le premier au bout de la carrière,
Et, le front couronné, revenir à pas lents!
Ah! de tous ses succès, que mon âme était fière!
Et si de ce beau front de sueur humecté
J'avais pu seulement essuyer la poussière...
Ô dieux! j'aurais donné tout, jusqu'à ma beauté,
Pour être un seul instant ou sa sœur ou sa mère!
Vous, qui n'avez jamais rien pu pour mon bonheur!
Vaines divinités des rives du Permesse,
Moi-même, dans vos arts, j'instruisis sa jeunesse;
Je composai pour lui ces chants pleins de douceur,
Ces chants qui m'ont valu les transports de la Grèce :
Ces chants, qui des Enfers fléchiraient la rigueur,
Malheureuse Sapho! n'ont pu fléchir son cœur,
Et son ingratitude a payé ta tendresse!

Redoublez vos soupirs! redoublez vos sanglots!
Pleurez! pleurez ma honte, ô filles de Lesbos!

Si l'ingrat cependant s'était laissé toucher!
Si mes soins, si mes chants, si mes trop faibles
À son indifférence avaient pu l'arracher!   [charmes
S'il eût été du moins attendri par mes larmes!
Jamais pour un mortel, jamais la main des dieux
N'aurait filé des jours plus doux, plus glorieux!
Que d'éclat cet amour eût jeté sur sa vie!
Ses jours à ces dieux même auraient pu faire envie!
Et l'amant de Sapho, fameux dans l'univers,
Aurait été, comme eux, immortel dans mes vers!
C'est pour lui que j'aurais, sur tes autels propices,
Fait fumer en tout temps l'encens des sacrifices,
Ô Vénus! c'est pour lui que j'aurais nuit et jour

Suspendu quelque offrande aux autels de l'Amour!
C'est pour lui que j'aurais, durant les nuits entières
Aux trois fatales sœurs adressé mes prières!
Ou bien que, reprenant mon luth mélodieux,
J'aurais redit les airs qui lui plaisaient le mieux!
Pour lui j'aurais voulu dans les jeux d'Ionie
Disputer aux vainqueurs les palmes du génie!
Que ces lauriers brillants à mon orgueil offerts
En les cueillant pour lui m'auraient été plus chers!
J'aurais mis à ses pieds le prix de ma victoire,
Et couronné son front des rayons de ma gloire.

Souvent à la prière abaissant mon orgueil,
De ta porte, ô Phaon! j'allais baiser le seuil.
Au moins, disais-je, au moins, si ta rigueur jalouse
Me refuse à jamais ce doux titre d'épouse,
Souffre, ô trop cher enfant, que Sapho, près de toi,
Esclave si tu veux, vive au moins sous ta loi!
Que m'importe ce nom et cette ignominie!
Pourvu qu'à tes côtés je consume ma vie!
Pourvu que je te voie, et qu'à mon dernier jour
D'un regard de pitié tu plaignes tant d'amour!
Ne crains pas mes périls, ne crains pas ma faiblesse;
Vénus égalera ma force à ma tendresse.
Sur les flots, sur la terre, attachée à tes pas,
Tu me verras te suivre au milieu des combats;
Tu me verras, de Mars affrontant la furie,
Détourner tous les traits qui menacent ta vie,
Entre la mort et toi toujours prompte à courir...
Trop heureuse pour lui si j'avais pu mourir!

« Lorsque enfin, fatigué des travaux de Bellone,
« Sous la tente au sommeil ton âme s'abandonne,
« Ce sommeil, ô Phaon! qui n'est plus fait pour moi,
« Seule me laissera veillant autour de toi!
« Et si quelque souci vient rouvrir ta paupière,

« Assise à tes côtés durant la nuit entière,
« Mon luth sur mes genoux soupirant mon amour,
« Je charmerai ta peine en attendant le jour!

Je disais; et les vents emportaient ma prière!
L'écho répétait seul ma plainte solitaire;
Et l'écho seul encor répond à mes sanglots!
Pleurez! pleurez ma honte, ô filles de Lesbos!

Toi qui fus une fois mon bonheur et ma gloire!
Ô lyre! que ma main fit résonner pour lui,
Ton aspect que j'aimais m'importune aujourd'hui,
Et chacun de tes airs rappelle à ma mémoire
Et mes feux, et ma honte, et l'ingrat qui m'a fui!
Brise-toi dans mes mains, lyre à jamais funeste!
Aux autels de Vénus, dans ses sacrés parvis
Je ne te suspends pas! que le courroux céleste
Sur ces flots orageux disperse tes débris!
Et que de mes tourments nul vestige ne reste!
Que ne puis-je de même engloutir dans ces mers
Et ma fatale gloire, et mes chants, et mes vers!
Que ne puis-je effacer mes traces sur la terre!
Que ne puis-je aux Enfers descendre tout entière!
Et, brûlant ces écrits où doit vivre Phaon,
Emporter avec moi l'opprobre de mon nom!

Cependant si les dieux que sa rigueur outrage
Poussaient en cet instant ses pas vers le rivage?
Si de ce lieu suprême il pouvait s'approcher?
S'il venait contempler sur le fatal rocher
Sapho, les yeux en pleurs, errante, échevelée,
Frappant de vains sanglots la rive désolée,
Brûlant encor pour lui, lui pardonnant son sort,
Et dressant lentement les apprêts de sa mort?
Sans doute, à cet aspect, touché de mon supplice,
Il se repentirait de sa longue injustice?

Sans doute par mes pleurs se laissant désarmer
Il dirait à Sapho : Vis encor pour aimer!
Qu'ai-je dit? Loin de moi quelque remords peut-être,
À défaut de l'amour, dans son cœur a pu naître :
Peut-être dans sa fuite, averti par les dieux,
Il frissonne, il s'arrête, il revient vers ces lieux?
Il revient m'arrêter sur les bords de l'abîme;
Il revient!... il m'appelle... il sauve sa victime!...
Oh! qu'entends-je?... écoutez... du côté de Lesbos
Une clameur lointaine a frappé les échos!
J'ai reconnu l'accent de cette voix si chère,
J'ai vu sur le chemin s'élever la poussière!
Ô vierges! regardez! ne le voyez-vous pas
Descendre la colline et me tendre les bras?...
Mais non! tout est muet dans la nature entière,
Un silence de mort règne au loin sur la terre :
Le chemin est désert!... Je n'entends que les flots...
Pleurez! pleurez ma honte, ô filles de Lesbos!

Mais déjà s'élançant vers les cieux qu'il colore
Le soleil de son char précipite le cours.
Toi qui viens commencer le dernier de mes jours,
Adieu dernier soleil! adieu suprême aurore!
Demain du sein des flots vous jaillirez encore,
Et moi je meurs! et moi je m'éteins pour toujours!
Adieu champs paternels! adieu douce contrée!
Adieu chère Lesbos à Vénus consacrée!
Rivage où j'ai reçu la lumière des cieux!
Temple auguste où ma mère, aux jours de ma
                                        [naissance
D'une tremblante main me consacrant aux dieux,
Au culte de Vénus dévoua mon enfance!
Et toi, forêt sacrée, où les filles du Ciel,
Entourant mon berceau, m'ont nourri de leur miel,
Adieu! Leurs vains présents que le vulgaire envie,
Ni des traits de l'Amour, ni des coups du destin,

Misérable Sapho! n'ont pu sauver ta vie!
Tu vécus dans les pleurs, et tu meurs au matin!
Ainsi tombe une fleur avant le temps fanée!
Ainsi, cruel Amour, sous le couteau mortel,
Une jeune victime à ton temple amenée,
Qu'à ton culte en naissant le pâtre a destinée,
Vient tomber avant l'âge au pied de ton autel!

Et vous qui reverrez le cruel que j'adore
Quand l'ombre du trépas aura couvert mes yeux,
Compagnes de Sapho, portez-lui ces adieux!
Dites-lui... qu'en mourant je le nommais encore!...

Elle dit. Et le soir, quittant le bord des flots,
Vous revîntes sans elle, ô vierges de Lesbos!

III

BONAPARTE

Sur un écueil battu par la vague plaintive,
Le nautonier de loin voit blanchir sur la rive
Un tombeau près du bord par les flots déposé;
Le temps n'a pas encor bruni l'étroite pierre,
Et sous le vert tissu de la ronce et du lierre
　　　On distingue... un sceptre brisé!

Ici gît... point de nom!... demandez à la terre!
Ce nom? il est inscrit en sanglant caractère
Des bords du Tanaïs au sommet du Cédar,
Sur le bronze et le marbre, et sur le sein des braves,
Et jusque dans le cœur de ces troupeaux d'esclaves
　　　Qu'il foulait tremblants sous son char.

Depuis ces deux grands noms [1] qu'un siècle au siècle
[annonce,
Jamais nom qu'ici-bas toute langue prononce
Sur l'aile de la foudre aussi loin ne vola.
Jamais d'aucun mortel le pied qu'un souffle efface
N'imprima sur la terre une plus forte trace,
      Et ce pied s'est arrêté là!...

Il est là!... sous trois pas un enfant le mesure!
Son ombre ne rend pas même un léger murmure!
Le pied d'un ennemi foule en paix son cercueil!
Sur ce front foudroyant le moucheron bourdonne,
Et son ombre n'entend que le bruit monotone
      D'une vague contre un écueil!

Ne crains pas, cependant, ombre encore inquiète,
Que je vienne outrager ta majesté muette.
Non. La lyre aux tombeaux n'a jamais insulté.
La mort fut de tout temps l'asile de la gloire.
Rien ne doit jusqu'ici poursuivre une mémoire.
      Rien!... excepté la vérité!

Ta tombe et ton berceau sont couverts d'un nuage,
Mais pareil à l'éclair tu sortis d'un orage!
Tu foudroyas le monde avant d'avoir un nom!
Tel ce Nil dont Memphis boit les vagues fécondes
Avant d'être nommé fait bouillonner ses ondes
      Aux solitudes de Memnom.

Les dieux étaient tombés, les trônes étaient vides;
La victoire te prit sur ses ailes rapides
D'un peuple de Brutus la gloire te fit roi!
Ce siècle, dont l'écume entraînait dans sa course
Les mœurs, les rois, les dieux... refoulé vers sa source,
      Recula d'un pas devant toi!

Tu combattis l'erreur sans regarder le nombre ;
Pareil au fier Jacob tu luttas contre une ombre !
Le fantôme croula sous le poids d'un mortel !
Et, de tous ses grands noms profanateur sublime,
Tu jouas avec eux, comme la main du crime
      Avec les vases de l'autel.

Ainsi, dans les accès d'un impuissant délire
Quand un siècle vieilli de ses mains se déchire
En jetant dans ses fers un cri de liberté,
Un héros tout à coup de la poudre s'élève,
Le frappe avec son sceptre... il s'éveille, et le rêve
      Tombe devant la vérité !

Ah ! si rendant ce sceptre à ses mains légitimes,
Plaçant sur ton pavois de royales victimes,
Tes mains des saints bandeaux avaient lavé l'affront !
Soldat vengeur des rois, plus grand que ces rois
De quel divin parfum, de quel pur diadème   [même,
      L'histoire aurait sacré ton front !

Gloire ! honneur ! liberté ! ces mots que l'homme adore,
Retentissaient pour toi comme l'airain sonore
Dont un stupide écho répète au loin le son :
De cette langue en vain ton oreille frappée
Ne comprit ici-bas que le cri de l'épée,
      Et le mâle accord du clairon !

Superbe, et dédaignant ce que la terre admire,
Tu ne demandais rien au monde, que l'empire !
Tu marchais !... tout obstacle était ton ennemi !
Ta volonté volait comme ce trait rapide
Qui va frapper le but où le regard le guide,
      Même à travers un cœur ami !

Jamais, pour éclaircir ta royale tristesse,
La coupe des festins ne te versa l'ivresse ;

Tes yeux d'une autre pourpre aimaient à s'enivrer!
Comme un soldat debout qui veille sous les armes,
Tu vis de la beauté le sourire ou les larmes,
    Sans sourire et sans soupirer!

Tu n'aimais que le bruit du fer, le cri d'alarmes!
L'éclat resplendissant de l'aube sur les armes!
Et ta main ne flattait que ton léger coursier,
Quand les flots ondoyants de sa pâle crinière
Sillonnaient comme un vent la sanglante poussière,
    Et que ses pieds brisaient l'acier!

Tu grandis sans plaisir, tu tombas sans murmure!
Rien d'humain ne battait sous ton épaisse armure :
Sans haine et sans amour, tu vivais pour penser :
Comme l'aigle régnant dans un ciel solitaire,
Tu n'avais qu'un regard pour mesurer la terre,
    Et des serres pour l'embrasser!

. . . .
. . . .
. . . .
. . . .

S'élancer d'un seul bond au char de la victoire,
Foudroyer l'univers des splendeurs de sa gloire,
Fouler d'un même pied des tribuns et des rois;
Forger un joug trempé dans l'amour et la haine,
Et faire frissonner sous le frein qui l'enchaîne
    Un peuple échappé de ses lois!

Être d'un siècle entier la pensée et la vie,
Émousser le poignard, décourager l'envie;
Ébranler, raffermir l'univers incertain,
Aux sinistres clartés de ta foudre qui gronde
Vingt fois contre les dieux jouer le sort du monde,
    Quel rêve!!! et ce fut ton destin!...

Tu tombas cependant de ce sublime faîte!
Sur ce rocher désert jeté par la tempête,
Tu vis tes ennemis déchirer ton manteau!
Et le sort, ce seul dieu qu'adora ton audace,
Pour dernière faveur t'accorda cet espace
         Entre le trône et le tombeau!

Oh! qui m'aurait donné d'y sonder ta pensée,
Lorsque le souvenir de ta grandeur passée
Venait, comme un remords, t'assaillir loin du bruit!
Et que, les bras croisés sur ta large poitrine,
Sur ton front chauve et nu, que la pensée incline,
      L'horreur passait comme la nuit!

Tel qu'un pasteur debout sur la rive profonde
Voit son ombre de loin se prolonger sur l'onde
Et du fleuve orageux suivre en flottant le cours;
Tel du sommet désert de ta grandeur suprême,
Dans l'ombre du passé te recherchant toi-même,
         Tu rappelais tes anciens jours!

Ils passaient devant toi comme des flots sublimes
Dont l'œil voit sur les mers étinceler les cimes,
Ton oreille écoutait leur bruit harmonieux!
Et, d'un reflet de gloire éclairant ton visage,
Chaque flot t'apportait une brillante image
         Que tu suivais longtemps des yeux!

Là, sur un pont tremblant tu défiais la foudre!
Là, du désert sacré tu réveillais la poudre!
Ton coursier frissonnait dans les flots du Jourdain!
Là, tes pas abaissaient une cime escarpée!
Là, tu changeais en sceptre une invincible épée!
      Ici... Mais quel effroi soudain?

Pourquoi détournes-tu ta paupière éperdue?
D'où vient cette pâleur sur ton front répandue?

Qu'as-tu vu tout à coup dans l'horreur du passé?
Est-ce d'une cité la ruine fumante?
Ou du sang des humains quelque plaine écumante?
      Mais la gloire a tout effacé.

La gloire efface tout!... tout excepté le crime!
Mais son doigt me montrait le corps d'une victime;
Un jeune homme! un héros, d'un sang pur inondé!
Le flot qui l'apportait, passait, passait, sans cesse;
Et toujours en passant la vague vengeresse
      Lui jetait le nom de Condé!...

Comme pour effacer une tache livide,
On voyait sur son front passer sa main rapide;
Mais la trace de sang sous son doigt renaissait!
Et, comme un sceau frappé par une main suprême,
La goutte ineffaçable, ainsi qu'un diadème,
      Le couronnait de son forfait!

C'est pour cela, tyran! que ta gloire ternie
Fera par ton forfait douter de ton génie!
Qu'une trace de sang suivra partout ton char!
Et que ton nom, jouet d'un éternel orage,
Sera par l'avenir ballotté d'âge en âge
      Entre Marius et César!

. . . .
. . . .
. . . .

Tu mourus cependant de la mort du vulgaire,
Ainsi qu'un moissonneur va chercher son salaire,
Et dort sur sa faucille avant d'être payé!
Tu ceignis en mourant ton glaive sur ta cuisse,
Et tu fus demander récompense ou justice
      Au dieu qui t'avait envoyé!

On dit qu'aux derniers jours de sa longue agonie,
Devant l'éternité seul avec son génie,
Son regard vers le ciel parut se soulever!
Le signe rédempteur toucha son front farouche!...
Et même on entendit commencer sur sa bouche
      Un nom!... qu'il n'osait achever!

Achève... C'est le dieu qui règne et qui couronne!
C'est le dieu qui punit! c'est le dieu qui pardonne!
Pour les héros et nous il a des poids divers!
Parle-lui sans effroi! lui seul peut te comprendre!
L'esclave et le tyran ont tous un compte à rendre,
      L'un du sceptre, l'autre des fers!

. . . .

Son cercueil est fermé! Dieu l'a jugé! Silence!
Son crime et ses exploits pèsent dans la balance :
Que des faibles mortels la main n'y touche plus!
Qui peut sonder, Seigneur, ta clémence infinie?
Et vous, fléaux[2] de Dieu! qui sait si le génie
      N'est pas une de vos vertus?...

IV

LES ÉTOILES

À Mme de P***.

Il est pour la pensée une heure... une heure sainte,
Alors que, s'enfuyant de la céleste enceinte,
De l'absence du jour pour consoler les cieux,
Le crépuscule aux monts prolonge ses adieux.
On voit à l'horizon sa lueur incertaine,
Comme les bords flottants d'une robe qui traîne,

Balayer lentement le firmament obscur,
Où les astres ternis revivent dans l'azur.
Alors ces globes d'or, ces îles de lumière,
Que cherche par instinct la rêveuse paupière,
Jaillissent par milliers de l'ombre qui s'enfuit
Comme une poudre d'or sur les pas de la nuit;
Et le souffle du soir qui vole sur sa trace,
Les sème en tourbillons dans le brillant espace.
L'œil ébloui les cherche et les perd à la fois;
Les uns semblent planer sur les cimes des bois,
Tel qu'un céleste oiseau dont les rapides ailes
Font jaillir en s'ouvrant des gerbes d'étincelles.
D'autres en flots brillants s'étendent dans les airs,
Comme un rocher blanchi de l'écume des mers;
Ceux-là, comme un coursier volant dans la carrière,
Déroulent à longs plis leur flottante crinière;
Ceux-ci, sur l'horizon se penchant à demi,
Semblent des yeux ouverts sur le monde endormi,
Tandis qu'aux bords du ciel de légères étoiles
Voguent dans cet azur comme de blanches voiles
Qui, revenant au port, d'un rivage lointain,
Brillent sur l'Océan aux rayons du matin.

De ces astres brillants, son plus sublime ouvrage,
Dieu seul connaît le nombre, et la distance, et l'âge;
Les uns, déjà vieillis, pâlissent à nos yeux,
D'autres se sont perdus dans les routes des cieux,
D'autres, comme des fleurs que son souffle caresse,
Lèvent un front riant de grâce et de jeunesse,
Et, charmant l'Orient de leurs fraîches clartés,
Étonnent tout à coup l'œil qui les a comptés.
Dans la danse céleste ils s'élancent... et l'homme,
Ainsi qu'un nouveau-né, les salue, et les nomme.
Quel mortel enivré de leur chaste regard,
Laissant ses yeux flottants les fixer au hasard,
Et cherchant le plus pur parmi ce chœur suprême,

Ne l'a pas consacré du nom de ce qu'il aime?
Moi-même... il en est un, solitaire, isolé,
Qui, dans mes longues nuits, m'a souvent consolé,
Et dont l'éclat, voilé des ombres du mystère,
Me rappelle un regard qui brillait sur la terre.
Peut-être?... ah! puisse-t-il au céleste séjour
Porter au moins ce nom que lui donna l'Amour!

Cependant la nuit marche, et sur l'abîme immense
Tous ces mondes flottants gravitent en silence,
Et nous-même, avec eux emportés dans leur cours
Vers un port inconnu nous avançons toujours!
Souvent, pendant la nuit, au souffle du zéphire,
On sent la terre aussi flotter comme un navire.
D'une écume brillante on voit les monts couverts
Fendre d'un cours égal le flot grondant des airs;
Sur ces vagues d'azur où le globe se joue,
On entend l'aquilon se briser sous la proue,
Et du vent dans les mâts les tristes sifflements,
Et de ses flancs battus les sourds gémissements;
Et l'homme sur l'abîme où sa demeure flotte
Vogue avec volupté sur la foi du pilote!
Soleils! mondes flottants qui voguez avec nous,
Dites, s'il vous l'a dit, où donc allons-nous tous?
Quel est le port céleste où son souffle nous guide?
Quel terme assigna-t-il à notre vol rapide?
Allons-nous sur des bords de silence et de deuil,
Échouant dans la nuit sur quelque vaste écueil,
Semer l'immensité des débris du naufrage?
Ou, conduits par sa main sur un brillant rivage,
Et sur l'ancre éternelle à jamais affermis,
Dans un golfe du ciel aborder endormis?

Vous qui nagez plus près de la céleste voûte,
Mondes étincelants, vous le savez sans doute!
Cet Océan plus pur, ce ciel où vous flottez,

Laisse arriver à vous de plus vives clartés;
Plus brillantes que nous, vous savez davantage;
Car de la vérité la lumière est l'image!
Oui : si j'en crois l'éclat dont vos orbes errants
Argentent des forêts les dômes transparents,
Qui glissant tout à coup sur des mers irritées,
Calme en les éclairant les vagues agitées;
Si j'en crois ces rayons dont le sensible jour
Inspire la vertu, la prière, l'amour,
Et quand l'œil attendri s'entrouvre à leur lumière,
Attirent une larme au bord de la paupière;
Si j'en crois ces instincts, ces doux pressentiments
Qui dirigent vers nous les soupirs des amants,
Les yeux de la beauté, les rêves qu'on regrette,
Et le vol enflammé de l'aigle et du poète!
Tentes du ciel, Édens! temples! brillants palais!
Vous êtes un séjour d'innocence et de paix!
Dans le calme des nuits, à travers la distance,
Vous en versez sur nous la lointaine influence!
Tout ce que nous cherchons, l'amour, la vérité,
Ces fruits tombés du ciel dont la terre a goûté,
Dans vos brillants climats que le regard envie
Nourrissent à jamais les enfants de la vie,
Et l'homme, un jour peut-être à ses destins rendu,
Retrouvera chez vous tout ce qu'il a perdu?
Hélas! combien de fois seul, veillant sur ces cimes
Où notre âme plus libre a des vœux plus sublimes,
Beaux astres! fleurs du ciel dont le lis est jaloux,
J'ai murmuré tout bas : Que ne suis-je un de vous?
Que ne puis-je, échappant à ce globe de boue,
Dans la sphère éclatante où mon regard se joue,
Jonchant d'un feu de plus le parvis du saint lieu,
Éclore tout à coup sous les pas de mon Dieu,
Ou briller sur le front de la beauté suprême,
Comme un pâle fleuron de son saint diadème?

Dans le limpide azur de ces flots de cristal,
Me souvenant encor de mon globe natal,
Je viendrais chaque nuit, tardif et solitaire,
Sur les monts que j'aimais briller près de la terre;
J'aimerais à glisser sous la nuit des rameaux,
À dormir sur les prés, à flotter sur les eaux;
À percer doucement le voile d'un nuage,
Comme un regard d'amour que la pudeur ombrage :
Je visiterais l'homme; et s'il est ici-bas
Un front pensif, des yeux qui ne se ferment pas,
Une âme en deuil, un cœur qu'un poids sublime
                            [oppresse,
Répandant devant Dieu sa pieuse tristesse;
Un malheureux au jour dérobant ses douleurs
Et dans le sein des nuits laissant couler ses pleurs,
Un génie inquiet, une active pensée
Par un instinct trop fort dans l'infini lancée;
Mon rayon pénétré d'une sainte amitié,
Pour des maux trop connus prodiguant sa pitié,
Comme un secret d'amour versé dans un cœur tendre,
Sur ces fronts inclinés se plairait à descendre!
Ma lueur fraternelle en découlant sur eux
Dormirait sur leur sein, sourirait à leurs yeux :
Je leur révélerais dans la langue divine
Un mot du grand secret que le malheur devine;
Je sécherais leurs pleurs; et quand l'œil du matin
Ferait pâlir mon disque à l'horizon lointain,
Mon rayon en quittant leur paupière attendrie
Leur laisserait encor la vague rêverie,
Et la paix et l'espoir; et, lassés de gémir,
Au moins avant l'aurore ils pourraient s'endormir.

Et vous, brillantes sœurs! étoiles, mes compagnes,
Qui du bleu firmament émaillez les campagnes,
Et cadençant vos pas à la lyre des cieux,
Nouez et dénouez vos chœurs harmonieux!

Introduit sur vos pas dans la céleste chaîne,
Je suivrais dans l'azur l'instinct qui vous entraîne,
Vous guideriez mon œil dans ce brillant désert,
Labyrinthe de feux où le regard se perd!
Vos rayons m'apprendraient à louer, à connaître
Celui que nous cherchons, que vous voyez peut-être!
Et noyant dans son sein mes tremblantes clartés,
Je sentirais en lui... tout ce que vous sentez!

V

LE PAPILLON

Naître avec le printemps, mourir avec les roses,
Sur l'aile du zéphyr nager dans un ciel pur,
Balancé sur le sein des fleurs à peine écloses,
S'enivrer de parfums, de lumière et d'azur,
Secouant, jeune encor, la poudre de ses ailes,
S'envoler comme un souffle aux voûtes éternelles,
Voilà du papillon le destin enchanté!
Il ressemble au désir, qui jamais ne se pose,
Et sans se satisfaire, effleurant toute chose,
Retourne enfin au ciel chercher la volupté!

VI

LE PASSÉ

À M. A. de V***.

Arrêtons-nous sur la colline
À l'heure où, partageant les jours,

L'astre du matin qui décline
Semble précipiter son cours!
En avançant dans sa carrière,
Plus faible il rejette en arrière
L'ombre terrestre qui le suit,
Et de l'horizon qu'il colore
Une moitié le voit encore,
L'autre se plonge dans la nuit!

C'est l'heure où, sous l'ombre inclinée,
Le laboureur dans le vallon
Suspend un moment sa journée,
Et s'assied au bord du sillon!
C'est l'heure où, près de la fontaine,
Le voyageur reprend haleine
Après sa course du matin!
Et c'est l'heure où l'âme qui pense
Se retourne et voit l'espérance
Qui l'abandonne en son chemin!

Ainsi notre étoile pâlie,
Jetant de mourantes lueurs
Sur le midi de notre vie,
Brille à peine à travers nos pleurs.
De notre rapide existence
L'ombre de la mort qui s'avance
Obscurcit déjà la moitié!
Et, près de ce terme funeste,
Comme à l'aurore, il ne nous reste
Que l'espérance et l'amitié!

Ami qu'un même jour vit naître,
Compagnon depuis le berceau,
Et qu'un même jour doit peut-être
Endormir au même tombeau!
Voici la borne qui partage

Ce douloureux pèlerinage
Qu'un même sort nous a tracé!
De ce sommet qui nous rassemble,
Viens, jetons un regard ensemble
Sur l'avenir et le passé!

Repassons nos jours, si tu l'oses!
Jamais l'espoir des matelots
Couronna-t-il d'autant de roses
Le navire qu'on lance aux flots?
Jamais d'une teinte plus belle
L'aube en riant colora-t-elle
Le front rayonnant du matin?
Jamais, d'un œil perçant d'audace,
L'aigle embrassa-t-il plus d'espace
Que nous en ouvrait le destin?

En vain sur la route fatale,
Dont les cyprès tracent le bord,
Quelques tombeaux par intervalle
Nous avertissaient de la mort!
Ces monuments mélancoliques
Nous semblaient, comme aux jours antiques,
Un vain ornement du chemin!
Nous nous asseyions sous leur ombre,
Et nous rêvions des jours sans nombre,
Hélas! entre hier et demain!

Combien de fois, près du rivage
Où Nisida dort sur les mers,
La beauté crédule ou volage
Accourut à nos doux concerts!
Combien de fois la barque errante
Berça sur l'onde transparente
Deux couples par l'Amour conduits!
Tandis qu'une déesse amie

Jetait sur la vague endormie
Le voile parfumé des nuits!

Combien de fois, dans le délire
Qui succédait à nos festins,
Aux sons antiques de la lyre,
J'évoquai des songes divins!
Aux parfums des roses mourantes,
Aux vapeurs des coupes fumantes,
Ils volaient à nous tour à tour!
Et sur leurs ailes nuancées,
Égaraient nos molles pensées
Dans les dédales de l'Amour!

Mais dans leur insensible pente,
Les jours qui succédaient aux jours
Entraînaient comme une eau courante
Et nos songes et nos amours;
Pareil à la fleur fugitive
Qui du front joyeux d'un convive
Tombe avant l'heure du festin,
Ce bonheur que l'ivresse cueille,
De nos fronts tombant feuille à feuille,
Jonchait le lugubre chemin!

Et maintenant, sur cet espace
Que nos pas ont déjà quitté,
Retourne-toi! cherchons la trace
De l'amour, de la volupté!
En foulant leurs rives fanées,
Remontons le cours des années,
Tandis qu'un souvenir glacé,
Comme l'astre adouci des ombres,
Éclaire encor de teintes sombres
La scène vide du passé!

Ici, sur la scène du monde,
Se leva ton premier soleil!
Regarde! quelle nuit profonde
A remplacé ce jour vermeil!
Tout sous les cieux semblait sourire,
La feuille, l'onde, le zéphire
Murmuraient des accords charmants!
Écoute! la feuille est flétrie!
Et les vents sur l'onde tarie
Rendent de sourds gémissements!

Reconnais-tu ce beau rivage?
Cette mer aux flots argentés,
Qui ne fait que bercer l'image
Des bords dans son sein répétés?
Un nom chéri vole sur l'onde!...
Mais pas une voix qui réponde,
Que le flot grondant sur l'écueil!
Malheureux! quel nom tu prononces!
Ne vois-tu pas parmi ces ronces
Ce nom gravé sur un cercueil?...

Plus loin sur la rive où s'épanche
Un fleuve épris de ces coteaux,
Vois-tu ce palais qui se penche
Et jette une ombre au sein des eaux?
Là, sous une forme étrangère,
Un ange exilé de sa sphère
D'un céleste amour t'enflamma!
Pourquoi trembler? quel bruit t'étonne?
Ce n'est qu'une ombre qui frissonne
Aux pas du mortel qu'elle aima!

Hélas! partout où tu repasses,
C'est le deuil, le vide ou la mort,
Et rien n'a germé sur nos traces

Que la douleur ou le remord!
Voilà ce cœur où ta tendresse
Sema des fruits que ta vieillesse,
Hélas! ne recueillera pas :
Là, l'oubli perdit ta mémoire!
Là, l'envie étouffa ta gloire!
Là, ta vertu fit des ingrats!

Là, l'illusion éclipsée
S'enfuit sous un nuage obscur!
Ici, l'espérance lassée
Replia ses ailes d'azur!
Là, sous la douleur qui le glace,
Ton sourire perdit sa grâce,
Ta voix oublia ses concerts!
Tes sens épuisés se plaignirent,
Et tes blonds cheveux se teignirent
Au souffle argenté des hivers!

Ainsi des rives étrangères,
Quand l'homme, à l'insu des tyrans,
Vers la demeure de ses pères
Porte en secret ses pas errants,
L'ivraie a couvert ses collines,
Son toit sacré pend en ruines,
Dans ses jardins l'onde a tari;
Et sur le seuil qui fut sa joie,
Dans l'ombre un chien féroce aboie
Contre les mains qui l'ont nourri!

Mais ces sens qui s'appesantissent
Et du temps subissent la loi,
Ces yeux, ce cœur qui se ternissent,
Cette ombre enfin, ce n'est pas toi!
Sans regret, au flot des années,
Livre ces dépouilles fanées

Qu'enlève le souffle des jours,
Comme on jette au courant de l'onde
La feuille aride et vagabonde
Que l'onde entraîne dans son cours!

Ce n'est plus le temps de sourire
À ces roses de peu de jours!
De mêler aux sons de la lyre
Les tendres soupirs des amours!
De semer sur des fonds stériles
Ces vœux, ces projets inutiles,
Par les vents du ciel emportés,
À qui le temps qui nous dévore
Ne donne pas l'heure d'éclore
Pendant nos rapides étés!

Levons les yeux vers la colline
Où luit l'étoile du matin!
Saluons la splendeur divine
Qui se lève dans le lointain!
Cette clarté pure et féconde
Aux yeux de l'âme éclaire un monde
Où la foi monte sans effort!
D'un saint espoir ton cœur palpite;
Ami! pour y voler plus vite,
Prenons les ailes de la mort!

En vain, dans ce désert aride,
Sous nos pas tout s'est effacé!
Viens! où l'éternité réside,
On retrouve jusqu'au passé!
Là, sont nos rêves pleins de charmes,
Et nos adieux trempés de larmes,
Nos vœux et nos espoirs perdus!
Là, refleuriront nos jeunesses;
Et les objets de nos tristesses
À nos regrets seront rendus!

Ainsi, quand les vents de l'automne
Ont balayé l'ombre des bois,
L'hirondelle agile abandonne
Le faîte du palais des rois!
Suivant le soleil dans sa course,
Elle remonte vers la source
D'où l'astre nous répand les jours;
Et sur ses pas retrouve encore
Un autre ciel, une autre aurore,
Un autre nid pour ses amours!

Ce roi, dont la sainte tristesse
Immortalisa les douleurs,
Vit ainsi sa verte jeunesse
Se renouveler sous ses pleurs!
Sa harpe, à l'ombre de la tombe,
Soupirait comme la colombe
Sous les verts cyprès du Carmel!
Et son cœur, qu'une lampe éclaire,
Résonnait comme un sanctuaire
Où retentit l'hymne éternel!

VII

TRISTESSE

Ramenez-moi, disais-je, au fortuné rivage
Où Naples réfléchit dans une mer d'azur
Ses palais, ses coteaux, ses astres sans nuage,
Où l'oranger fleurit sous un ciel toujours pur.
Que tardez-vous? Partons! Je veux revoir encore
Le Vésuve enflammé sortant du sein des eaux;
Je veux de ses hauteurs voir se lever l'aurore;
Je veux, guidant les pas de celle que j'adore,
Redescendre, en rêvant, de ces riants coteaux;

Suis-moi dans les détours de ce golfe tranquille;
Retournons sur ces bords à nos pas si connus,
Aux jardins de Cinthie, au tombeau de Virgile,
Près des débris épars du temple de Vénus :
Là, sous les orangers, sous la vigne fleurie,
Dont le pampre flexible au myrte se marie,
Et tresse sur ta tête une voûte de fleurs,
Au doux bruit de la vague ou du vent qui murmure,
Seuls avec notre amour, seuls avec la nature,
La vie et la lumière auront plus de douceurs.

De mes jours pâlissants le flambeau se consume,
Il s'éteint par degrés au souffle du malheur,
Ou, s'il jette parfois une faible lueur,
C'est quand ton souvenir dans mon sein le rallume;
Je ne sais si les dieux me permettront enfin
D'achever ici-bas ma pénible journée.
Mon horizon se borne, et mon œil incertain
Ose l'étendre à peine au-delà d'une année.
      Mais s'il faut périr au matin,
S'il faut, sur une terre au bonheur destinée,
      Laisser échapper de ma main
      Cette coupe que le destin
Semblait avoir pour moi de roses couronnée,
Je ne demande aux dieux que de guider mes pas
Jusqu'aux bords qu'embellit ta mémoire chérie,
De saluer de loin ces fortunés climats,
Et de mourir aux lieux où j'ai goûté la vie.

VIII

LA SOLITUDE

Heureux qui, s'écartant des sentiers d'ici-bas,
À l'ombre du désert allant cacher ses pas,

D'un monde dédaigné secouant la poussière,
Efface, encor vivant, ses traces sur la terre,
Et, dans la solitude enfin enseveli,
Se nourrit d'espérance et s'abreuve d'oubli!
Tel que ces esprits purs qui planent dans l'espace,
Tranquille spectateur de cette ombre qui passe,
Des caprices du sort à jamais défendu,
Il suit de l'œil ce char dont il est descendu!...
Il voit les passions, sur une onde incertaine,
De leur souffle orageux enfler la voile humaine.
Mais ces vents inconstants ne troublent plus sa paix;
Il se repose en Dieu, qui ne change jamais;
Il aime à contempler ses plus hardis ouvrages,
Ces monts, vainqueurs des vents, de la foudre et des
Où dans leur masse auguste et leur solidité,   [âges,
Ce Dieu grava sa force et son éternité.
À cette heure où, frappé d'un rayon de l'aurore,
Leur sommet enflammé que l'Orient colore,
Comme un phare céleste allumé dans la nuit,
Jaillit étincelant de l'ombre qui s'enfuit,
Il s'élance, il franchit ces riantes collines
Que le mont jette au loin sur ses larges racines,
Et, porté par degrés jusqu'à ses sombres flancs,
Sous ses pins immortels il s'enfonce à pas lents :
Là, des torrents séchés le lit seul est sa route,
Tantôt les rocs minés sur lui pendent en voûte,
Et tantôt, sur leurs bords tout à coup suspendu,
Il recule étonné; son regard éperdu
Jouit avec horreur de cet effroi sublime,
Et sous ses pieds, longtemps, voit tournoyer l'abîme!
Il monte, et l'horizon grandit à chaque instant;
Il monte, et devant lui l'immensité s'étend
Comme sous le regard d'une nouvelle aurore;
Un monde à chaque pas pour ses yeux semble éclore!
Jusqu'au sommet suprême où son œil enchanté
S'empare de l'espace, et plane en liberté.

Ainsi, lorsque notre âme, à sa source envolée,
Quitte enfin pour toujours la terrestre vallée,
Chaque coup de son aile, en l'élevant aux cieux,
Élargit l'horizon qui s'étend sous ses yeux;
Des mondes sous son vol le mystère s'abaisse,
En découvrant toujours, elle monte sans cesse
Jusqu'aux saintes hauteurs d'où l'œil du séraphin
Sur l'espace infini plonge un regard sans fin.

Salut, brillants sommets! champs de neige et de glace!
Vous qui d'aucun mortel n'avez gardé la trace;
Vous que le regard même aborde avec effroi,
Et qui n'avez souffert que les aigles et moi!
Œuvres du premier jour, augustes pyramides
Que Dieu même affermit sur vos bases solides!
Confins de l'univers, qui, depuis ce grand jour,
N'avez jamais changé de forme et de contour!
Le nuage, en grondant, parcourt en vain vos cimes,
Le fleuve en vain grossi sillonne vos abîmes,
La foudre frappe en vain votre front endurci;
Votre front solennel, un moment obscurci,
Sur nous, comme la nuit, versant son ombre obscure,
Et laissant pendre au loin sa noire chevelure,
Semble, toujours vainqueur du choc qui l'ébranla,
Au dieu qui l'a fondé dire encor : Me voilà!
Et moi, me voici seul sur ces confins du monde!
Loin d'ici, sous mes pieds la foudre vole et gronde,
Les nuages battus par les ailes des vents
Entre-choquant comme eux leurs tourbillons mouvants,
Tels qu'un autre Océan soulevé par l'orage,
Se déroulent sans fin dans des lits sans rivage,
Et devant ces sommets abaissant leur orgueil,
Brisent incessamment sur cet immense écueil.
Mais, tandis qu'à ses pieds ce noir chaos bouillonne,
D'éternelles splendeurs le soleil le couronne :
Depuis l'heure où son char s'élance dans les airs,

Jusqu'à l'heure où son disque incline vers les mers,
Cet astre, en décrivant son oblique carrière,
D'aucune ombre jamais n'y souille sa lumière,
Et déjà la nuit sombre a descendu des cieux
Qu'à ces sommets encore il dit de longs adieux.

Là, tandis que je nage en des torrents de joie,
Ainsi que mon regard, mon âme se déploie,
Et croit, en respirant cet air de liberté,
Recouvrer sa splendeur et sa sérénité.
Oui, dans cet air du ciel, les soins lourds de la vie,
Le mépris des mortels, leur haine, ou leur envie,
N'accompagnent plus l'homme et ne surnagent pas :
Comme un vil plomb, d'eux-même ils retombent en bas.
Ainsi, plus l'onde est pure, et moins l'homme y surnage,
. . . .
À peine de ce monde il emporte une image!
. . . .
Mais ton image, ô Dieu, dans ces grands traits épars,
En s'élevant vers toi grandit à nos regards.
Comme au prêtre habitant l'ombre du sanctuaire,
Chaque pas te révèle à l'âme solitaire :
Le silence et la nuit, et l'ombre des forêts,
Lui murmurent tout bas de sublimes secrets;
Et l'esprit, abîmé dans ces rares spectacles,
Par la voix des déserts écoute tes oracles.
. . . .
J'ai vu de l'Océan les flots épouvantés,
Pareils aux fiers coursiers dans la plaine emportés,
Déroulant à ta voix leur humide crinière,
Franchir en bondissant leur bruyante barrière,
Puis soudain, refoulés sous ton frein tout-puissant,
Dans l'abîme étonné rentrer en mugissant.
J'ai vu le fleuve, épris des gazons du rivage,
Se glisser flots à flots, de bocage en bocage,
Et dans son lit voilé d'ombrage et de fraîcheur,

Bercer en murmurant la barque du pêcheur;
J'ai vu le trait brisé de la foudre qui gronde
Comme un serpent de feu se dérouler sur l'onde;
Le zéphyr embaumé des doux parfums du miel,
Balayer doucement l'azur voilé du ciel;
La colombe, essuyant son aile encore humide,
Sur les bords de son nid poser un pied timide,
Puis d'un vol cadencé fendant le flot des airs
S'abattre en soupirant sur la rive des mers.
J'ai vu ces monts voisins des cieux où tu reposes,
Cette neige où l'aurore aime à semer ses roses,
Ces trésors des hivers, d'où par mille détours
Dans nos champs desséchés multipliant leur cours,
Cent rochers de cristal, que tu fonds à mesure,
Viennent désaltérer la mourante verdure!
Et ces ruisseaux pleuvant de ces rocs suspendus,
Et ces torrents grondant dans les granits fendus,
Et ces pics où le temps a .perdu sa victoire...,
Et toute la nature est un hymne à ta gloire!

IX

ISCHIA*

Le soleil va porter le jour à d'autres mondes;
Dans l'horizon désert. Phébé monte sans bruit,
Et jette, en pénétrant les ténèbres profondes,
Un voile transparent sur le front de la nuit.

Voyez du haut des monts ses clartés ondoyantes
Comme un fleuve de flamme inonder les coteaux,
Dormir dans les vallons, ou glisser sur les pentes,
Ou rejaillir au loin du sein brillant des eaux.

* Île de la Méditerranée, dans le golfe de Naples.

La douteuse lueur, dans l'ombre répandue,
Teint d'un jour azuré la pâle obscurité,
Et fait nager au loin dans la vague étendue
Les horizons baignés par sa molle clarté!

L'Océan amoureux de ces rives tranquilles
Calme, en baisant leurs pieds, ses orageux transports,
Et pressant dans ses bras ces golfes et ces îles,
De son humide haleine en rafraîchit les bords.

Du flot qui tour à tour s'avance et se retire
L'œil aime à suivre au loin le flexible contour :
On dirait un amant qui presse en son délire
La vierge qui résiste, et cède tour à tour!

Doux comme le soupir de l'enfant qui sommeille,
Un son vague et plaintif se répand dans les airs :
Est-ce un écho du ciel qui charme notre oreille?
Est-ce un soupir d'amour de la terre et des mers?

Il s'élève, il retombe, il renaît, il expire,
Comme un cœur oppressé d'un poids de volupté,
Il semble qu'en ces nuits la nature respire,
Et se plaint comme nous de sa félicité!

Mortel, ouvre ton âme à ces torrents de vie!
Reçois par tous les sens les charmes de la nuit,
À t'enivrer d'amour son ombre te convie;
Son astre dans le ciel se lève, et te conduit.

Vois-tu ce feu lointain trembler sur la colline?
Par la main de l'Amour c'est un phare allumé;
Là, comme un lis penché, l'amante qui s'incline
Prête une oreille avide aux pas du bien-aimé!

La vierge, dans le songe où son âme s'égare,
Soulève un œil d'azur qui réfléchit les cieux,

Et ses doigts au hasard errant sur sa guitare
Jettent aux vents du soir des sons mystérieux!

« Viens! l'amoureux silence occupe au loin l'espace;
Viens du soir près de moi respirer la fraîcheur!
C'est l'heure; à peine au loin la voile qui s'efface
Blanchit en ramenant le paisible pêcheur!

« Depuis l'heure où ta barque a fui loin de la rive,
J'ai suivi tout le jour ta voile sur les mers,
Ainsi que de son nid la colombe craintive
Suit l'aile du ramier qui blanchit dans les airs!

« Tandis qu'elle glissait sous l'ombre du rivage,
J'ai reconnu ta voix dans la voix des échos;
Et la brise du soir, en mourant sur la plage,
Me rapportait tes chants prolongés sur les flots.

« Quand la vague a grondé sur la côte écumante,
À l'étoile des mers j'ai murmuré ton nom,
J'ai rallumé sa lampe, et de ta seule amante
L'amoureuse prière a fait fuir l'aquilon!

« Maintenant sous le ciel tout repose, ou tout aime :
La vague en ondulant vient dormir sur le bord;
La fleur dort sur sa tige, et la nature même
Sous le dais de la nuit se recueille et s'endort.

« Vois! la mousse a pour nous tapissé la vallée,
Le pampre s'y recourbe en replis tortueux,
Et l'haleine de l'onde, à l'oranger mêlée,
De ses fleurs qu'elle effeuille embaume mes cheveux.

« À la molle clarté de la voûte sereine
Nous chanterons ensemble assis sous le jasmin,
Jusqu'à l'heure où la lune, en glissant vers Misène,
Se perd en pâlissant dans les feux du matin. »

Elle chante; et sa voix par intervalle expire,
Et, des accords du luth plus faiblement frappés,
Les échos assoupis ne livrent au zéphire
Que des soupirs mourants, de silence coupés!

Celui qui, le cœur plein de délire et de flamme,
À cette heure d'amour, sous cet astre enchanté,
Sentirait tout à coup le rêve de son âme
S'animer sous les traits d'une chaste beauté;

Celui qui, sur la mousse, au pied du sycomore,
Au murmure des eaux, sous un dais de saphirs,
Assis à ses genoux, de l'une à l'autre aurore,
N'aurait pour lui parler que l'accent des soupirs;

Celui qui, respirant son haleine adorée,
Sentirait ses cheveux, soulevés par les vents,
Caresser en passant sa paupière effleurée,
Ou rouler sur son front leurs anneaux ondoyants;

Celui qui, suspendant les heures fugitives,
Fixant avec l'amour son âme en ce beau lieu,
Oublierait que le temps coule encor sur ces rives,
Serait-il un mortel, ou serait-il un dieu?...

Et nous, aux doux penchants de ces verts Élysées,
Sur ces bords où l'amour eût caché son Éden,
Au murmure plaintif des vagues apaisées,
Aux rayons endormis de l'astre élysien,

Sous ce ciel où la vie, où le bonheur abonde,
Sur ces rives que l'œil se plaît à parcourir,
Nous avons respiré cet air d'un autre monde,
Élyse'!... et cependant on dit qu'il faut mourir!

X

LA BRANCHE D'AMANDIER

De l'amandier tige fleurie,
Symbole, hélas! de la beauté,
Comme toi, la fleur de la vie
Fleurit et tombe avant l'été.

Qu'on la néglige ou qu'on la cueille,
De nos fronts, des mains de l'Amour,
Elle s'échappe feuille à feuille,
Comme nos plaisirs jour à jour!

Savourons ces courtes délices;
Disputons-les même au zéphyr,
Épuisons les riants calices
De ces parfums qui vont mourir.

Souvent la beauté fugitive
Ressemble à la fleur du matin,
Qui, du front glacé du convive,
Tombe avant l'heure du festin.

Un jour tombe, un autre se lève;
Le printemps va s'évanouir;
Chaque fleur que le vent enlève
Nous dit : Hâtez-vous de jouir.

Et, puisqu'il faut qu'elles périssent,
Qu'elles périssent sans retour!
Que ces roses ne se flétrissent
Que sous les lèvres de l'amour!

XI

À EL***

Lorsque seul avec toi, pensive et recueillie,
Tes deux mains dans la mienne, assis à tes côtés,
J'abandonne mon âme aux molles voluptés
Et je laisse couler les heures que j'oublie;
Lorsqu'au fond des forêts je t'entraîne avec moi,
Lorsque tes doux soupirs charment seuls mon oreille,
Ou que, te répétant les serments de la veille,
Je te jure à mon tour de n'adorer que toi;
Lorsqu'enfin, plus heureux, ton front charmant repose
Sur mon genou tremblant qui lui sert de soutien,
Et que mes doux regards sont suspendus au tien
Comme l'abeille avide aux feuilles de la rose;
Souvent alors, souvent, dans le fond de mon cœur
Pénètre comme un trait une vague terreur;
Tu me vois tressaillir; je pâlis, je frissonne,
Et troublé tout à coup dans le sein du bonheur,
Je sens couler des pleurs dont mon âme s'étonne.
Tu me presses soudain dans tes bras caressants,
      Tu m'interroges, tu t'alarmes,
Et je vois de tes yeux s'échapper quelques larmes
Qui viennent se mêler aux pleurs que je répands.
« De quel ennui secret ton âme est-elle atteinte?
Me dis-tu : cher amour, épanche ta douleur;
J'adoucirai ta peine en écoutant ta plainte,
Et mon cœur versera le baume dans ton cœur. »
Ne m'interroge plus, ô moitié de moi-même!
Enlacé dans tes bras, quand tu me dis : Je t'aime;
Quand mes yeux enivrés se soulèvent vers toi,
Nul mortel sous les cieux n'est plus heureux que moi!
Mais jusque dans le sein des heures fortunées

Je ne sais quelle voix que j'entends retentir
      Me poursuit, et vient m'avertir
Que le bonheur s'enfuit sur l'aile des années,
Et que de nos amours le flambeau doit mourir!
D'un vol épouvanté, dans le sombre avenir
      Mon âme avec effroi se plonge,
      Et je me dis : Ce n'est qu'un songe
      Que le bonheur qui doit finir.

XII

ÉLÉGIE

Cueillons, cueillons la rose au matin de la vie;
Des rapides printemps respire au moins les fleurs.
Aux chastes voluptés abandonnons nos cœurs,
Aimons-nous sans mesure, ô mon unique amie!

Quand le nocher battu par les flots irrités
Voit son fragile esquif menacé du naufrage,
Il tourne ses regards aux bords qu'il a quittés,
Et regrette trop tard les loisirs du rivage.
Ah! qu'il voudrait alors au toit de ses aïeux,
Près des objets chéris présents à sa mémoire,
Coulant des jours obscurs, sans périls et sans gloire,
N'avoir jamais laissé son pays ni ses dieux!

Ainsi l'homme, courbé sous le poids des années,
Pleure son doux printemps qui ne peut revenir.
Ah! rendez-moi, dit-il, ces heures profanées;
Ô dieux! dans leur saison j'oubliai d'en jouir.
Il dit : la mort répond; et ces dieux qu'il implore,
Le poussant au tombeau sans se laisser fléchir,

Ne lui permettent pas de se baisser encore
Pour ramasser ces fleurs qu'il n'a pas su cueillir.

　　　　Aimons-nous, ô ma bien-aimée!
Et rions des soucis qui bercent les mortels;
Pour le frivole appas d'une vaine fumée,
La moitié de leurs jours, hélas! est consumée
　　　　Dans l'abandon des biens réels.

À leur stérile orgueıı ne portons point envie,
Laissons le long espoir aux maîtres des humains!
　　　　Pour nous, de notre heure incertains,
Hâtons-nous d'épuiser la coupe de la vie
　　　　Pendant qu'elle est entre nos mains.

　　　　Soit que le laurier nous couronne,
Et qu'aux fastes sanglants de l'altière Bellone
Sur le marbre ou l'airain on inscrive nos noms;
Soit que des simples fleurs que la beauté moissonne
　　　　L'amour pare nos humbles fronts;
Nous allons échouer, tous, au même rivage :
　　　　Qu'importe, au moment du naufrage,
Sur un vaisseau fameux d'avoir fendu les airs,
　　　　Ou sur une barque légère
　　　　D'avoir, passager solitaire,
Rasé timidement le rivage des mers?

XIII

LE POÈTE MOURANT

La coupe de mes jours s'est brisée encor pleine;
Ma vie hors de mon sein s'enfuit à chaque haleine;
Ni baisers ni soupirs ne peuvent l'arrêter;

Et l'aile de la mort, sur l'airain qui me pleure,
En sons entrecoupés frappe ma dernière heure;
    Faut-il gémir? faut-il chanter?...

Chantons, puisque mes doigts sont encor sur la lyre;
Chantons, puisque la mort, comme au cygne, m'inspire
Aux bords d'un autre monde un cri mélodieux.
C'est un présage heureux donné par mon génie,
Si notre âme n'est rien qu'amour et qu'harmonie,
    Qu'un chant divin soit ses adieux!

La lyre en se brisant jette un son plus sublime;
La lampe qui s'éteint tout à coup se ranime,
Et d'un éclat plus pur brille avant d'expirer;
Le cygne voit le ciel à son heure dernière,
L'homme seul, reportant ses regards en arrière,
    Compte ses jours pour les pleurer.

Qu'est-ce donc que des jours pour valoir qu'on les
                                    [pleure?
Un soleil, un soleil; une heure, et puis une heure;
Celle qui vient ressemble à celle qui s'enfuit;
Ce qu'une nous apporte, une autre nous l'enlève :
Travail, repos, douleur, et quelquefois un rêve,
    Voilà le jour, puis vient la nuit.

Ah! qu'il pleure, celui dont les mains acharnées
S'attachant comme un lierre aux débris des années,
Voit avec l'avenir s'écrouler son espoir!
Pour moi, qui n'ai point pris racine sur la terre,
Je m'en vais sans effort, comme l'herbe légère
    Qu'enlève le souffle du soir.

Le poète est semblable aux oiseaux de passage
Qui ne bâtissent point leurs nids sur le rivage,
Qui ne se posent point sur les rameaux des bois;

Nonchalamment bercés sur le courant de l'onde,
Ils passent en chantant loin des bords; et le monde
     Ne connaît rien d'eux, que leur voix.

Jamais aucune main sur la corde sonore
Ne guida dans ses jeux ma main novice encore.
L'homme n'enseigne pas ce qu'inspire le ciel;
Le ruisseau n'apprend pas à couler dans sa pente,
L'aigle à fendre les airs d'une aile indépendante,
     L'abeille à composer son miel.

L'airain retentissant dans sa haute demeure,
Sous le marteau sacré tour à tour chante et pleure,
Pour célébrer l'hymen, la naissance ou la mort;
J'étais comme ce bronze épuré par la flamme,
Et chaque passion, en frappant sur mon âme,
     En tirait un sublime accord.

Telle durant la nuit la harpe éolienne,
Mêlant aux bruits des eaux sa plainte aérienne,
Résonne d'elle-même au souffle des zéphyrs.
Le voyageur s'arrête, étonné de l'entendre,
Il écoute, il admire et ne saurait comprendre
     D'où partent ces divins soupirs.

Ma harpe fut souvent de larmes arrosée,
Mais les pleurs sont pour nous la céleste rosée;
Sous un ciel toujours pur le cœur ne mûrit pas :
Dans la coupe écrasé le jus du pampre coule,
Et le baume flétri sous le pied qui le foule
     Répand ses parfums sur nos pas.

Dieu d'un souffle brûlant avait formé mon âme;
Tout ce qu'elle approchait s'embrasait de sa flamme :
Don fatal! et je meurs pour avoir trop aimé!
Tout ce que j'ai touché s'est réduit en poussière :

Ainsi le feu du ciel tombé sur la bruyère
　　S'éteint quand tout est consumé.

Mais le temps? — Il n'est plus. — Mais la gloire? — Eh!
　　　　　　　　　　　　　　　　　　[qu'importe
Cet écho d'un vain son, qu'un siècle à l'autre apporte?
Ce nom, brillant jouet de la postérité?
Vous qui de l'avenir lui promettez l'empire,
Écoutez cet accord que va rendre ma lyre!...
. . . .
　　　　Les vents déjà l'ont emporté!

Ah! donnez à la mort un espoir moins frivole.
Eh quoi! le souvenir de ce son qui s'envole
Autour d'un vain tombeau retentirait toujours?
Ce souffle d'un mourant, quoi! c'est là de la gloire?
Mais vous qui promettez les temps à sa mémoire,
　　　Mortels, possédez-vous deux jours?

J'en atteste les dieux! depuis que je respire,
Mes lèvres n'ont jamais prononcé sans sourire
Ce grand nom inventé par le délire humain;
Plus j'ai pressé ce mot, plus je l'ai trouvé vide,
Et je l'ai rejeté, comme une écorce aride
　　　Que nos lèvres pressent en vain.

Dans le stérile espoir d'une gloire incertaine,
L'homme livre, en passant, au courant qui l'entraîne
Un nom de jour en jour dans sa course affaibli;
De ce brillant débris le flot du temps se joue;
De siècle en siècle, il flotte, il avance, il échoue
　　　Dans les abîmes de l'oubli.

Je jette un nom de plus à ces flots sans rivage;
Au gré des vents, du ciel, qu'il s'abîme ou surnage,

En serai-je plus grand? Pourquoi? ce n'est qu'un nom.
Le cygne qui s'envole aux voûtes éternelles,
Amis! s'informe-t-il si l'ombre de ses ailes
      Flotte encor sur un vil gazon?

Mais pourquoi chantais-tu? — Demande à Philomèle
Pourquoi, durant les nuits, sa douce voix se mêle
Au doux bruit des ruisseaux sous l'ombrage roulant!
Je chantais, mes amis, comme l'homme respire,
Comme l'oiseau gémit, comme le vent soupire,
      Comme l'eau murmure en coulant.

Aimer, prier, chanter, voilà toute ma vie.
Mortels! de tous ces biens qu'ici-bas l'homme envie,
À l'heure des adieux je ne regrette rien;
Rien que l'ardent soupir qui vers le ciel s'élance,
L'extase de la lyre, ou l'amoureux silence
      D'un cœur pressé contre le mien.

Aux pieds de la beauté sentir frémir sa lyre,
Voir d'accord en accord l'harmonieux délire
Couler avec le son et passer dans son sein,
Faire pleuvoir les pleurs de ces yeux qu'on adore,
Comme au souffle des vents les larmes de l'aurore
      Tombent d'un calice trop plein;

Voir le regard plaintif de la vierge modeste
Se tourner tristement vers la voûte céleste,
Comme pour s'envoler avec le son qui fuit,
Puis retombant sur vous plein d'une chaste flamme,
Sous ses cils abaissés laisser briller son âme,
      Comme un feu tremblant dans la nuit;

Voir passer sur son front l'ombre de sa pensée,
La parole manquer à sa bouche oppressée,
Et de ce long silence entendre enfin sortir

Ce mot qui retentit jusque dans le ciel même,
Ce mot, le mot des dieux, et des hommes : ...Je
     Voilà ce qui vaut un soupir.   [t'aime!

Un soupir! un regret! inutile parole!
Sur l'aile de la mort, mon âme au ciel s'envole;
Je vais où leur instinct emporte nos désirs;
Je vais où le regard voit briller l'espérance;
Je vais où va le son qui de mon luth s'élance;
     Où sont allés tous mes soupirs!

Comme l'oiseau qui voit dans les ombres funèbres,
La foi, cet œil de l'âme, a percé mes ténèbres;
Son prophétique instinct m'a révélé mon sort.
Aux champs de l'avenir combien de fois mon âme,
S'élançant jusqu'au ciel sur des ailes de flamme,
     A-t-elle devancé la mort?

N'inscrivez point de nom sur ma demeure sombre.
Du poids d'un monument ne chargez pas mon ombre :
D'un peu de sable, hélas! je ne suis point jaloux.
Laissez-moi seulement à peine assez d'espace
Pour que le malheureux qui sur ma tombe passe
     Puisse y poser ses deux genoux.

Souvent dans le secret de l'ombre et du silence,
Du gazon d'un cercueil la prière s'élance
Et trouve l'espérance à côté de la mort.
Le pied sur une tombe on tient moins à la terre;
L'horizon est plus vaste, et l'âme, plus légère,
     Monte au ciel avec moins d'effort.

Brisez, livrez aux vents, aux ondes, à la flamme,
Ce luth qui n'a qu'un son pour répondre à mon âme!
Le luth des Séraphins va frémir sous mes doigts.
Bientôt, vivant comme eux d'un immortel délire,

Je vais guider, peut-être, aux accords de ma lyre,
    Des cieux suspendus à ma voix[1].

Bientôt!... Mais de la mort la main lourde et muette
Vient de toucher la corde : elle se brise, et jette
Un son plaintif et sourd dans le vague des airs.
Mon luth glacé se tait... Amis, prenez le vôtre;
Et que mon âme encor passe d'un monde à l'autre
    Au bruit de vos sacrés concerts!

XIV

L'ANGE

FRAGMENT ÉPIQUE

Dieu se lève; et soudain sa voix terrible appelle
De ses ordres secrets un ministre fidèle,
Un de ces esprits purs qui sont chargés par lui
De servir aux humains de conseil et d'appui,
De lui porter leurs vœux sur leurs ailes de flamme,
De veiller sur leur vie, et de garder leur âme;
Tout mortel a le sien : cet ange protecteur,
Cet invisible ami veille autour de son cœur,
L'inspire, le conduit, le relève s'il tombe,
Le reçoit au berceau, l'accompagne à la tombe,
Et, portant dans les cieux son âme entre ses mains,
La présente en tremblant au juge des humains :
C'est ainsi qu'entre l'homme et Jéhovah lui-même,
Entre le pur néant et la grandeur suprême,
D'êtres inaperçus une chaîne sans fin
Réunit l'homme à l'ange et l'ange au séraphin;
C'est ainsi que, peuplant l'étendue infinie,
Dieu répandit partout l'esprit, l'âme et la vie!

Au son de cette voix, qui fait trembler le ciel,
S'élance devant Dieu l'archange Ithuriel :
C'est lui qui du héros est le céleste guide,
Et qui pendant sa vie à ses destins préside :
Sur les marches du trône, où de la Trinité
Brille au plus haut des cieux la triple majesté,
L'esprit, épouvanté de la splendeur divine,
Dans un saint tremblement soudain monte et s'incline,
Et du voile éclatant de ses deux ailes d'or
Du céleste regard s'ombrage, et tremble encor!

Mais Dieu, voilant pour lui sa clarté dévorante,
Modère les accents de sa voix éclatante,
Se penche sur son trône et lui parle : soudain
Tout le ciel, attentif au Verbe souverain,
Suspend les chants sacrés, et la cour immortelle
S'apprête à recueillir la parole éternelle.
Pour la première fois, sous la voûte des cieux,
Cessa des chérubins le chœur harmonieux :
On n'entendit alors dans les saintes demeures
Que le bruit cadencé du char léger des heures
Qui, des jours éternels mesurant l'heureux cours,
Dans un cercle sans fin, fuit et revient toujours;
On n'entendit alors que la sourde harmonie
Des sphères poursuivant leur course indéfinie,
Et des astres pieux le murmure d'amour,
Qui vient mourir au seuil du céleste séjour!

Mais en vain dans le ciel les chœurs sacrés se turent;
Autour du trône en vain tous les saints accoururent;
L'archange entendit seul les ordres du Très-Haut;
Il s'incline, il adore, il s'élance aussitôt.

Telle qu'au sein des nuits, une étoile tombante,
Se détachant soudain de la voûte éclatante,

Glisse, et d'un trait de feu fendant l'obscurité,
Vient aux bords des marais éteindre sa clarté :
Tel, d'un vol lumineux et d'une aile assurée,
L'ardent Ithuriel fend la plaine azurée.
À peine il a franchi ces déserts enflammés,
Que la main du Très-Haut de soleils a semés,
Il ralentit son vol, et, comme un aigle immense,
Sur son aile immobile un instant se balance :
Il craint que la clarté des célestes rayons
Ne trahisse son vol aux yeux des nations;
Et secouant trois fois ses ailes immortelles,
Trois fois en fait jaillir des gerbes d'étincelles.
Le nocturne pasteur, qui compte dans les cieux
Les astres tant de fois nommés par ses aïeux,
Se trouble, et croit que Dieu de nouvelles étoiles
A de l'antique nuit semé les sombres voiles!

Mais, pour tromper les yeux, l'archange essaye en vain
De dépouiller l'éclat de ce reflet divin,
L'immortelle clarté dont son aile est empreinte
L'accompagne au-delà de la céleste enceinte;
Et ces rayons du ciel, dont il est pénétré,
Se détachant de lui, pâlissent par degré.
Ainsi le globe ardent, que l'ange des batailles
Inventa pour briser les tours et les murailles,
Sur ses ailes de feu projeté dans les airs,
Trace au sein de la nuit de sinistres éclairs :
Immobile un moment au haut de sa carrière,
Il pâlit, il retombe en perdant sa lumière;
Tous les yeux avec lui dans les airs suspendus
Le cherchent dans l'espace et ne le trouvent plus!

C'était l'heure où la nuit fait descendre du ciel
Le silence et l'oubli, compagnons du sommeil;
Le fleuve, déroulant ses vagues fugitives,
Réfléchissait les feux allumés sur ses rives,

Ces feux abandonnés, dont les débris mouvants
Pâlissaient, renaissaient, mouraient au gré des vents;
D'une antique forêt le ténébreux ombrage
Couvrait au loin la plaine et bordait le rivage :
Là, sous l'abri sacré du chêne, aimé des Francs,
Clovis avait planté ses pavillons errants!
Les vents, par intervalle agitant les armures,
En tiraient dans la nuit de belliqueux murmures;
L'astre aux rayons d'argent, se levant dans les cieux,
Répandait sur le champ son jour mystérieux,
Et, se réfléchissant sur l'acier des trophées,
Jetait dans la forêt des lueurs étouffées :
Tels brillent dans la nuit, à travers les rameaux,
Les feux tremblants du ciel, réfléchis dans les eaux.

Le messager divin s'avance vers la tente
Où Clovis, qu'entourait sa garde vigilante,
Commençait à goûter les nocturnes pavots :
Clodomir et Lisois, compagnons du héros,
Debout devant la tente, appuyés sur leur lance,
Gardaient l'auguste seuil, et veillaient en silence.
Mais de la palme d'or qui brille dans sa main
L'ange en touchant leurs yeux les assoupit soudain :
Ils tombent; de leur main la lance échappe et roule,
Et sous son pied divin l'ange en passant les foule.

Du pavillon royal il franchit les degrés.
Sur la peau d'un lion, dont les ongles dorés
Retombaient aux deux bords de sa couche d'ivoire,
Clovis dormait, bercé par des songes de gloire.
L'ange, de sa beauté, de sa grâce étonné,
Contemple avec amour ce front prédestiné.
Il s'approche, il retient son haleine divine,
Et sur le lit du prince en souriant s'incline :
Telle une jeune mère, au milieu de la nuit,
De son lit nuptial sortant au moindre bruit,

Une lampe à la main, sur un pied suspendue,
Vole à son premier-né, tremblant d'être entendue,
Et, pour calmer l'effroi qui la faisait frémir,
En silence longtemps le regarde dormir!
Tel des ordres d'en haut l'exécuteur fidèle,
Se penchant sur Clovis, l'ombrageait de son aile.
Sur le front du héros il impose ses mains :
Soudain, par un pouvoir ignoré des humains,
Dénouant sans efforts les liens de la vie,
Des entraves des sens son âme se délie :
L'ange, qui la reçoit, dirige son essor,
Et le corps du héros paraît dormir encor!

Dans l'astre au front changeant, dont la forme inégale,
Grandissant, décroissant, mourant par intervalle,
Prête ou retire aux nuits ses limpides rayons,
L'Éternel étendit d'immenses régions,
Où, des êtres réels images symboliques,
Les songes ont bâti leurs palais fantastiques.
Sortis demi-formés des mains du Tout-Puissant,
Ils tiennent à la fois de l'être et du néant;
Un souffle aérien est toute leur essence,
Et leur vie est à peine une ombre d'existence :
Aucune forme fixe, aucun contour précis,
N'indiquèrent jamais ces êtres indécis;
Mais ils sont, aux regards du Dieu qui les fit naître,
L'image du possible et les ombres de l'être!
La matière et le temps sont soumis à leurs lois.
Revêtus tour à tour de formes de leur choix,
Tantôt de ce qui fut ils rendent les images;
Et tantôt, s'élançant dans le lointain des âges,
Tous les êtres futurs, au néant arrachés,
Apparaissent d'avance en leurs jeux ébauchés.

Quand la nuit des mortels a fermé la paupière,
Sur les pâles rayons de l'astre du mystère

Ils glissent en silence, et leurs nombreux essaims
Ravissent au sommeil les âmes des humains,
Et, les portant d'un trait à leurs palais magiques,
Font éclore à leurs yeux des mondes fantastiques.
De leur globe natal les divers éléments,
Subissant à leur voix d'éternels changements,
Ne sont jamais fixés dans des formes prescrites,
Ne connaissent ni lois, ni repos, ni limites;
Mais sans cesse en travail, l'un par l'autre pressés,
Séparés, confondus, attirés, repoussés,
Comme les flots mouvants d'une mer en furie,
Leur forme insaisissable à chaque instant varie :
Où des fleuves coulaient, où mugissaient des mers,
Des sommets escarpés s'élancent dans les airs;
Soudain dans les vallons les montagnes descendent,
Sur leurs flancs décharnés des champs féconds

                              [s'étendent,

Qui, changés aussitôt en immenses déserts,
S'abîment à grand bruit dans des gouffres ouverts!
Des cités, des palais et des temples superbes
S'élèvent, et soudain sont cachés sous les herbes;
Tout change, et les cités, et les monts et les eaux,
S'y déroulent sans terme en horizons nouveaux :
Tel roulait le chaos dans les déserts du vide,
Lorsque Dieu séparant la terre du fluide,
De la confusion des éléments divers
Son regard créateur vit sortir l'univers!

C'est là qu'Ithuriel, sur son aile brillante,
Du héros endormi portait l'âme tremblante.
À peine il a touché ces bords mystérieux,
L'ombre de l'avenir éclôt devant ses yeux!
L'ange l'y précipite; et son âme étonnée
Parcourt en un clin d'œil l'immense destinée!

. . . .
. . . .
. . . .

XV

CONSOLATION

Quand le Dieu qui me frappe, attendri par mes larmes,
De mon cœur oppressé soulève un peu sa main,
Et, donnant quelque trêve à mes longues alarmes,
Laisse tarir mes yeux et respirer mon sein;

Soudain, comme le flot refoulé du rivage
Aux bords qui l'ont brisé revient en gémissant,
Ou comme le roseau, vain jouet de l'orage,
Qui plie et rebondit sous la main du passant,

Mon cœur revient à Dieu, plus docile et plus tendre,
Et de ses châtiments perdant le souvenir,
Comme un enfant soumis n'ose lui faire entendre
Qu'un murmure amoureux pour se plaindre et bénir!

Que le deuil de mon âme était lugubre et sombre!
Que de nuits sans pavots, que de jours sans soleil!
Que de fois j'ai compté les pas du temps dans l'ombre,
Quand les heures passaient sans mener le sommeil!

Mais loin de moi ces temps! que l'oubli les dévore!
Ce qui n'est plus pour l'homme a-t-il jamais été?
Quelques jours sont perdus; mais le bonheur encore,
Peut fleurir sous mes yeux comme une fleur d'été!

Tous les jours sont à toi! que t'importe leur nombre?
Tu dis : le temps se hâte, ou revient sur ses pas;
Eh! n'es-tu pas celui qui fit reculer l'ombre
Sur le cadran rempli d'un roi que tu sauvas?

Si tu voulais! ainsi le torrent de ma vie,
À sa source aujourd'hui remontant sans efforts,
Nourrirait de nouveau ma jeunesse tarie,
Et de ses flots vermeils féconderait ses bords;

Ces cheveux dont la neige, hélas! argente à peine
Un front où la douleur a gravé le passé,
S'ombrageraient encor de leur touffe d'ébène,
Aussi pur que la vague où le cygne a passé!

L'amour ranimerait l'éclat de ces prunelles,
Et ce foyer du cœur, dans les yeux répété,
Lancerait de nouveau ces chastes étincelles
Qui d'un désir craintif font rougir la beauté!

Dieu! laissez-moi cueillir cette palme féconde,
Et dans mon sein ravi l'emporter pour toujours,
Ainsi que le torrent emporte dans son onde
Les roses de Saron qui parfument son cours!

Quand pourrai-je la voir sur l'enfant qui repose
S'incliner doucement dans le calme des nuits?
Quand verrai-je ses fils de leurs lèvres de rose
Se suspendre à son sein comme l'abeille aux lis!

À l'ombre du figuier, près du courant de l'onde,
Loin de l'œil de l'envie et des pas du pervers,
Je bâtirai pour eux un nid parmi le monde,
Comme sur un écueil l'hirondelle des mers!

Là, sans les abreuver à ces sources amères
Où l'humaine sagesse a mêlé son poison,
De ma bouche fidèle aux leçons de mes pères,
Pour unique sagesse ils apprendront ton nom!

Là je leur laisserai, pour unique héritage,
Tout ce qu'à ses petits laisse l'oiseau du ciel,

L'eau pure du tòrrent, un nid sous le feuillage,
Les fruits tombés de l'arbre, et ma place au soleil!

Alors, le front chargé de guirlandes fanées,
Tel qu'un vieux olivier parmi ses rejetons,
Je verrai de mes fils les brillantes années
Cacher mon tronc flétri sous leurs jeunes festons!

Alors j'entonnerai l'hymne de ma vieillesse,
Et, convive enivré des vins de ta bonté,
Je passerai la coupe aux mains de la jeunesse,
Et je m'endormirai dans ma félicité!

XVI

LES PRÉLUDES[1]

La nuit, pour rafraîchir la nature embrasée,
De ses cheveux d'ébène exprimant la rosée,
Pose au sommet des monts ses pieds silencieux,
Et l'ombre et le sommeil descendent sur mes yeux :
C'était l'heure où jadis!... Mais aujourd'hui mon âme,
Comme un feu dont le vent n'excite plus la flamme,
Fait pour se ranimer un inutile effort,
Retombe sur soi-même, et languit et s'endort!
Que ce calme lui pèse! Ô lyre! ô mon génie!
Musique intérieure, ineffable harmonie,
Harpes, que j'entendais résonner dans les airs
Comme un écho lointain des célestes concerts,
Pendant qu'il en est temps, pendant qu'il vibre encore,
Venez, venez bercer ce cœur qui vous implore.
Et toi qui donnes l'âme à mon luth inspiré,
Esprit capricieux, viens, prélude à ton gré!

Il descend! il descend! La harpe obéissante
A frémi mollement sous son vol cadencé,
     Et de la corde frémissante
Le souffle harmonieux dans mon âme a passé!

———

    L'onde qui baise ce rivage,
    De quoi se plaint-elle à ses bords?
    Pourquoi le roseau sur la plage,
    Pourquoi le ruisseau sous l'ombrage
    Rendent-ils de tristes accords?

    De quoi gémit la tourterelle
    Quand, dans le silence des bois,
    Seule auprès du ramier fidèle,
    L'Amour fait palpiter son aile,
    Les baisers étouffent sa voix?

    Et toi, qui mollement te livre
    Au doux sourire du bonheur,
    Et du regard dont tu m'enivre,
    Me fais mourir, me fais revivre,
    De quoi te plains-tu sur mon cœur?

    Plus jeune que la jeune aurore,
    Plus limpide que ce flot pur,
    Ton âme au bonheur vient d'éclore,
    Et jamais aucun souffle encore
    N'en a terni le vague azur.

    Cependant, si ton cœur soupire
    De quelque poids mystérieux,
    Sur tes traits si la joie expire,
    Et si tout près de ton sourire
    Brille une larme dans tes yeux,

Hélas! c'est que notre faiblesse,
Pliant sous sa félicité
Comme un roseau qu'un souffle abaisse,
Donne l'accent de la tristesse
Même au cri de la volupté;

Ou bien peut-être qu'avertie
De la fuite de nos plaisirs,
L'âme en extase anéantie
Se réveille et sent que la vie
Fuit dans chacun de nos soupirs.

Ah! laisse le zéphire avide
À leur source arrêter tes pleurs;
Jouissons de l'heure rapide :
Le temps fuit, mais son flot limpide
Du ciel réfléchit les couleurs.

Tout naît, tout passe, tout arrive
Au terme ignoré de son sort :
À l'Océan l'onde plaintive,
Aux vents la feuille fugitive,
L'aurore au soir, l'homme à la mort.

Mais qu'importe, ô ma bien-aimée!
Le terme incertain de nos jours?
Pourvu que sur l'onde calmée,
Par une pente parfumée,
Le temps nous entraîne en son cours;

Pourvu que, durant le passage,
Couché dans tes bras à demi,
Les yeux tournés vers ton image,
Sans le voir, j'aborde au rivage
Comme un voyageur endormi.

Le flot murmurant se retire
Du rivage qu'il a baisé,
La voix de la colombe expire,
Et le voluptueux zéphire
Dort sur le calice épuisé.

Embrassons-nous, mon bien suprême,
Et sans rien reprocher aux dieux,
Un jour de la terre où l'on aime
Évanouissons-nous de même
En un soupir mélodieux.

Non, non, brise à jamais cette corde amollie!
Mon cœur ne répond plus à ta voix affaiblie.
L'amour n'a pas de sons qui puissent l'exprimer :
Pour révéler sa langue, il faut, il faut aimer.
Un seul soupir du cœur que le cœur nous renvoie,
Un œil demi-voilé par des larmes de joie,
Un regard, un silence, un accent de sa voix,
Un mot toujours le même et répété cent fois,
Ô lyre! en disent plus que ta vaine harmonie,
L'amour est à l'amour, le reste est au génie.
Si tu veux que mon cœur résonne sous ta main,
Tire un plus mâle accord de tes fibres d'airain.

———

J'entends, j'entends de loin comme une voix qui gronde;
Un souffle impétueux fait frissonner les airs,
　　Comme l'on voit frissonner l'onde
Quand l'aigle, au vol pesant, rase le sein des mers.

———

Eh! qui m'emportera sur des flots sans rivages?
Quand pourrai-je, la nuit, aux clartés des orages,
Sur un vaisseau sans mâts, au gré des aquilons,
Fendre de l'Océan les liquides vallons?

M'engloutir dans leur sein, m'élancer sur leurs cimes,
Rouler avec la vague, au fond des noirs abîmes?
Et, revomi cent fois par les gouffres amers,
Flotter comme l'écume, au vaste sein des mers?
D'effroi, de volupté, tour à tour éperdue,
Cent fois entre la vie et la mort suspendue,
Peut-être que mon âme, au sein de ces horreurs,
Pourrait jouir au moins de ses propres terreurs;
Et, prête à s'abîmer dans la nuit qu'elle ignore,
À la vie un moment se reprendrait encore,
Comme un homme roulant des sommets d'un rocher,
De ses bras tout sanglants cherche à s'y rattacher.
Mais toujours repasser par une même route,
Voir ses jours épuisés s'écouler goutte à goutte;
Mais suivre pas à pas dans l'immense troupeau
Ces générations, inutile fardeau,
Qui meurent pour mourir, qui vécurent pour vivre,
Et dont chaque printemps la terre se délivre,
Comme dans nos forêts le chêne avec mépris
Livre aux vents des hivers ses feuillages flétris;
Sans regrets, sans espoir, avancer dans la vie
Comme un vaisseau qui dort sur une onde assoupie;
Sentir son âme usée en impuissant effort
Se ronger lentement sous la rouille du sort;
Penser sans découvrir, aspirer sans atteindre,
Briller sans éclairer, et pâlir sans s'éteindre :
Hélas! tel est mon sort et celui des humains!
Nos pères ont passé par les mêmes chemins.
Chargés du même sort, nos fils prendront nos places.
Ceux qui ne sont pas nés y trouveront leurs traces.
Tout s'use, tout périt, tout passe : mais, hélas!
Excepté les mortels, rien ne change ici-bas!

———

Toi qui rendais la force à mon âme affligée,
Esprit consolateur, que ta voix est changée!

On dirait qu'on entend, au séjour des douleurs,
Rouler, à flots plaintifs, le sourd torrent des pleurs.
Pourquoi gémir ainsi, comme un souffle d'orage,
À travers les rameaux qui pleurent leur feuillage?
Pourquoi ce vain retour vers la félicité?
Quoi donc! ce qui n'est plus a-t-il jamais été?
Faut-il que le regret, comme une ombre ennemie,
Vienne s'asseoir sans cesse au festin de la vie?
Et d'un regard funèbre effrayant les humains,
Fasse tomber toujours les coupes de leurs mains?
Non : de ce triste aspect que ta voix me délivre!
Oublions, oublions : c'est le secret de vivre.
Viens; chante, et du passé détournant mes regards
Précipite mon âme au milieu des hasards!

———

De quels sons belliqueux mon oreille est frappée!
C'est le cri du clairon, c'est la voix du coursier;
    La corde de sang trempée
    Retentit comme l'épée
    Sur l'orbe du bouclier.

———

La trompette a jeté le signal des alarmes :
Aux armes! et l'écho répète au loin : Aux armes!
Dans la plaine soudain les escadrons épars,
Plus prompts que l'aquilon, fondent de toutes parts;
Et sur les flancs épais des légions mortelles
S'étendent tout à coup comme deux sombres ailes.
Le coursier, retenu par un frein impuissant,
Sur ses jarrets pliés s'arrête en frémissant;
La foudre dort encore, et sur la foule immense,
Plane, avec la terreur, un lugubre silence :
On n'entend que le bruit de cent mille soldats,
Marchant comme un seul homme au-devant du trépas.
Les roulements des chars, les coursiers qui hennissent,

Les ordres répétés qui dans l'air retentissent,
Ou le bruit des drapeaux soulevés par les vents,
Qui, sur les camps rivaux flottant à plis mouvants,
Tantôt semblent, enflés d'un souffle de victoire,
Vouloir voler d'eux-même au-devant de la gloire,
Et tantôt retombant le long des pavillons,
De leurs funèbres plis couvrir leurs bataillons.

Mais sur le front des camps déjà les bronzes grondent,
Ces tonnerres lointains se croisent, se répondent;
Des tubes enflammés² la foudre avec effort
Sort, et frappe en sifflant comme un souffle de mort;
Le boulet dans les rangs laisse une large trace.
Ainsi qu'un laboureur qui passe et qui repasse,
Et, sans se reposer déchirant le vallon,
À côté du sillon creuse un autre sillon :
Ainsi le trait fatal dans les rangs se promène
Et comme des épis les couche dans la plaine.
Ici tombe un héros moissonné dans sa fleur,
Superbe et l'œil brillant d'orgueil et de valeur.
Sur son casque ondulant, d'où jaillit la lumière,
Flotte d'un noir coursier l'ondoyante crinière :
Ce casque éblouissant sert de but au trépas;
Par la foudre frappé d'un coup qu'il ne sent pas,
Comme un faisceau d'acier il tombe sur l'arène;
Son coursier bondissant, qui sent flotter la rêne,
Lance un regard oblique à son maître expirant,
Revient, penche sa tête et le flaire en pleurant.
Là, tombe un vieux guerrier qui, né dans les alarmes,
Eut les camps pour patrie, et pour amours, ses armes.
Il ne regrette rien que ses chers étendards,
Et les suit en mourant de ses derniers regards...
La mort vole au hasard dans l'horrible carrière :
L'un périt tout entier; l'autre, sur la poussière,
Comme un tronc dont la hache a coupé les rameaux,
De ses membres épars voit voler les lambeaux,

Et, se traînant encor sur la terre humectée,
Marque en ruisseaux de sang sa trace ensanglantée.
Le blessé que la mort n'a frappé qu'à demi
Fuit en vain, emporté dans les bras d'un ami :
Sur le sein l'un de l'autre ils sont frappés ensemble
Et bénissent du moins le coup qui les rassemble.
Mais de la foudre en vain les livides éclats
Pleuvent sur les deux camps; d'intrépides soldats,
Comme la mer qu'entrouvre une proue écumante
Se referme soudain sur sa trace fumante,
Sur les rangs écrasés formant de nouveaux rangs,
Viennent braver la mort sur les corps des mourants!...
Cependant, las d'attendre un trépas sans vengeance,
Les deux camps à la fois (l'un sur l'autre s'élance)
Se heurtent, et du choc ouvrant leurs bataillons,
Mêlent en tournoyant leurs sanglants tourbillons!
Sous le poids des coursiers les escadrons s'entrouvrent,
D'une voûte d'airain les rangs pressés se couvrent,
Les feux croisent les feux, le fer frappe le fer;
Les rangs entre-choqués lancent un seul désir :
Le salpêtre, au milieu des torrents de fumée,
Brille et court en grondant sur la ligne enflammée,
Et d'un nuage épais enveloppant leur sort,
Cache encore à nos yeux la victoire ou la mort.
Ainsi quand deux torrents dans deux gorges profondes
Dans le lit trop étroit qu'ils vont se disputer
Viennent au même instant tomber et se heurter,
Le flot choque le flot, les vagues courroucées
Rejaillissent au loin par les vagues poussées,
D'une poussière humide obscurcissent les airs,
Du fracas de leur chute ébranlent les déserts,
Et portant leur fureur au lit qui les rassemble,
Tout en s'y combattant leurs flots roulent ensemble.

. . . .

Mais la foudre se tait. Écoutez!... Des concerts
De cette plaine en deuil s'élèvent dans les airs :

La harpe, le clairon, la joyeuse cymbale,
Mêlant leurs voix d'airain, montent par intervalle,
S'éloignent par degrés, et sur l'aile des vents
Nous jettent leurs accords, et les cris des mourants!...
De leurs brillants éclats les coteaux retentissent,
Le cœur glacé s'arrête, et tous les sens frémissent,
Et dans les airs pesants que le son vient froisser
On dirait qu'on entend l'âme des morts passer!
Tout à coup le soleil, dissipant le nuage,
Éclaire avec horreur la scène du carnage;
Et son pâle rayon, sur la terre glissant,
Découvre à nos regards de longs ruisseaux de sang,
Des coursiers et des chars brisés dans la carrière,
Des membres mutilés épars sur la poussière,
Les débris confondus des armes et des corps,
Et les drapeaux jetés sur des monceaux de morts!
. . . .
Accourez maintenant, amis, épouses, mères!
Venez compter vos fils, vos amants et vos frères!
Venez sur ces débris disputer aux vautours
L'espoir de vos vieux ans, le fruit de vos amours!
Que de larmes sans fin sur eux vont se répandre!
Dans vos cités en deuil, que de cris vont s'entendre,
Avant qu'avec douleur la terre ait reproduit,
Misérables mortels, ce qu'un jour a détruit!
Mais au sort des humains la nature insensible
Sur leurs débris épars suivra son cours paisible :
Demain, la douce aurore, en se levant sur eux,
Dans leur acier sanglant réfléchira ses feux;
Le fleuve lavera sa rive ensanglantée,
Les vents balayeront leur poussière infectée,
Et le sol, engraissé de leurs restes fumants,
Cachera sous des fleurs leurs pâles ossements!

———

Silence, esprit de feu! Mon âme épouvantée
Suit le frémissement de ta corde irritée,

Et court en frissonnant sur tes pas belliqueux,
Comme un char emporté par deux coursiers fougueux;
Mais mon œil attristé de ces sombres images
Se détourne en pleurant vers de plus doux rivages;
N'as-tu point sur ta lyre un chant consolateur?
N'as-tu pas entendu la flûte du pasteur?
Quand seul, assis en paix sous le pampre qui plie,
Il charme par ses airs les heures qu'il oublie,
Et que l'écho des bois, ou le fleuve en coulant,
Porte de saule en saule un son plaintif et lent?
Souvent pour l'écouter, le soir, sur la colline,
Du côté de ses chants mon oreille s'incline,
Mon cœur, par un soupir soulagé de son poids,
Dans un monde étranger se perd avec la voix;
Et je sens par moments, sur mon âme calmée,
Passer avec le son une brise embaumée,
Plus douce qu'à mes sens l'ombre des arbrisseaux,
Ou que l'air rafraîchi qui sort du lit des eaux.

———

Un vent caresse ma lyre
Comme l'aile d'un oiseau,
Sa voix dans le cœur expire,
Et l'humble corde soupire
Comme un flexible roseau!

———

Ô vallons paternels! doux champs! humble chaumière,
Aux bords penchants des bois suspendus aux coteaux,
Dont l'humble toit, caché sous des touffes de lierre,
     Ressemble au nid sous les rameaux!

Gazons entrecoupés de ruisseaux et d'ombrages,
Seuil antique où mon père, adoré comme un roi,
Comptait ses gras troupeaux rentrant des pâturages,
     Ouvrez-vous! ouvrez-vous! c'est moi.

Voilà du dieu des champs la rustique demeure.
J'entends l'airain frémir au sommet de ses tours;
Il semble que dans l'air une voix qui me pleure
    Me rappelle à mes premiers jours!

Oui, je reviens à toi, berceau de mon enfance,
Embrasser pour jamais tes foyers protecteurs;
Loin de moi les cités et leur vaine opulence,
    Je suis né parmi les pasteurs!

Enfant, j'aimais, comme eux, à suivre dans la plaine
Les agneaux pas à pas, égarés jusqu'au soir;
À revenir, comme eux, baigner leur tendre laine
    Dans l'eau courante du lavoir;

J'aimais à me suspendre aux lianes légères,
À gravir dans les airs de rameaux en rameaux,
Pour ravir, le premier, sous l'aile de leurs mères
    Les tendres œufs des tourtereaux;

J'aimais les voix du soir dans les airs répandues,
Le bruit lointain des chars gémissant sous leur poids,
Et le sourd tintement des cloches suspendues
    Au cou des chevreaux, dans les bois;

Et depuis, exilé de ces douces retraites,
Comme un vase imprégné d'une première odeur,
Toujours, loin des cités, des voluptés secrètes
    Entraînaient mes yeux et mon cœur.

Beaux lieux, recevez-moi sous vos sacrés ombrages!
Vous qui couvrez le seuil de rameaux éplorés,
Saules contemporains, courbez vos longs feuillages
    Sur le frère que vous pleurez.

Reconnaissez mes pas, doux gazons que je foule,
Arbres, que dans mes jeux j'insultais autrefois,
Et toi qui, loin de moi, te cachais à la foule,
      Triste écho, réponds à ma voix.

Je ne viens pas traîner, dans vos riants asiles,
Les regrets du passé, les songes du futur :
J'y viens vivre; et, couché sous vos berceaux fertiles,
      Abriter mon repos obscur.

S'éveiller, le cœur pur, au réveil de l'aurore,
Pour bénir, au matin, le Dieu qui fait le jour;
Voir les fleurs du vallon sous la rosée éclore
      Comme pour fêter son retour;

Respirer les parfums que la colline exhale,
Ou l'humide fraîcheur qui tombe des forêts;
Voir onduler de loin l'haleine matinale
      Sur le sein flottant des guérets;

Conduire la génisse à la source qu'elle aime,
Ou suspendre la chèvre au cytise embaumé,
Ou voir ses blancs taureaux venir tendre d'eux-mêmes
      Leur front au joug accoutumé;

Guider un soc tremblant dans le sillon qui crie,
Du pampre domestique émonder les berceaux,
Ou creuser mollement, au sein de la prairie,
      Les lits murmurants des ruisseaux;

Le soir, assis en paix au seuil de la chaumière,
Tendre au pauvre qui passe un morceau de son pain;
Et, fatigué du jour, y fermer sa paupière
      Loin des soucis du lendemain;

Sentir, sans les compter, dans leur ordre paisible,
Les jours suivre les jours, sans faire plus de bruit

Que ce sable léger dont la fuite insensible
    Nous marque l'heure qui s'enfuit;

Voir, de vos doux vergers, sur vos fronts les fruits pendre;
Les fruits d'un chaste amour dans vos bras accourir;
Et sur eux appuyé doucement redescendre :
    C'est assez pour qui doit mourir.

. . . .

Le chant meurt, la voix tombe : adieu, divin Génie!
Remonte au vrai séjour de la pure harmonie :
Tes chants ont arrêté les larmes dans mes yeux.
Je lui parlais encore... il était dans les cieux.

XVII

L'APPARITION DE L'OMBRE DE SAMUEL
À SAÜL

FRAGMENT DRAMATIQUE

SAÜL, LA PYTHONISSE D'ENDOR

SAÜL, *seul*.

Peut-être... Puisqu'enfin je puis le consulter,
Le Ciel peut-être, est las de me persécuter?
À mes yeux dessillés la vérité va luire :
Mais au livre du sort, ô Dieu! que vont-ils lire?...
De ce livre fatal qui s'explique trop tôt,
Chaque jour, chaque instant, hélas! révèle un mot.
Pourquoi donc devancer le temps qui nous l'apporte?
Pourquoi, dans cet abîme, avant l'heure...? N'importe,
C'est trop, c'est trop longtemps attendre dans la nuit
Les invisibles coups du bras qui me poursuit!

J'aime mieux, déroulant la trame infortunée,
Y lire, d'un seul trait, toute ma destinée!

(La Pythonisse d'Endor entre sur la scène.)

Est-ce toi qui, portant l'avenir dans ton sein,
Viens, au roi d'Israël, annoncer son destin?

LA PYTHONISSE

C'est moi.

SAÜL

Qui donc es-tu?

LA PYTHONISSE

La voix du Dieu suprême.

SAÜL

Tremble de me tromper!

LA PYTHONISSE

Saül, tremble toi-même!

SAÜL

Eh bien! qu'apportes-tu?

LA PYTHONISSE

Ton arrêt!

SAÜL

Parle.

LA PYTHONISSE

Ô Ciel!

Pourquoi m'as-tu choisie entre tout Israël?
Mon cœur est faible, ô Ciel! et mon sexe est timide.

Choisis, pour ton organe, un sein plus intrépide;
Pour annoncer au roi tes divines fureurs,
Qui suis-je?

SAÜL, *étonné*

Eh quoi! tu trembles et tu verses des pleurs!
Quoi! ministre du Ciel, tu n'es plus qu'une femme!

LA PYTHONISSE

Détruis donc, ô mon Dieu, la pitié dans mon âme!

SAÜL

Par tes feintes terreurs penses-tu m'ébranler?

LA PYTHONISSE

Mais ma bouche, ô mon roi! se refuse à parler.

SAÜL, *avec colère.*

Tes lenteurs, à la fin, lassent ma patience :
Parle, si tu le peux, ou sors de ma présence!

LA PYTHONISSE

Que ne puis-je sortir, emportant avec moi
Tout ce qu'ici je viens prophétiser sur toi!
Mais un dieu me retient, me pousse, me ramène;
Je ne puis résister à son bras qui m'entraîne.
Oui, je sens ta présence, ô dieu persécuteur!
Et ta fureur divine a passé dans mon cœur.

(Avec plus d'horreur.)

Mais quel rayon sanglant vient frapper ma paupière!
Mon œil épouvanté cherche et fuit la lumière!
Silence!... l'avenir ouvre ses noirs secrets!
Quel chaos de malheurs, de vertus, de forfaits!
Dans la confusion je les vois tous ensemble!
Comment, comment saisir le fil qui les rassemble?

Saül... Michol... David... Malheureux Jonathas!
Arrête! arrête, ô roi! ne m'interroge pas.

SAÜL, *tremblant.*

Que dis-tu de David, de Jonathas? achève!

LA PYTHONISSE, *montrant une ombre du doigt.*

Oui, l'ombre se dissipe et le voile se lève :
C'est lui!...

SAÜL

Qui donc?

LA PYTHONISSE
David!...

SAÜL
Eh bien?

LA PYTHONISSE

Il est vainqueur!
Quel triomphe! Ô David! que d'éclat t'environne!
Que vois-je sur ton front?

SAÜL
Achève!

LA PYTHONISSE

Une couronne!...
SAÜL
Perfide! qu'as-tu dit? lui, David, couronné?

LA PYTHONISSE, *avec tristesse.*

Hélas! et tu péris, jeune homme infortuné!
Et pour pleurer ton sort, belle et tendre victime,

Les palmiers de Cadès ont incliné leur cime!...
Grâce! grâce, ô mon Dieu! détourne tes fureurs!
Saül a bien assez de ses propres malheurs!...
Mais la mort l'a frappé, sans pitié pour ses charmes,
Hélas! et David même en a versé des larmes!...

SAÜL

Silence! c'est assez : j'en ai trop écouté.

LA PYTHONISSE

Saül, pour tes forfaits ton fils est rejeté.
D'un prince condamné Dieu détourne sa face,
D'un souffle de sa bouche il dissipe sa race :
Le sceptre est arraché!...

SAÜL, *l'interrompant avec violence.*

Tais-toi, dis-je, tais-toi!

LA PYTHONISSE

Saül, Saül, écoute un Dieu plus fort que moi!
Le sceptre est arraché de tes mains sans défense;
Le sceptre dans Juda passe avec ta puissance,
Et ces biens, par Dieu même, à ta race promis,
Transportés à David, passent tous à ses fils.
Que David est brillant! que son triomphe est juste!
Qu'il sort de rejetons de cette tige auguste!
Que vois-je? un Dieu lui-même...! Ô vierges du saint
lieu!
Chantez, chantez David! David enfante un Dieu!...

SAÜL

Ton audace à la fin a comblé la mesure :
Va, tout respire en toi la fourbe et l'imposture.
Dieu m'a promis le trône, et Dieu ne trompe pas.

LA PYTHONISSE

Dieu promet ses fureurs à des princes ingrats.

SAÜL

Crois-tu qu'impunément ta bouche ici m'outrage?

LA PYTHONISSE

Crois-tu faire d'un Dieu varier le langage?

SAÜL

Sais-tu quel sort t'attend? Sais-tu...?

LA PYTHONISSE

                       Ce que je sais,
C'est que ton propre bras va punir tes forfaits;
Et qu'avant que des cieux le flambeau se retire,
Un Dieu justifiera tout ce qu'un Dieu m'inspire.
Adieu, malheureux père! adieu, malheureux roi!

    (Elle se retire, Saül la retient par force.)

SAÜL

Non, non, perfide, arrête! écoute, et réponds-moi.
C'est souffrir trop longtemps l'insolence et l'injure :
Je veux convaincre ici ta bouche d'imposture.
Si le Ciel à tes yeux a su les révéler,
Quels sont donc ces forfaits dont tu m'oses parler?

LA PYTHONISSE

L'ombre les a couverts, l'ombre les couvre encore,
Saül! Mais le Ciel voit ce que la terre ignore.
Ne tente pas le Ciel.

SAÜL

            Non : parle si tu sais.

LA PYTHONISSE

L'ombre de Samuel te dira ces forfaits...

SAÜL

Samuel! Samuel! Eh quoi! que veux-tu dire?

LA PYTHONISSE

Toi-même, en traits de sang, ne peux-tu pas le lire?

SAÜL

Eh bien, qu'a de commun ce Samuel et moi?

LA PYTHONISSE

Qui plongea dans son sein ce fer sanglant?

SAÜL

Qui?

LA PYTHONISSE

Toi!

SAÜL, *furieux et se précipitant sur elle avec sa lance.*

Monstre, qu'a trop longtemps épargné ma clémence,
Ton audace à la fin appelle ma vengeance!

(Prêt à la frapper.)

Tiens; va dire à ton Dieu, va dire à Samuel,
Comment Saül punit ton imposture...

*(Au moment où il va frapper, il voit l'ombre de Samuel,
il laisse tomber la lance, il recule.)*

Ô Ciel!

Ciel! que vois-je? C'est toi! c'est ton ombre sanglante!
Quel regard!... Son aspect m'a glacé d'épouvante!
Pardonne, ombre fatale! oh! pardonne! oui, c'est moi,
C'est moi qui t'ai porté tous ces coups que je vois!
Quoi! depuis si longtemps! quoi! ton sang coule encore!
Viens-tu pour le venger?... Tiens...

(Il découvre sa poitrine et tombe à genoux.)

Mais il s'évapore!...

(La Pythonisse disparaît pendant ces derniers mots.)

XVIII

STANCES

Et j'ai dit dans mon cœur : Que faire de la vie?
Irai-je encor, suivant ceux qui m'ont devancé,
Comme l'agneau qui passe où sa mère a passé,
Imiter des mortels l'immortelle folie?

L'un cherche sur les mers les trésors de Memnom,
Et la vague engloutit ses vœux et son navire;
Dans le sein de la gloire où son génie aspire,
L'autre meurt enivré par l'écho d'un vain nom.

Avec nos passions formant sa vaste trame,
Celui-là fonde un trône, et monte pour tomber;
Dans des pièges plus doux aimant à succomber,
Celui-ci lit son sort dans les yeux d'une femme.

Le paresseux s'endort dans les bras de la faim;
Le laboureur conduit sa fertile charrue;
Le savant pense et lit, le guerrier frappe et tue;
Le mendiant s'assied sur les bords du chemin.

Où vont-ils cependant? Ils vont où va la feuille
Que chasse devant lui le souffle des hivers.
Ainsi vont se flétrir dans leurs travaux divers
Ces générations que le temps sème et cueille!

Ils luttaient contre lui, mais le temps a vaincu;
Comme un fleuve engloutit le sable de ses rives,
Je l'ai vu dévorer leurs ombres fugitives.
Ils sont nés, ils sont morts : Seigneur, ont-ils vécu?

Pour moi, je chanterai le maître que j'adore,
Dans le bruit des cités, dans la paix des déserts,
Couché sur le rivage, ou flottant sur les mers,
Au déclin du soleil, au réveil de l'aurore.

La terre m'a crié : Qui donc est le Seigneur?
Celui dont l'âme immense est partout répandue,
Celui dont un seul pas mesure l'étendue,
Celui dont le soleil emprunte sa splendeur;

Celui qui du néant a tiré la matière,
Celui qui sur le vide a fondé l'univers,
Celui qui sans rivage a renfermé les mers,
Celui qui d'un regard a lancé la lumière;

Celui qui ne connaît ni jour ni lendemain,
Celui qui de tout temps de soi-même s'enfante,
Qui vit dans l'avenir comme à l'heure présente,
Et rappelle les temps échappés de sa main :

C'est lui! c'est le Seigneur : que ma langue redise
Les cent noms de sa gloire aux enfants des mortels.
Comme la harpe d'or pendue à ses autels,
Je chanterai pour lui, jusqu'à ce qu'il me brise...

XIX

LA LIBERTÉ,
OU UNE NUIT À ROME

À Éli..., Duch. de Dev...

Comme l'astre adouci de l'antique Élysée,
Sur les murs dentelés du sacré Colysée,

L'astre des nuits, perçant des nuages épars,
Laisse dormir en paix ses longs et doux regards,
Le rayon qui blanchit ses vastes flancs de pierre,
En glissant à travers les pans flottants du lierre,
Dessine dans l'enceinte un lumineux sentier;
On dirait le tombeau d'un peuple tout entier,
Où la mémoire, errante après des jours sans nombre,
Dans la nuit du passé viendrait chercher une ombre.

Ici, de voûte en voûte élevé dans les cieux,
Le monument debout défie encor les yeux;
Le regard égaré dans ce dédale oblique,
De degrés en degrés, de portique en portique,
Parcourt en serpentant ce lugubre désert,
Fuit, monte, redescend, se retrouve et se perd.
Là, comme un front penché sous le poids des années,
La ruine, abaissant ses voûtes inclinées,
Tout à coup se déchire en immenses lambeaux,
Pend comme un noir rocher sur l'abîme des eaux;
Ou des vastes hauteurs de son faîte superbe
Descendant par degrés jusqu'au niveau de l'herbe,
Comme un coteau qui meurt sous les fleurs du vallon,
Vient mourir à nos pieds sur des lits de gazon.
Sur les flancs décharnés de ces sombres collines,
Des forêts dans les airs ont jeté leurs racines :
Là, le lierre jaloux de l'immortalité,
Triomphe en possédant ce que l'homme a quitté;
Et pareil à l'oubli, sur ces murs qu'il enlace,
Monte de siècle en siècle aux sommets qu'il efface.
Le buis, l'if immobile, et l'arbre des tombeaux,
Dressent en frissonnant leurs funèbres rameaux,
Et l'humble giroflée, aux lambris suspendue,
Attachant ses pieds d'or dans la pierre fendue,
Et balançant dans l'air ses longs rameaux flétris,
Comme un doux souvenir fleurit sur des débris.
Aux sommets escarpés du fronton solitaire,

L'aigle à la frise étroite a suspendu son aire :
Au bruit sourd de mes pas, qui troublent son repos,
Il jette un cri d'effroi, grossi par mille échos,
S'élance dans le ciel, en redescend, s'arrête,
Et d'un vol menaçant plane autour de ma tête.
Du creux des monuments, de l'ombre des arceaux,
Sortent en gémissant de sinistres oiseaux :
Ouvrant en vain dans l'ombre une ardente prunelle,
L'aveugle amant des nuits bat les murs de son aile;
La colombe, inquiète à mes pas indiscrets,
Descend, vole et s'abat de cyprès en cyprès,
Et sur les bords brisés de quelque urne isolée,
Se pose en soupirant comme une âme exilée.

Les vents, en s'engouffrant sous ces vastes débris,
En tirent des soupirs, des hurlements, des cris :
On dirait qu'on entend le torrent des années
Rouler sous ces arceaux ses vagues déchaînées,
Renversant, emportant, minant de jours en jours
Tout ce que les mortels ont bâti sur son cours.
Les nuages flottants dans un ciel clair et sombre,
En passant sur l'enceinte y font courir leur ombre,
Et tantôt, nous cachant le rayon qui nous luit,
Couvrent le monument d'une profonde nuit,
Tantôt, se déchirant sous un souffle rapide,
Laissent sur le gazon tomber un jour livide,
Qui, semblable à l'éclair, montre à l'œil ébloui
Ce fantôme debout du siècle évanoui;
Dessine en serpentant ses formes mutilées,
Les cintres verdoyants des arches écroulées,
Ses larges fondements sous nos pas entrouverts,
Et l'éternelle croix qui, surmontant le faîte,
Incline comme un mât battu par la tempête.

Rome! te voilà donc! Ô mère des Césars!
J'aime à fouler aux pieds tes monuments épars;

J'aime à sentir le temps, plus fort que ta mémoire,
Effacer pas à pas les traces de ta gloire!
L'homme serait-il donc de ses œuvres jaloux?
Nos monuments sont-ils plus immortels que nous?
Égaux devant le temps, non, ta ruine immense
Nous console du moins de notre décadence.
J'aime, j'aime à venir rêver sur ce tombeau,
À l'heure où de la nuit le lugubre flambeau
Comme l'œil du passé, flottant sur des ruines,
D'un pâle demi-deuil revêt tes sept collines,
Et, d'un ciel toujours jeune éclaircissant l'azur,
Fait briller les torrents sur les flancs de Tibur.
Ma harpe, qu'en passant l'oiseau des nuits effleure,
Sur tes propres débris te rappelle et te pleure,
Et jette aux flots du Tibre un cri de liberté,
Hélas! par l'écho même à peine répété.

« Liberté! nom sacré, profané par cet âge,
J'ai toujours dans mon cœur adoré ton image,
Telle qu'aux jours d'Émile et de Léonidas,
T'adorèrent jadis le Tibre et l'Eurotas;
Quand tes fils se levant contre la tyrannie,
Tu teignais leurs drapeaux du sang de Virginie,
Ou qu'à tes saintes lois glorieux d'obéir,
Tes trois cents immortels s'embrassaient pour mourir;
Telle enfin que d'Uri prenant ton vol sublime,
Comme un rapide éclair qui court de cime en cime,
Des rives du Léman aux rochers d'Appenzell,
Volant avec la mort sur la flèche de Tell,
Tu rassembles tes fils errants sur les montagnes,
Et, semblable au torrent qui fond sur leurs campa-
Tu purges à jamais d'un peuple d'oppresseurs [gnes,
Ces champs où tu fondas ton règne sur les mœurs!

« Alors!... mais aujourd'hui, pardonne à mon silence;
Quand ton nom, profané par l'infâme licence,

Du Tage à l'Éridan épouvantant les rois,
Fait crouler dans le sang les trônes et les lois;
Détournant leurs regards de ce culte adultère,
Tes purs adorateurs, étrangers sur la terre,
Voyant dans ces excès ton saint nom se flétrir,
Ne le prononcent plus... de peur de l'avilir.
Il fallait t'invoquer, quand un tyran superbe
Sous ses pieds teints de sang nous foulait comme
                                             [l'herbe,
En pressant sur son cœur le poignard de Caton.
Alors il était beau de confesser ton nom :
La palme des martyrs couronnait tes victimes,
Et jusqu'à leurs soupirs, tout leur était des crimes.
L'univers cependant, prosterné devant lui,
Adorait, ou tremblait!... L'univers, aujourd'hui,
Au bruit des fers brisés en sursaut se réveille.
Mais, qu'entends-je? et quels cris ont frappé mon
Esclaves et tyrans, opprimés, oppresseurs,   [oreille?
Quand tes droits ont vaincu, s'offrent pour tes
Insultant sans péril la tyrannie absente,   [vengeurs;
Ils poursuivent partout son ombre renaissante;
Et, de la vérité couvrant la faible voix,
Quand le peuple est tyran, ils insultent aux rois.

Tu règnes cependant sur un siècle qui t'aime,
Liberté; tu n'as rien à craindre que toi-même.
Sur la pente rapide où roule en paix ton char,
Je vois mille Brutus... mais où donc est César? »

XX

ADIEUX À LA MER

Naples, 1822.

Murmure autour de ma nacelle,
Douce mer dont les flots chéris,
Ainsi qu'une amante fidèle,
Jettent une plainte éternelle
Sur ces poétiques débris.

Que j'aime à flotter sur ton onde,
À l'heure où du haut du rocher
L'oranger, la vigne féconde,
Versent sur ta vague profonde
Une ombre propice au nocher!

Souvent, dans ma barque sans rame,
Me confiant à ton amour,
Comme pour assoupir mon âme,
Je ferme au branle de ta lame
Mes regards fatigués du jour.

Comme un coursier souple et docile
Dont on laisse flotter le mors,
Toujours, vers quelque frais asile,
Tu pousses ma barque fragile
Avec l'écume de tes bords.

Ah! berce, berce, berce encore,
Berce pour la dernière fois,
Berce cet enfant qui t'adore,
Et qui depuis sa tendre aurore
N'a rêvé que l'onde et les bois!

Le Dieu qui décora le monde
De ton élément gracieux,
Afin qu'ici tout se réponde,
Fit les cieux pour briller sur l'onde,
L'onde pour réfléchir les cieux.

Aussi pur que dans ma paupière,
Le jour pénètre ton flot pur,
Et dans ta brillante carrière
Tu sembles rouler la lumière
Avec tes flots d'or et d'azur.

Aussi libre que la pensée,
Tu brises le vaisseau des rois,
Et dans ta colère insensée,
Fidèle au Dieu qui t'a lancée,
Tu ne t'arrêtes qu'à sa voix.

De l'infini sublime image,
De flots en flots l'œil emporté
Te suit en vain de plage en plage,
L'esprit cherche en vain ton rivage,
Comme ceux de l'éternité.

Ta voix majestueuse et douce
Fait trembler l'écho de tes bords,
Ou sur l'herbe qui te repousse,
Comme le zéphyr dans la mousse,
Murmure de mourants accords.

Que je t'aime, ô vague assouplie,
Quand, sous mon timide vaisseau,
Comme un géant qui s'humilie,
Sous ce vain poids l'onde qui plie
Me creuse un liquide berceau.

Que je t'aime quand, le zéphire
Endormi dans tes antres frais,
Ton rivage semble sourire
De voir dans ton sein qu'il admire
Flotter l'ombre de ses forêts!

Que je t'aime quand sur ma poupe
Des festons de mille couleurs,
Pendant au vent qui les découpe,
Te couronnent comme une coupe
Dont les bords sont voilés de fleurs!

Qu'il est doux, quand le vent caresse
Ton sein mollement agité,
De voir, sous ma main qui la presse,
Ta vague, qui s'enfle et s'abaisse
Comme le sein de la beauté!

Viens, à ma barque fugitive
Viens donner le baiser d'adieux;
Roule autour une voix plaintive,
Et de l'écume de ta rive
Mouille encor mon front et mes yeux.

Laisse sur ta plaine mobile
Flotter ma nacelle à son gré,
Ou sous l'antre de la sibylle,
Ou sur le tombeau de Virgile :
Chacun de tes flots m'est sacré.

Partout, sur ta rive chérie,
Où l'amour éveilla mon cœur,
Mon âme, à sa vue attendrie,
Trouve un asile, une patrie,
Et des débris de son bonheur,

Flotte au hasard : sur quelque plage
Que tu me fasses dériver,
Chaque flot m'apporte une image;
Chaque rocher de ton rivage
Me fait souvenir ou rêver...

XXI

LE CRUCIFIX

Toi que j'ai recueilli sur sa bouche expirante
Avec son dernier souffle et son dernier adieu,
Symbole deux fois saint, don d'une main mourante,
    Image de mon Dieu!

Que de pleurs ont coulé sur tes pieds, que j'adore,
Depuis l'heure sacrée où, du sein d'un martyr [1],
Dans mes tremblantes mains tu passas, tiède encore
    De son dernier soupir!

Les saints flambeaux jetaient une dernière flamme,
Le prêtre murmurait ces doux chants de la mort,
Pareils aux chants plaintifs que murmure une femme
    À l'enfant qui s'endort.
. . . .

De son pieux espoir son front gardait la trace,
Et sur ses traits frappés d'une auguste beauté
La douleur fugitive avait empreint sa grâce,
    La mort sa majesté.

Le vent qui caressait sa tête échevelée
Me montrait tour à tour ou me voilait ses traits,

Comme l'on voit flotter sur un blanc mausolée
    L'ombre des noirs cyprès.

Un de ses bras pendait de la funèbre couche,
L'autre, languissamment replié sur son cœur,
Semblait chercher encore et presser sur sa bouche
    L'image du Sauveur.

Ses lèvres s'entrouvraient pour l'embrasser encore.
Mais son âme avait fui dans ce divin baiser,
Comme un léger parfum que la flamme dévore
    Avant de l'embraser.

Maintenant tout dormait sur sa bouche glacée,
Le souffle se taisait dans son sein endormi,
Et sur l'œil sans regard la paupière affaissée
    Retombait à demi.

Et moi, debout, saisi d'une terreur secrète,
Je n'osais m'approcher de ce reste adoré,
Comme si du trépas la majesté muette
    L'eût déjà consacré.

Je n'osais!... mais le prêtre entendit mon silence,
Et, de ses doigts glacés prenant le crucifix :
« Voilà le souvenir, et voilà l'espérance :
    Emportez-les, mon fils! »

Oui, tu me resteras, ô funèbre héritage!
Sept fois[2] depuis ce jour l'arbre que j'ai planté
Sur sa tombe sans nom a changé son feuillage :
    Tu ne m'as pas quitté.

Placé près de ce cœur, hélas! où tout s'efface,
Tu l'as contre le temps défendu de l'oubli,
Et mes yeux, goutte à goutte, ont imprimé leur trace
    Sur l'ivoire amolli.

Ô dernier confident de l'âme qui s'envole,
Viens, reste sur mon cœur, parle encore, et dis-moi
Ce qu'elle te disait quand sa faible parole
     N'arrivait plus qu'à toi.

À cette heure douteuse, où l'âme recueillie,
Se cachant sous le voile épaissi sur nos yeux,
Hors de nos sens glacés pas à pas se replie,
     Sourde aux derniers adieux;

Alors qu'entre la vie et la mort incertaine,
Comme un fruit par son poids détaché du rameau,
Notre âme est suspendue et tremble à chaque haleine
     Sur la nuit du tombeau;

Quand des chants, des sanglots la confuse harmonie
N'éveille déjà plus notre esprit endormi,
Aux lèvres du mourant collé dans l'agonie,
     Comme un dernier ami;

Pour éclaircir l'horreur de cet étroit passage,
Pour relever vers Dieu son regard abattu,
Divin consolateur, dont nous baisons l'image,
     Réponds! Que lui dis-tu?

Tu sais, tu sais mourir! et tes larmes divines,
Dans cette nuit terrible où tu prias en vain,
De l'olivier sacré baignèrent les racines
     Du soir jusqu'au matin!

De la croix, où ton œil sonda ce grand mystère,
Tu vis ta mère en pleurs et la nature en deuil;
Tu laissas comme nous tes amis sur la terre,
     Et ton corps au cercueil!

Au nom de cette mort, que ma faiblesse obtienne
De rendre sur ton sein ce douloureux soupir:

Quand mon heure viendra, souviens-toi de la tienne,
  Ô toi qui sais mourir!

Je chercherai la place où sa bouche expirante
Exhala sur tes pieds l'irrévocable adieu,
Et son âme viendra guider mon âme errante
  Au sein du même Dieu!

Ah! puisse, puisse alors sur ma funèbre couche,
Triste et calme à la fois, comme un ange éploré,
Une figure en deuil recueillir sur ma bouche
  L'héritage sacré!

Soutiens ses derniers pas, charme sa dernière heure,
Et, gage consacré d'espérance et d'amour,
De celui qui s'éloigne à celui qui demeure
  Passe ainsi tour à tour!

Jusqu'au jour où, des morts perçant la voûte sombre,
Une voix dans le ciel les appelant sept fois,
Ensemble éveillera ceux qui dormaient à l'ombre
  De l'éternelle croix!

XXII

LA SAGESSE

 Ô vous, qui passez comme l'ombre
 Par ce triste vallon des pleurs,
 Passagers sur ce globe sombre,
 Hommes! mes frères en douleurs,
 Écoutez: voici vers Solime
 Un son de la harpe sublime
 Qui charmait l'écho du Thabor:

Sion en frémit sous sa cendre,
Et le vieux palmier croit entendre
La voix du vieillard de Ségor!

Insensé le mortel qui pense!
Toute pensée est une erreur.
Vivez, et mourez en silence;
Car la parole est au Seigneur!
Il sait pourquoi flottent les mondes;
Il sait pourquoi coulent les ondes,
Pourquoi les cieux pendent sur nous,
Pourquoi le jour brille et s'efface,
Pourquoi l'homme soupire et passe :
Et vous, mortels, que savez-vous?

Asseyez-vous près des fontaines,
Tandis qu'agitant les rameaux,
Du midi les tièdes haleines
Font flotter l'ombre sur les eaux :
Au doux murmure de leurs ondes
Exprimez vos grappes fécondes
Où rougit l'heureuse liqueur;
Et de main en main sous vos treilles
Passez-vous ces coupes vermeilles
Pleines de l'ivresse du cœur.

Ainsi qu'on choisit une rose
Dans les guirlandes de Sârons,
Choisissez une vierge éclose
Parmi les lis de vos vallons!
Enivrez-vous de son haleine;
Écartez ses tresses d'ébène,
Goûtez les fruits de sa beauté.
Vivez, aimez, c'est la sagesse :
Hors le plaisir et la tendresse,
Tout est mensonge et vanité!

Comme un lis penché par la pluie
Courbe ses rameaux éplorés,
Si la main du Seigneur vous plie,
Baissez votre tête, et pleurez.
Une larme à ses pieds versée
Luit plus que la perle enchâssée
Dans son tabernacle immortel;
Et le cœur blessé qui soupire
Rend un son plus doux que la lyre
Sous les colonnes de l'autel!

Les astres roulent en silence
Sans savoir les routes des cieux;
Le Jourdain vers l'abîme immense
Poursuit son cours mystérieux;
L'aquilon, d'une aile rapide,
Sans savoir où l'instinct le guide,
S'élance et court sur vos sillons;
Les feuilles que l'hiver entasse,
Sans savoir où le vent les chasse,
Volent en pâles tourbillons!

Et vous, pourquoi d'un soin stérile
Empoisonner vos jours bornés?
Le jour présent vaut mieux que mille
Des siècles qui ne sont pas nés.
Passez, passez, ombres légères,
Allez où sont allés vos pères,
Dormir auprès de vos aïeux.
De ce lit où la mort sommeille,
On dit qu'un jour elle s'éveille
Comme l'aurore dans les cieux!

XXIII

APPARITION

Toi qui du jour mourant consoles la nature,
Parais, flambeau des nuits, lève-toi dans les cieux;
Étends autour de moi, sur la pâle verdure,
Les douteuses clartés d'un jour mystérieux!
Tous les infortunés chérissent ta lumière;
L'éclat brillant du jour repousse leurs douleurs :
Aux regards du soleil ils ferment leur paupière,
Et rouvrent devant toi leurs yeux noyés de pleurs.

> Viens guider mes pas vers la tombe
> Où ton rayon s'est abaissé,
> Où chaque soir mon genou tombe
> Sur un saint nom presque effacé.
> Mais quoi! la pierre le repousse!...
> J'entends!... oui! des pas sur la mousse!
> Un léger souffle a murmuré;
> Mon œil se trouble, je chancelle :
> Non, non, ce n'est plus toi; c'est elle
> Dont le regard m'a pénétré!...

> Est-ce bien toi? toi qui t'inclines
> Sur celui qui fut ton amant?
> Parle; que tes lèvres divines
> Prononcent un mot seulement.
> Ce mot que murmurait ta bouche
> Quand, planant sur ta sombre couche,
> La mort interrompit ta voix.
> Sa bouche commence... Ah! j'achève :
> Oui, c'est toi! ce n'est point un rêve!
> Anges du ciel, je la revois!...

Ainsi donc l'ardente prière
Perce le ciel et les enfers!
Ton âme a franchi la barrière
Qui sépare deux univers!
Gloire à ton nom, Dieu qui l'envoie!
Ta grâce a permis que je voie
Ce que mes yeux cherchaient toujours.
Que veux-tu? faut-il que je meure?
Tiens, je te donne pour cette heure
Toutes les heures de mes jours!

Mais quoi! sur ce rayon déjà l'ombre s'envole!
Pour un siècle de pleurs une seule parole!
Est-ce tout?... C'est assez! Astre que j'ai chanté,
J'en bénirai toujours ta pieuse clarté,
Soit que dans nos climats, empire des orages,
Comme un vaisseau voguant sur la mer des nuages,
Tu perces rarement la triste obscurité;
Soit que sous ce beau ciel, propice à ta lumière,
Dans un limpide azur poursuivant ta carrière,
Des couleurs du matin tu dores les coteaux;
Ou que, te balançant sur une mer tranquille,
Et teignant de tes feux sa surface immobile,
Tes rayons argentés se brisent dans les eaux!

XXIV

CHANT D'AMOUR

Naples, 1822.

Si tu pouvais jamais égaler, ô ma lyre,
Le doux frémissement des ailes du zéphyre
          À travers les rameaux,

Ou l'onde qui murmure en caressant ces rives,
Ou le roucoulement des colombes plaintives,
   Jouant aux bords des eaux;

Si, comme ce roseau qu'un souffle heureux anime,
Tes cordes exhalaient ce langage sublime,
   Divin secret des cieux,
Que, dans le pur séjour où l'esprit seul s'envole,
Les anges amoureux se parlent sans parole,
   Comme les yeux aux yeux;

Si de ta douce voix la flexible harmonie,
Caressant doucement une âme épanouie
   Au souffle de l'amour,
La berçait mollement sur de vagues images,
Comme le vent du ciel fait flotter les nuages
   Dans la pourpre du jour :

Tandis que sur les fleurs mon amante sommeille,
Ma voix murmurerait tout bas à son oreille
   Des soupirs, des accords,
Aussi purs que l'extase où son regard me plonge,
Aussi doux que le son que nous apporte un songe
   Des ineffables bords!

Ouvre les yeux, dirais-je, ô ma seule lumière!
Laisse-moi, laisse-moi lire dans ta paupière
   Ma vie et ton amour!
Ton regard languissant est plus cher à mon âme
Que le premier rayon de la céleste flamme
   Aux yeux privés du jour.

. . . .
. . . .

Un de ses bras fléchit sous son cou qui le presse,
L'autre sur son beau front retombe avec mollesse,

Et le couvre à demi :
Telle, pour sommeiller, la blanche tourterelle
Courbe son cou d'albâtre et ramène son aile
   Sur son œil endormi!

Le doux gémissement de son sein qui respire
Se mêle au bruit plaintif de l'onde qui soupire
   À flots harmonieux;
Et l'ombre de ses cils, que le zéphyr soulève,
Flotte légèrement comme l'ombre d'un rêve
   Qui passe sur ses yeux!

 . . . .
 . . . .

Que ton sommeil est doux, ô vierge! ô ma colombe!
Comme d'un cours égal ton sein monte et retombe
   Avec un long soupir!
Deux vagues que blanchit le rayon de la lune,
D'un mouvement moins doux viennent l'une après
   Murmurer et mourir!   [l'une

Laisse-moi respirer sur ces lèvres vermeilles
Ce souffle parfumé!... Qu'ai-je fait? Tu t'éveilles :
   L'azur voilé des cieux
Vient chercher doucement ta timide paupière;
Mais toi, ton doux regard, en voyant la lumière,
   N'a cherché que mes yeux!

Ah! que nos longs regards se suivent, se prolongent,
Comme deux purs rayons l'un dans l'autre se plongent,
   Et portent tour à tour
Dans le cœur l'un de l'autre une tremblante flamme,
Ce jour intérieur que donne seul à l'âme
   Le regard de l'amour!

Jusqu'à ce qu'une larme aux bords de ta paupière,
De son nuage errant te cachant la lumière,

Vienne baigner tes yeux,
Comme on voit, au réveil d'une charmante aurore,
Les larmes du matin, qu'elle attire et colore,
L'ombrager dans les cieux.

. . . .

Parle-moi! Que ta voix me touche!
Chaque parole sur ta bouche
Est un écho mélodieux!
Quand ta voix meurt dans mon oreille,
Mon âme résonne et s'éveille,
Comme un temple à la voix des dieux!

Un souffle, un mot, puis un silence,
C'est assez : mon âme devance
Le sens interrompu des mots,
Et comprend ta voix fugitive,
Comme le gazon de la rive
Comprend le murmure des flots.

Un son qui sur ta bouche expire,
Une plainte, un demi-sourire,
Mon cœur entend tout sans effort :
Tel, en passant par une lyre,
Le souffle même du zéphyre
Devient un ravissant accord!

. . . .

Pourquoi sous tes cheveux me cacher ton visage?
Laisse mes doigts jaloux écarter ce nuage :
Rougis-tu d'être belle, ô charme de mes yeux?
L'aurore, ainsi que toi, de ses roses s'ombrage.
Pudeur! honte céleste! instinct mystérieux,
Ce qui brille le plus se voile davantage;
Comme si la beauté, cette divine image,
N'était faite que pour les cieux!

Tes yeux sont deux sources vives
Où vient se peindre un ciel pur,
Quand les rameaux de leurs rives
Leur découvrent son azur.
Dans ce miroir retracées,
Chacune de tes pensées
Jette en passant son éclair,
Comme on voit sur l'eau limpide
Flotter l'image rapide
Des cygnes qui fendent l'air!

Ton front, que ton voile ombrage
Et découvre tour à tour,
Est une nuit sans nuage
Prête à recevoir le jour;
Ta bouche, qui va sourire,
Est l'onde qui se retire
Au souffle errant du zéphyr,
Et, sur ces bords qu'elle quitte,
Laisse au regard qu'elle invite,
Compter les perles d'Ophyr!

Ton cou, penché sur l'épaule,
Tombe sous son doux fardeau,
Comme les branches du saule
Sous le poids d'un passereau;
Ton sein, que l'œil voit à peine
Soulevant à chaque haleine
Le poids léger de ton cœur,
Est comme deux tourterelles
Qui font palpiter leurs ailes
Dans la main de l'oiseleur.

Tes deux mains sont deux corbeilles
Qui laissent passer le jour;

Tes doigts de roses vermeilles
En couronnent le contour.
Sur le gazon qui l'embrasse
Ton pied se pose, et la grâce,
Comme un divin instrument,
Aux sons égaux d'une lyre
Semble accorder et conduire
Ton plus léger mouvement.

. . . .

Pourquoi de tes regards percer ainsi mon âme?
Baisse, oh! baisse tes yeux pleins d'une chaste flamme :
          Baisse-les, ou je meurs.
Viens plutôt, lève-toi! Mets ta main dans la mienne,
Que mon bras arrondi t'entoure et te soutienne
          Sur ces tapis de fleurs.

. . . .

Aux bords d'un lac d'azur il est une colline
Dont le front verdoyant légèrement s'incline
          Pour contempler les eaux;
Le regard du soleil tout le jour la caresse,
Et l'haleine de l'onde y fait flotter sans cesse
          Les ombres des rameaux.

Entourant de ses plis deux chênes qu'elle embrasse,
Une vigne sauvage à leurs rameaux s'enlace,
          Et, couronnant leurs fronts,
De sa pâle verdure éclaircit leur feuillage,
Puis sur des champs coupés de lumière et d'ombrage
          Court en riants festons.

Là, dans les flancs creusés d'un rocher qui surplombe,
S'ouvre une grotte obscure, un nid où la colombe
          Aime à gémir d'amour;
La vigne, le figuier, la voilent, la tapissent,

Et les rayons du ciel, qui lentement s'y glissent,
      Y mesurent le jour.

La nuit et la fraîcheur de ces ombres discrètes
Conservent plus longtemps aux pâles violettes
      Leurs timides couleurs;
Une source plaintive en habite la voûte,
Et semble sur vos fronts distiller goutte à goutte
      Des accords et des pleurs.

Le regard, à travers ce rideau de verdure,
Ne voit rien que le ciel et l'onde qu'il azure;
      Et sur le sein des eaux
Les voiles du pêcheur, qui, couvrant sa nacelle,
Fendent ce ciel limpide, et battent comme l'aile
      Des rapides oiseaux.

L'oreille n'entend rien qu'une vague plaintive
Qui, comme un long baiser, murmure sur sa rive,
      Ou la voix des zéphyrs,
Ou les sons cadencés que gémit Philomèle,
Ou l'écho du rocher, dont un soupir se mêle
      À nos propres soupirs.

. . . .

      Viens, cherchons cette ombre propice
      Jusqu'à l'heure où de ce séjour
      Les fleurs fermeront leur calice
      Aux regards languissants du jour.
      Voilà ton ciel, ô mon étoile!
      Soulève, oh! soulève ce voile,
      Éclaire la nuit de ces lieux;
      Parle, chante, rêve, soupire,
      Pourvu que mon regard attire
      Un regard errant de tes yeux.

Laisse-moi parsemer de roses
La tendre mousse où tu t'assieds,
Et près du lit où tu reposes
Laisse-moi m'asseoir à tes pieds.
Heureux le gazon que tu foules,
Et le bouton dont tu déroules
Sous tes doigts les fraîches couleurs!
Heureuses ces coupes vermeilles
Que pressent tes lèvres, pareilles
Aux frelons qui tètent les fleurs!

Si l'onde des lis que tu cueilles
Roule les calices flétris,
Des tiges que ta bouche effeuille
Si le vent m'apporte un débris,
Si ta bouche qui se dénoue
Vient, en ondulant sur ma joue,
De ma lèvre effleurer le bord;
Si ton souffle léger résonne,
Je sens sur mon front qui frissonne
Passer les ailes de la mort.

Souviens-toi de l'heure bénie
Où les dieux, d'une tendre main,
Te répandirent sur ma vie
Comme l'ombre sur le chemin.
Depuis cette heure fortunée,
Ma vie à ta vie enchaînée,
Qui s'écoule comme un seul jour,
Est une coupe toujours pleine,
Où mes lèvres à longue haleine
Puisent l'innocence et l'amour.

Ah! lorsque mon front qui s'incline
Chargé d'une douce langueur,

S'endort bercé sur ta poitrine
Par le mouvement de ton cœur,

. . . .
. . . .
. . . .
. . . .

Un jour, le temps jaloux, d'une haleine glacée,
Fanera tes couleurs comme une fleur passée
      Sur ces lits de gazon;
Et sa main flétrira sur tes charmantes lèvres
Ces rapides baisers, hélas! dont tu me sèvres
      Dans leur fraîche saison.

Mais quand tes yeux, voilés d'un nuage de larmes,
De ces jours écoulés qui t'ont ravi tes charmes
      Pleureront la rigueur;
Quand dans ton souvenir, dans l'onde du rivage
Tu chercheras en vain ta ravissante image,
      Regarde dans mon cœur!

Là ta beauté fleurit pour des siècles sans nombre;
Là ton doux souvenir veille à jamais à l'ombre
      De ma fidélité,
Comme une lampe d'or dont une vierge sainte
Protège avec la main, en traversant l'enceinte,
      La tremblante clarté.

Et quand la mort viendra, d'un autre amour suivie,
Éteindre en souriant de notre double vie
      L'un et l'autre flambeau,
Qu'elle étende ma couche à côté de la tienne,
Et que ta main fidèle embrasse encor la mienne
      Dans le lit du tombeau.

Ou plutôt puissions-nous passer sur cette terre,
Comme on voit en automne un couple solitaire

De cygnes amoureux
Partir, en s'embrassant, du nid qui les rassemble,
Et vers les doux climats qu'ils vont chercher ensemble
S'envoler deux à deux.

XXV

IMPROVISÉE

À LA GRANDE-CHARTREUSE

Jéhova de la terre a consacré les cimes;
Elles sont de ses pas le divin marchepied,
C'est là qu'environné de ses foudres sublimes
Il vole, il descend, il s'assied.

Sina, l'Olympe même, en conservent la trace;
L'Oreb, en tressaillant, s'inclina sous ses pas;
Thor entendit sa voix, Gelboé vit sa face;
Golgotha pleura son trépas.

Dieu que l'Hébron connaît, Dieu que Cédar adore,
Ta gloire à ces rochers jadis se dévoila;
Sur le sommet des monts nous te cherchons encore;
Seigneur, réponds-nous! es-tu là?

Paisibles habitants de ces saintes retraites,
Comme l'ont entendu les guides d'Israël,
Dans le calme des nuits, des hauteurs où vous êtes
N'entendez-vous donc rien du ciel?

Ne voyez-vous jamais les divines phalanges
Sur vos dômes sacrés descendre et se pencher?
N'entendez-vous jamais des doux concerts des anges
Retentir l'écho du rocher?

Quoi! l'âme en vain regarde, aspire, implore, écoute;
Entre le ciel et nous, est-il un mur d'airain?
Vos yeux, toujours levés vers la céleste voûte,
    Vos yeux sont-ils levés en vain?

Pour s'élancer, Seigneur, où ta voix les appelle,
Les astres de la nuit ont des chars de saphirs,
Pour s'élever à toi, l'aigle au moins a son aile;
    Nous n'avons rien que nos soupirs!

Que la voix de tes saints s'élève et te désarme,
La prière du juste est l'encens des mortels;
Et nous, pécheurs, passons : nous n'avons qu'une
    À répandre sur tes autels.   [larme

XXVI

ADIEUX À LA POÉSIE

Il est une heure de silence
Où la solitude est sans voix,
Où tout dort, même l'Espérance;
Où nul zéphyr ne se balance
Sous l'ombre immobile des bois;

Il est un âge où de la lyre
L'âme aussi semble s'endormir,
Où du poétique délire
Le souffle harmonieux expire
Dans le sein qu'il faisait frémir.

L'oiseau qui charme le bocage,
Hélas! ne chante pas toujours;
À midi, caché sous l'ombrage,

Il n'enchante de son ramage
Que l'aube et le déclin des jours.

Adieu donc, adieu, voici l'heure,
Lyre aux soupirs mélodïeux!
En vain à la main qui t'effleure
Ta fibre encor répond et pleure :
Voici l'heure de nos adieux.

Reçois cette larme rebelle
Que mes yeux ne peuvent cacher.
Combien sur ta corde fidèle
Mon âme, hélas! en versa-t-elle,
Que tes soupirs n'ont pu sécher!

Sur cette terre infortunée,
Où tous les yeux versent des pleurs,
Toujours de cyprès couronnée,
La lyre ne nous fut donnée
Que pour endormir nos douleurs.

Tout ce qui chante ne répète
Que des regrets ou des désirs,
Du bonheur la corde est muette,
De Philomèle et du poète
Les plus doux chants sont des soupirs :

Dans l'ombre, auprès d'un mausolée,
Ô lyre! tu suivis mes pas,
Et des doux festins exilée
Jamais ta voix ne s'est mêlée
Aux chants des heureux d'ici-bas.

Pendue aux saules de la rive,
Libre comme l'oiseau des bois,
On n'a point vu ma main craintive

T'attacher comme une captive
Aux portes des palais des rois.

Des partis l'haleine glacée
Ne t'inspira pas tour à tour;
Aussi chaste que la pensée,
Nul souffle ne t'a caressée,
Excepté celui de l'Amour.

En quelque lieu qu'un sort sévère
Fît plier mon front sous ses lois,
Grâce à toi, mon âme étrangère
A trouvé partout sur la terre
Un céleste écho de sa voix.

Aux monts d'où le jour semble éclore,
Quand je t'emportais avec moi
Pour louer celui que j'adore,
Le premier rayon de l'aurore
Ne se réveillait qu'après toi.

Au bruit des flots et des cordages,
Aux feux livides des éclairs,
Tu jetais des accords sauvages,
Et comme l'oiseau des orages
Tu rasais l'écume des mers.

Celle dont le regard m'enchaîne
À tes soupirs mêlait sa voix,
Et souvent ses tresses d'ébène
Frissonnaient sous ma molle haleine,
Comme tes cordes sous mes doigts.

. . . .

Peut-être à moi, lyre chérie,
Un jour tu pourras revenir,

Quand, de songes divins suivie,
La mort approche, et que la vie
S'éloigne comme un souvenir.

Dans cette seconde jeunesse
Qu'un doux oubli rend aux humains,
Souvent l'homme, dans sa tristesse,
Sur toi se penche et te caresse,
Et tu résonnes sous ses mains.

Ce vent qui sur nos âmes passe
Souffle à l'aurore, ou souffle tard;
Il aime à jouer avec grâce
Dans les cheveux qu'un myrte enlace,
Ou dans la barbe du vieillard.

En vain une neige glacée
D'Homère ombrageait le menton;
Et le rayon de la pensée
Rendait la lumière éclipsée
Aux yeux aveugles de Milton :

Autour d'eux voltigeaient encore
L'amour, l'illusion, l'espoir,
Comme l'insecte amant de Flore,
Dont les ailes semblent éclore
Aux tardives lueurs du soir.

Peut-être ainsi!... mais avant l'âge
Où tu reviens nous visiter,
Flottant de rivage en rivage,
J'aurai péri dans un naufrage,
Loin des cieux que je vais quitter.

Depuis longtemps ma voix plaintive
Sera couverte par les flots,

Et, comme l'algue fugitive,
Sur quelque sable de la rive
La vague aura roulé mes os.

Mais toi, lyre mélodieuse,
Surnageant sur les flots amers,
Des cygnes la troupe envieuse
Suivra ta trace harmonieuse
Sur l'abîme roulant des mers.

Harmonies poétiques
et religieuses

(CHOIX DE POÈMES)

> Cantate Domino canticum
> novum : cantate Domino omnis
> terra...
> Quia mirabilia fecit.

PS. XCV et XCVII[1].

LIVRE PREMIER

VI

AUX CHRÉTIENS

DANS LES TEMPS D'ÉPREUVES

Pourquoi vous troublez-vous, enfants de l'Évangile?
À quoi sert dans les cieux ton tonnerre inutile,
Disent-ils au Seigneur, quand ton Christ insulté,
Comme au jour où sa mort fit trembler les collines,
Un roseau dans les mains et le front ceint d'épines,
      Au siècle est présenté?

Ainsi qu'un astre éteint sur un horizon vide,
La foi, de nos aïeux la lumière et le guide,
De ce monde attiédi retire ses rayons;
L'obscurité, le doute, ont brisé sa boussole,
Et laissent diverger, au vent de la parole,
      L'encens des nations.

Et tu dors? et les mains qui portent ta justice,
Les chefs des nations, les rois du sacrifice,
N'ont pas saisi le glaive et purgé le saint lieu?
Levons-nous, et lançons le dernier anathème;
Prenons les droits du ciel, et chargeons-nous nous-
      Des justices de Dieu.   [même

Arrêtez, insensés, et rentrez dans votre âme;
Ce zèle dévorant dont mon nom vous enflamme

Vient-il, dit le Seigneur, ou de vous ou de moi?
Répondez; est-ce moi que la vengeance honore?
Ou n'est-ce pas plutôt l'homme que l'homme abhorre
        Sous cette ombre de foi?

Et qui vous a chargés du soin de sa vengeance?
A-t-il besoin de vous pour prendre sa défense?
La foudre, l'ouragan, la mort, sont-ils à nous?
Ne peut-il dans sa main prendre et juger la terre,
Ou sous son pied jaloux la briser comme un verre
        Avec l'impie et vous?

Quoi, nous a-t-il promis un éternel empire,
Nous disciples d'un Dieu qui sur la croix expire,
Nous à qui notre Christ n'a légué que son nom,
Son nom et le mépris, son nom et les injures,
L'indigence et l'exil, la mort et les tortures,
        Et surtout le pardon?

Serions-nous donc pareils au peuple déicide,
Qui, dans l'aveuglement de son orgueil stupide,
Du sang de son Sauveur teignit Jérusalem?
Prit l'empire du ciel pour l'empire du monde,
Et dit en blasphémant : Que ton sang nous inonde,
        Ô roi de Bethléem!

Ah! nous n'avons que trop affecté cet empire!
Depuis qu'humbles proscrits échappés du martyre
Nous avons des pouvoirs confondu tous les droits,
Entouré de faisceaux les chefs de la prière,
Mis la main sur l'épée et jeté la poussière
        Sur la tête des rois.

Ah! nous n'avons que trop, aux maîtres de la terre,
Emprunté, pour régner, leur puissance adultère;
Et dans la cause enfin du Dieu saint et jaloux,

Mêlé la voix divine avec la voix humaine,
Jusqu'à ce que Juda confondît dans sa haine
　　　La tyrannie et nous.

Voilà de tous nos maux la fatale origine;
C'est de là qu'ont coulé la honte et la ruine,
La haine, le scandale et les dissensions;
C'est de là que l'enfer a vomi l'hérésie,
Et que du corps divin tant de membres sans vie
　　　Jonchent les nations[1].

« Mais du Dieu trois fois saint notre injure est l'injure;
Faut-il l'abandonner au mépris du parjure?
Aux langues du sceptique ou du blasphémateur?
Faut-il, lâches enfants d'un père qu'on offense,
Tout souffrir sans réponse et tout voir sans vengeance? »
　　　Et que fait le Seigneur?

Sa terre les nourrit, son soleil les éclaire,
Sa grâce les attend, sa bonté les tolère,
Ils ont part à ses dons qu'il nous daigne épancher,
Pour eux le ciel répand sa rosée et son ombre,
Et de leurs jours mortels il leur compte le nombre
　　　Sans en rien retrancher.

Il prête sa parole à la voix qui le nie;
Il compatit d'en haut à l'erreur qui le prie;
À défaut de clartés, il nous compte un désir.
La voix qui crie Alla! la voix qui dit mon Père,
Lui portent l'encens pur et l'encens adultère :
　　　À lui seul de choisir.

Ah! pour la vérité n'affectons pas de craindre;
Le souffle d'un enfant, là-haut, peut-il éteindre
L'astre dont l'Éternel a mesuré les pas?
Elle était avant nous, elle survit aux âges,

Elle n'est point à l'homme, et ses propres nuages
    Ne l'obscurciront pas.

Elle est! elle est à Dieu qui la dispense au monde,
Qui prodigue la grâce où la misère abonde;
Rendons grâce à lui seul du rayon qui nous luit!
Sans nous épouvanter de nos heures funèbres,
Sans nous enfler d'orgueil et sans crier ténèbres
    Aux enfants de la nuit.

Esprits dégénérés, ces jours sont une épreuve,
Non pour la vérité, toujours vivante et neuve,
Mais pour nous que la peine invite au repentir;
Témoignons pour le Christ, mais surtout par nos vies;
Notre moindre vertu confondra plus d'impies
    Que le sang d'un martyr.

Chrétiens, souvenons-nous que le chrétien suprême
N'a légué qu'un seul mot pour prix d'un long
                       [blasphème
À cette arche vivante où dorment ses leçons;
Et que l'homme, outrageant ce que notre âme adore,
Dans notre cœur brisé ne doit trouver encore
    Que ce seul mot : Aimons!

                              Août 1826.

VII

HYMNE DE L'ENFANT À SON RÉVEIL

    Ô père qu'adore mon père!
    Toi qu'on ne nomme qu'à genoux!
    Toi, dont le nom terrible et doux
    Fait courber le front de ma mère!

On dit que ce brillant soleil
N'est qu'un jouet de ta puissance;
Que sous tes pieds il se balance
Comme une lampe de vermeil.

On dit que c'est toi qui fais naître
Les petits oiseaux dans les champs,
Et qui donne aux petits enfants
Une âme aussi pour te connaître!

On dit que c'est toi qui produis
Les fleurs dont le jardin se pare,
Et que, sans toi, toujours avare,
Le verger n'aurait point de fruits.

Aux dons que ta bonté mesure
Tout l'univers est convié;
Nul insecte n'est oublié
À ce festin de la nature.

L'agneau broute le serpolet,
La chèvre s'attache au cytise,
La mouche au bord du vase puise
Les blanches gouttes de mon lait!

L'alouette a la graine amère
Que laisse envoler le glaneur,
Le passereau suit le vanneur,
Et l'enfant s'attache à sa mère.

Et, pour obtenir chaque don,
Que chaque jour tu fais éclore,
À midi, le soir, à l'aurore,
Que faut-il? prononcer ton nom!

Ô Dieu! ma bouche balbutie
Ce nom des anges redouté.

Un enfant même est écouté
Dans le chœur qui te glorifie!

On dit qu'il aime à recevoir
Les vœux présentés par l'enfance,
À cause de cette innocence
Que nous avons sans le savoir.

On dit que leurs humbles louanges
À son oreille montent mieux,
Que les anges peuplent les cieux,
Et que nous ressemblons aux anges!

Ah! puisqu'il entend de si loin
Les vœux que notre bouche adresse,
Je veux lui demander sans cesse
Ce dont les autres ont besoin.

Mon Dieu, donne l'onde aux fontaines,
Donne la plume aux passereaux,
Et la laine aux petits agneaux,
Et l'ombre et la rosée aux plaines.

Donne au malade la santé,
Au mendiant le pain qu'il pleure,
À l'orphelin une demeure,
Au prisonnier la liberté.

Donne une famille nombreuse
Au père qui craint le Seigneur,
Donne à moi sagesse et bonheur,
Pour que ma mère soit heureuse!

Que je sois bon, quoique petit,
Comme cet enfant dans le temple,
Que chaque matin je contemple,
Souriant au pied de mon lit.

Mets dans mon âme la justice,
Sur mes lèvres la vérité,
Qu'avec crainte et docilité
Ta parole en mon cœur mûrisse!

Et que ma voix s'élève à toi
Comme cette douce fumée
Que balance l'urne embaumée
Dans la main d'enfants comme moi!

LIVRE DEUXIÈME

I

PENSÉE DES MORTS

Voilà les feuilles sans sève
Qui tombent sur le gazon,
Voilà le vent qui s'élève
Et gémit dans le vallon,
Voilà l'errante hirondelle
Qui rase du bout de l'aile
L'eau dormante des marais,
Voilà l'enfant des chaumières
Qui glane sur les bruyères
Le bois tombé des forêts.

L'onde n'a plus le murmure
Dont elle enchantait les bois;
Sous des rameaux sans verdure
Les oiseaux n'ont plus de voix;
Le soir est près de l'aurore,

L'astre à peine vient d'éclore
Qu'il va terminer son tour,
Il jette par intervalle
Une heure de clarté pâle
Qu'on appelle encore un jour.

L'aube n'a plus de zéphire
Sous ses nuages dorés,
La pourpre du soir expire
Sur les flots décolorés,
La mer solitaire et vide
N'est plus qu'un désert aride
Où l'œil cherche en vain l'esquif,
Et sur la grève plus sourde
La vague orageuse et lourde
N'a qu'un murmure plaintif.

La brebis sur les collines
Ne trouve plus le gazon,
Son agneau laisse aux épines
Les débris de sa toison,
La flûte aux accords champêtres
Ne réjouit plus les hêtres
Des airs de joie ou d'amour,
Toute herbe aux champs est glanée :
Ainsi finit une année,
Ainsi finissent nos jours!

C'est la saison où tout tombe
Aux coups redoublés des vents;
Un vent qui vient de la tombe
Moissonne aussi les vivants :
Ils tombent alors par mille,
Comme la plume inutile
Que l'aigle abandonne aux airs,
Lorsque des plumes nouvelles

Viennent réchauffer ses ailes
À l'approche des hivers.

C'est alors que ma paupière
Vous vit pâlir et mourir,
Tendres fruits qu'à la lumière
Dieu n'a pas laissé mûrir!
Quoique jeune sur la terre,
Je suis déjà solitaire
Parmi ceux de ma saison,
Et quand je dis en moi-même :
Où sont ceux que ton cœur aime?
Je regarde le gazon.

Leur tombe est sur la colline,
Mon pied la sait; la voilà!
Mais leur essence divine,
Mais eux, Seigneur, sont-ils là?
Jusqu'à l'indien rivage
Le ramier porte un message
Qu'il rapporte à nos climats;
La voile passe et repasse,
Mais de son étroit espace
Leur âme ne revient pas.

Ah! quand les vents de l'automne
Sifflent dans les rameaux morts,
Quand le brin d'herbe frissonne,
Quand le pin rend ses accords,
Quand la cloche des ténèbres
Balance ses glas funèbres,
La nuit, à travers les bois,
À chaque vent qui s'élève,
À chaque flot sur la grève,
Je dis : N'es-tu pas leur voix?

Du moins si leur voix si pure
Est trop vague pour nos sens,
Leur âme en secret murmure
De plus intimes accents;
Au fond des cœurs qui sommeillent,
Leurs souvenirs qui s'éveillent
Se pressent de tous côtés,
Comme d'arides feuillages
Que rapportent les orages
Au tronc qui les a portés!

C'est une mère ravie
À ses enfants dispersés,
Qui leur tend de l'autre vie
Ces bras qui les ont bercés;
Des baisers sont sur sa bouche,
Sur ce sein qui fut leur couche
Son cœur les rappelle à soi;
Des pleurs voilent son sourire,
Et son regard semble dire :
Vous aime-t-on comme moi?

C'est une jeune fiancée
Qui, le front ceint du bandeau,
N'emporta qu'une pensée
De sa jeunesse au tombeau;
Triste, hélas! dans le ciel même,
Pour revoir celui qu'elle aime
Elle revient sur ses pas,
Et lui dit : Ma tombe est verte!
Sur cette terre déserte
Qu'attends-tu? Je n'y suis pas!

C'est un ami de l'enfance,
Qu'aux jours sombres du malheur
Nous prêta la Providence

Pour appuyer notre cœur;
Il n'est plus; notre âme est veuve,
Il nous suit dans notre épreuve
Et nous dit avec pitié :
Ami, si ton âme est pleine,
De ta joie ou de ta peine
Qui portera la moitié?

C'est l'ombre pâle d'un père
Qui mourut en nous nommant;
C'est une sœur, c'est un frère,
Qui nous devance un moment;
Sous notre heureuse demeure,
Avec celui qui les pleure,
Hélas! ils dormaient hier!
Et notre cœur doute encore,
Que le ver déjà dévore
Cette chair de notre chair!

L'enfant dont la mort cruelle
Vient de vider le berceau,
Qui tomba de la mamelle
Au lit glacé du tombeau;
Tous ceux enfin dont la vie
Un jour ou l'autre ravie,
Emporte une part de nous,
Murmurent sous la poussière :
Vous qui voyez la lumière,
Vous souvenez-vous de nous?

Ah! vous pleurer est le bonheur suprême,
Mânes chéris de quiconque a des pleurs!
Vous oublier c'est s'oublier soi-même :
N'êtes-vous pas un débris de nos cœurs?

En avançant dans notre obscur voyage,
Du doux passé l'horizon est plus beau,

En deux moitiés notre âme se partage,
Et la meilleure appartient au tombeau!

Dieu du pardon! leur Dieu! Dieu de leurs pères!
Toi que leur bouche a si souvent nommé!
Entends pour eux les larmes de leurs frères!
Prions pour eux, nous qu'ils ont tant aimé!

Ils t'ont prié pendant leur courte vie,
Ils ont souri quand tu les as frappés!
Ils ont crié : Que ta main soit bénie!
Dieu, tout espoir! les aurais-tu trompés?

Et cependant pourquoi ce long silence?
Nous auraient-ils oubliés sans retour?
N'aiment-ils plus? Ah! ce doute t'offense!
Et toi, mon Dieu, n'es-tu pas tout amour?

Mais, s'ils parlaient à l'ami qui les pleure,
S'ils nous disaient comment ils sont heureux,
De tes desseins nous devancerions l'heure,
Avant ton jour nous volerions vers eux.

Où vivent-ils? Quel astre à leur paupière
Répand un jour plus durable et plus doux?
Vont-ils peupler ces îles de lumière?
Ou planent-ils entre le ciel et nous?

Sont-ils noyés dans l'éternelle flamme?
Ont-ils perdu ces doux noms d'ici-bas,
Ces noms de sœur et d'amante et de femme?
À ces appels ne répondront-ils pas?

Non, non, mon Dieu, si la céleste gloire
Leur eût ravi tout souvenir humain,
Tu nous aurais enlevé leur mémoire;
Nos pleurs sur eux couleraient-ils en vain?

Ah! dans ton sein que leur âme se noie!
Mais garde-nous nos places dans leur cœur;
Eux qui jadis ont goûté notre joie,
Pouvons-nous être heureux sans leur bonheur?

Étends sur eux la main de ta clémence,
Ils ont péché; mais le ciel est un don!
Ils ont souffert; c'est une autre innocence!
Ils ont aimé; c'est le sceau du pardon!

> Ils furent ce que nous sommes,
> Poussière, jouet du vent!
> Fragiles comme des hommes,
> Faibles comme le néant!
> Si leurs pieds souvent glissèrent,
> Si leurs lèvres transgressèrent
> Quelque lettre de ta loi,
> Ô Père! ô Juge suprême!
> Ah! ne les vois pas eux-même,
> Ne regarde en eux que toi!

> Si tu scrutes la poussière,
> Elle s'enfuit à ta voix!
> Si tu touches la lumière,
> Elle ternira tes doigts!
> Si ton œil divin les sonde,
> Les colonnes de ce monde
> Et des cieux chancelleront :
> Si tu dis à l'innocence :
> Monte et plaide en ma présence!
> Tes vertus se voileront.

> Mais toi, Seigneur, tu possèdes
> Ta propre immortalité!
> Tout le bonheur que tu cèdes
> Accroît ta félicité!

Tu dis au soleil d'éclore,
Et le jour ruisselle encore!
Tu dis au temps d'enfanter,
Et l'éternité docile,
Jetant les siècles par mille,
Les répand sans les compter!

Les mondes que tu répares
Devant toi vont rajeunir,
Et jamais tu ne sépares
Le passé de l'avenir;
Tu vis! et tu vis! les âges,
Inégaux pour tes ouvrages,
Sont tous égaux sous ta main;
Et jamais ta voix ne nomme,
Hélas! ces trois mots de l'homme :
Hier, aujourd'hui, demain!

Ô Père de la nature,
Source, abîme de tout bien,
Rien à toi ne se mesure,
Ah! ne te mesure à rien!
Mets, ô divine clémence,
Mets ton poids dans la balance,
Si tu pèses le néant!
Triomphe, ô vertu suprême!
En te contemplant toi-même,
Triomphe en nous pardonnant!

IV

L'INFINI DANS LES CIEUX

C'est une nuit d'été; nuit dont les vastes ailes
Font jaillir dans l'azur des milliers d'étincelles;

Qui, ravivant le ciel comme un miroir terni,
Permet à l'œil charmé d'en sonder l'infini;
Nuit où le firmament, dépouillé de nuages,
De ce livre de feu rouvre toutes les pages!
Sur le dernier sommet des monts, d'où le regard
Dans un trouble horizon se répand au hasard,
Je m'assieds en silence, et laisse ma pensée
Flotter comme une mer où la lune est bercée.

L'harmonieux Éther, dans ses vagues d'azur,
Enveloppe les monts d'un fluide plus pur;
Leurs contours qu'il éteint, leurs cimes qu'il efface,
Semblent nager dans l'air et trembler dans l'espace,
Comme on voit jusqu'au fond d'une mer en repos
L'ombre de son rivage, onduler sous les flots!
Sous ce jour sans rayon, plus serein qu'une aurore,
À l'œil contemplatif la terre semble éclore;
Elle déroule au loin ses horizons divers
Où se joua la main qui sculpta l'univers!
Là, semblable à la vague, une colline ondule,
Là, le coteau poursuit le coteau qui recule,
Et le vallon, voilé de verdoyants rideaux,
Se creuse comme un lit pour l'ombre et pour les
Ici s'étend la plaine, où, comme sur la grève,   [eaux;
La vague des épis s'abaisse et se relève;
Là, pareil au serpent dont les nœuds sont rompus,
Le fleuve, renouant ses flots interrompus,
Trace à son cours d'argent des méandres sans nombre,
Se perd sous la colline et reparaît dans l'ombre;
Comme un nuage noir, les profondes forêts
D'une tâche grisâtre ombragent les guérets,
Et plus loin, où la plage en croissant se reploie,
Où le regard confus dans les vapeurs se noie,
Un golfe de la mer, d'îles entrecoupé,
Des blancs reflets du ciel par la lune frappé,

Comme un vaste miroir, brisé sur la poussière,
Réfléchit dans l'obscur des fragments de lumière.

Que le séjour de l'homme est divin, quand la nuit
De la vie orageuse étouffe ainsi le bruit!
Ce sommeil qui d'en haut tombe avec la rosée
Et ralentit le cours de la vie épuisée,
Semble planer aussi sur tous les éléments,
Et de tout ce qui vit calmer les battements;
Un silence pieux s'étend sur la nature,
Le fleuve a son éclat, mais n'a plus son murmure,
Les chemins sont déserts, les chaumières sans voix,
Nulle feuille ne tremble à la voûte des bois,
Et la mer elle-même, expirant sur sa rive,
Roule à peine à la plage une lame plaintive;
On dirait, en voyant ce monde sans échos,
Où l'oreille jouit d'un magique repos,
Où tout est majesté, crépuscule, silence,
Et dont le regard seul atteste l'existence,
Que l'on contemple en songe, à travers le passé,
Le fantôme d'un monde où la vie a cessé!
Seulement, dans les troncs des pins aux larges cimes,
Dont les groupes épars croissent sur ces abîmes,
L'haleine de la nuit, qui se brise parfois,
Répand de loin en loin d'harmonieuses voix,
Comme pour attester, dans leur cime sonore,
Que ce monde, assoupi, palpite et vit encore.

Un monde est assoupi sous la voûte des cieux?
Mais dans la voûte même où s'élèvent mes yeux,
Que de mondes nouveaux, que de soleils sans nombre,
Trahis par leur splendeur, étincellent dans l'ombre!
Les signes épuisés s'usent à les compter,
Et l'âme infatigable est lasse d'y monter!
Les siècles, accusant leur alphabet stérile,
De ces astres sans fin n'ont nommé qu'un sur mille;

Que dis-je! Aux bords des cieux, ils n'ont vu
Les mourantes lueurs de ce lointain foyer; [qu'ondoyer
Là l'antique Orion des nuits perçant les voiles,
Dont Job a le premier nommé les sept étoiles;
Le navire fendant l'éther silencieux,
Le bouvier dont le char se traîne dans les cieux,
La lyre aux cordes d'or, le cygne aux blanches ailes,
Le coursier qui du ciel tire des étincelles,
La balance inclinant son bassin incertain,
Les blonds cheveux livrés au souffle du matin,
Le bélier, le taureau, l'aigle, le sagittaire,
Tout ce que les pasteurs contemplaient sur la terre,
Tout ce que les héros voulaient éterniser,
Tout ce que les amants ont pu diviniser,
Transporté dans le ciel par de touchants emblèmes,
N'a pu donner des noms à ces brillants systèmes.
Les cieux pour les mortels sont un livre entrouvert,
Ligne à ligne à leurs yeux par la nature offert;
Chaque siècle avec peine en déchiffre une page,
Et dit : Ici finit ce magnifique ouvrage :
Mais sans cesse le doigt du céleste écrivain
Tourne un feuillet de plus de ce livre divin,
Et l'œil voit, ébloui par ces brillants mystères,
Étinceler sans fin de plus beaux caractères!
Que dis-je? À chaque veille, un sage audacieux
Dans l'espace sans bords s'ouvre de nouveaux cieux;
Depuis que le cristal qui rapproche les mondes
Perce du vaste Éther les distances profondes,
Et porte le regard dans l'infini perdu,
Jusqu'où l'œil du calcul recule confondu,
Les cieux se sont ouverts comme une voûte sombre
Qui laisse en se brisant évanouir son ombre;
Ses feux multipliés plus que l'atome errant
Qu'éclaire du soleil un rayon transparent,
Séparés ou groupés, par couches, par étages,
En vagues, en écume, ont inondé ses plages,

Si nombreux, si pressés, que notre œil ébloui,
Qui poursuit dans l'espace un astre évanoui,
Voit cent fois dans le champ qu'embrasse sa paupière
Des mondes circuler en torrents de poussière!
Plus loin sont ces lueurs que prirent nos aïeux
Pour les gouttes du lait qui nourrissait les dieux;
Ils ne se trompaient pas : ces perles de lumière,
Qui de la nuit lointaine ont blanchi la carrière,
Sont des astres futurs, des germes enflammés
Que la main toujours pleine a pour les temps semés,
Et que l'esprit de Dieu, sous ses ailes fécondes,
De son ombre de feu couve au berceau des mondes.
C'est de là que, prenant leur vol au jour écrit,
Comme un aiglon nouveau qui s'échappe du nid,
Ils commencent sans guide et décrivent sans trace
L'ellipse radieuse au milieu de l'espace,
Et vont, brisant du choc un astre à son déclin,
Renouveler des cieux toujours à leur matin.

Et l'homme cependant, cet insecte invisible,
Rampant dans les sillons d'un globe imperceptible,
Mesure de ces feux les grandeurs et les poids,
Leur assigne leur place et leur route et leurs lois,
Comme si, dans ses mains que le compas accable,
Il roulait ces soleils comme des grains de sable!
Chaque atome de feu que dans l'immense éther
Dans l'abîme des nuits l'œil distrait voit flotter,
Chaque étincelle errante aux bords de l'empyrée,
Dont scintille en mourant la lueur azurée,
Chaque tache de lait qui blanchit l'horizon,
Chaque teinte du ciel qui n'a pas même un nom,
Sont autant de soleils, rois d'autant de systèmes,
Qui, de seconds soleils se couronnant eux-mêmes,
Guident, en gravitant dans ces immensités,
Cent planètes brûlant de leurs feux empruntés,
Et tiennent dans l'éther chacune autant de place

Que le soleil de l'homme en tournant en embrasse,
Lui, sa lune et sa terre, et l'astre du matin,
Et Saturne obscurci de son anneau lointain!

Oh! que tes cieux sont grands! et que l'esprit de
[l'homme
Plie et tombe de haut, mon Dieu! quand il te nomme!
Quand, descendant du dôme où s'égaraient ses yeux,
Atome, il se mesure à l'infini des cieux,
Et que, de ta grandeur soupçonnant le prodige,
Son regard s'éblouit, et qu'il se dit : Que suis-je?
Oh! que suis-je, Seigneur! devant les cieux et toi?
De ton immensité le poids pèse sur moi,
Il m'égale au néant, il m'efface, il m'accable,
Et je m'estime moins qu'un de ces grains de sable,
Car ce sable roulé par les flots inconstants,
S'il a moins d'étendue, hélas! a plus de temps;
Il remplira toujours son vide dans l'espace
Lorsque je n'aurai plus ni nom, ni temps, ni place;
Son sort est devant toi moins triste que le mien,
L'insensible néant ne sent pas qu'il n'est rien,
Il ne se ronge pas pour agrandir son être,
Il ne veut ni monter, ni juger, ni connaître,
D'un immense désir il n'est point agité;
Mort, il ne rêve pas une immortalité!
Il n'a pas cette horreur de mon âme oppressée,
Car il ne porte pas le poids de ta pensée!

Hélas! pourquoi si haut mes yeux ont-ils monté?
J'étais heureux en bas dans mon obscurité,
Mon coin dans l'étendue et mon éclair de vie
Me paraissaient un sort presque digne d'envie;
Je regardais d'en haut cette herbe; en comparant,
Je méprisais l'insecte et je me trouvais grand;
Et maintenant, noyé dans l'abîme de l'être,
Je doute qu'un regard du Dieu qui nous fit naître

Puisse me démêler d'avec lui, vil, rampant,
Si bas, si loin de lui, si voisin du néant!
Et je me laisse aller à ma douleur profonde,
Comme une pierre au fond des abîmes de l'onde;
Et mon propre regard, comme honteux de soi,
Avec un vil dédain se détourne de moi,
Et je dis en moi-même à mon âme qui doute :
Va, ton sort ne vaut pas le coup d'œil qu'il te coûte!
Et mes yeux desséchés retombent ici-bas,
Et je vois le gazon qui fleurit sous mes pas,
Et j'entends bourdonner sous l'herbe que je foule
Ces flots d'êtres vivants que chaque sillon roule :
Atomes animés par le souffle divin,
Chaque rayon du jour en élève sans fin,
La minute suffit pour compléter leur être,
Leurs tourbillons flottants retombent pour renaître,
Le sable en est vivant, l'éther en est semé,
Et l'air que je respire est lui-même animé;
Et d'où vient cette vie, et d'où peut-elle éclore,
Si ce n'est du regard où s'allume l'aurore?
Qui ferait germer l'herbe et fleurir le gazon,
Si ce regard divin n'y portait son rayon?
Cet œil s'abaisse donc sur toute la nature,
Il n'a donc ni mépris, ni faveur, ni mesure,
Et devant l'infini pour qui tout est pareil,
Il est donc aussi grand d'être homme que soleil!
Et je sens ce rayon m'échauffer de sa flamme,
Et mon cœur se console, et je dis à mon âme :
Homme ou monde à ses pieds, tout est indifférent,
Mais réjouissons-nous, car notre maître est grand!

Flottez, soleils des nuits, illuminez les sphères;
Bourdonnez sous votre herbe, insectes éphémères;
Rendons gloire là-haut, et dans nos profondeurs,
Vous par votre néant, et vous par vos grandeurs,
Et toi par ta pensée, homme! grandeur suprême,

Miroir qu'il a créé pour s'admirer lui-même,
Écho que dans son œuvre il a si loin jeté,
Afin que son saint nom fût partout répété.
Que cette humilité qui devant lui m'abaisse
Soit un sublime hommage, et non une tristesse;
Et que sa volonté, trop haute pour nos yeux,
Soit faite sur la terre, ainsi que dans les cieux!

VIII

JEHOVA

OU

L'IDÉE DE DIEU

Sinaï! Sinaï! quelle nuit sur ta cime!
Quels éclairs, sur tes flancs, éblouissent les yeux!
     Les noires vapeurs de l'abîme
Roulent en plis sanglants leurs vagues dans tes cieux!

     La nue enflammée
     Où ton front se perd
     Vomit la fumée
     Comme un chaume verd;
     Le ciel d'où s'échappe
     Éclair sur éclair,
     Et pareil au fer
     Que le marteau frappe,
     Lançant coups sur coups
     La nuit, la lumière,
     Se voile ou s'éclaire,
     S'ouvre ou se resserre,
     Comme la paupière
     D'un homme en courroux!

Un homme, un homme seul gravit tes flancs qui
                                          [grondent,
En vain tes mille échos tonnent et se répondent,
Ses regards assurés ne se détournent pas!
Tout un peuple éperdu le regarde d'en bas;
Jusqu'aux lieux où ta cime et le ciel se confondent,
Il monte, et la tempête enveloppe ses pas!

                    Le nuage crève;
                    Son brûlant carreau
                    Jaillit comme un glaive
                    Qui sort du fourreau!
                    Les foudres portées
                    Sur ses plis mouvants,
                    Au hasard jetées
                    Par les quatre vents,
                    Entre elles heurtées,
                    Partent en tous sens,
                    Comme une volée
                    D'aiglons aguerris
                    Qu'un bruit de mêlée
                    A soudain surpris,
                    Qui, battant de l'aile,
                    Volent pêle-mêle
                    Autour de leurs nids,
                    Et loin de leur mère,
                    La mort dans leur serre,
                    S'élancent de l'aire
                    En poussant des cris!
                    Le cèdre s'embrase,
                    Crie, éclate, écrase
                    Sa brûlante base
                    Sous ses bras fumants!
                    La flamme en colonne
                    Monte, tourbillonne,
                    Retombe et bouillonne

En feux écumants;
La lave serpente,
Et de pente en pente
Étend son foyer;
La montagne ardente
Paraît ondoyer;
Le firmament double
Les feux dont il luit;
Tout regard se trouble,
Tout meurt ou tout fuit;
Et l'air qui s'enflamme,
Repliant la flamme
Autour du haut lieu,
Va de place en place
Où le vent le chasse,
Semer dans l'espace
Des lambeaux de feu!

Sous ce rideau brûlant qui le voile et l'éclaire,
Moïse a seul, vivant, osé s'ensevelir;
Quel regard sondera ce terrible mystère?
Entre l'homme et le feu que va-t-il s'accomplir?
Dissipez, vains mortels, l'effroi qui vous atterre!
C'est Jehova qui sort! Il descend au milieu
        Des tempêtes et du tonnerre!
C'est Dieu qui se choisit son peuple sur la terre,
C'est un peuple à genoux qui reconnaît son Dieu!

L'Indien, élevant son âme
Aux voûtes de son ciel d'azur,
Adore l'éternelle flamme
Prise à son foyer le plus pur;
Au premier rayon de l'aurore,
Il s'incline, il chante, il adore
L'astre d'où ruisselle le jour;
Et le soir, sa triste paupière

Sur le tombeau de la lumière
Pleure avec des larmes d'amour!

Aux plages que le Nil inonde,
Des déserts le crédule enfant,
Brûlé par le flambeau du monde,
Adore un plus doux firmament.
Amant de ses nuits solitaires,
Pour son culte ami des mystères,
Il attend l'ombre dans les cieux,
Et du sein des sables arides
Il élève des pyramides
Pour compter de plus près ses dieux.

La Grèce adore les beaux songes
Par son doux génie inventés;
Et ses mystérieux mensonges,
Ombres pleines de vérités!
Il naît sous sa féconde haleine
Autant de dieux que l'âme humaine
A de terreurs et de désirs;
Son génie amoureux d'idoles
Donne l'être à tous les symboles,
Crée un dieu pour tous les soupirs!

Sâhra! sur tes vagues poudreuses
Où vont des quatre points des airs
Tes caravanes plus nombreuses
Que les sables de tes déserts?
C'est l'aveugle enfant du prophète,
Qui va sept fois frapper sa tête
Contre le seuil de son saint lieu!
Le désert en vain se soulève,
Sous la tempête ou sous le glaive :
Mourons, dit-il, Dieu seul est Dieu!

Sous les saules verts de l'Euphrate,
Que pleure ce peuple exilé?
Ce n'est point la Judée ingrate,
Les puits taris de Siloé!
C'est le culte de ses ancêtres!
Son arche, son temple, ses prêtres,
Son Dieu qui l'oublie aujourd'hui!
Son nom est dans tous ses cantiques;
Et ses harpes mélancoliques
Ne se souviennent que de lui!

Elles s'en souviennent encore,
Maintenant que des nations
Ce peuple exilé de l'aurore
Supporte les dérisions!
En vain, lassé de le proscrire,
L'étranger d'un amer sourire
Poursuit ses crédules enfants;
Comme l'eau buvant cette offense,
Ce peuple traîne une espérance
Plus forte que ses deux mille ans!

Le sauvage enfant des savanes,
Informe ébauche des humains,
Avant d'élever ses cabanes,
Se façonne un dieu de ses mains;
Si, chassé des rives du fleuve
Où l'ours, où le tigre s'abreuve,
Il émigre sous d'autres cieux,
Chargé de ses dieux tutélaires :
Marchons, dit-il, os de nos pères,
La patrie est où sont les dieux!

Et de quoi parlez-vous, marbres, bronzes, portiques,
Colonnes de Palmyre ou de Persépolis?
Panthéons sous la cendre ou l'onde ensevelis,

Si vides maintenant, autrefois si remplis!
Et vous, dont nous cherchons les lettres symboliques,
D'un passé sans mémoire incertaines reliques,
Mystères d'un vieux monde en mystères écrits?
Et vous, temples debout, superbes basiliques,
Dont un souffle divin anime les parvis?

Vous nous parlez des dieux! des dieux! des dieux
                                        [encore!
Chaque autel en porte un, qu'un saint délire adore,
Holocauste éternel que tout lieu semble offrir.
L'homme et les éléments, pleins de ce seul mystère,
N'ont eu qu'une pensée, une œuvre sur la terre :
        Confesser cet être et mourir!

Mais si l'homme occupé de cette œuvre suprême
Épuise toute langue à nommer le seul Grand,
Ah! combien la nature, en son silence même,
Le nomme mieux encore au cœur qui le comprend!
Voulez-vous, ô mortels, que ce Dieu se proclame?
Foulez aux pieds la cendre où dort le Panthéon
Et le livre où l'orgueil épelle en vain son nom!
De l'astre du matin le plus pâle rayon
Sur ce divin mystère éclaire plus votre âme
Que la lampe au jour faux qui veille avec Platon.

Montez sur ces hauteurs d'où les fleuves descendent
Et dont les mers d'azur baignent les pieds dorés,
À l'heure où les rayons sur leurs pentes s'étendent,
Comme un filet trempé ruisselant sur les prés!

Quand tout autour de vous sera splendeur et joie,
Quand les tièdes réseaux des heures de midi,
En vous enveloppant comme un manteau de soie,
Feront épanouir votre sang attiédi!

Quand la terre exhalant son âme balsamique
De son parfum vital enivrera vos sens,
Et que l'insecte même, entonnant son cantique,
Bourdonnera d'amour sur les bourgeons naissants!

Quand vos regards noyés dans un vague atmosphère,
Ainsi que le dauphin dans son azur natal,
Flotteront incertains entre l'onde et la terre,
Et des cieux de saphir et des mers de cristal,

Écoutez dans vos sens, écoutez dans votre âme
Et dans le pur rayon qui d'en haut vous a lui!
Et dites si le nom que cet hymne proclame
N'est pas aussi vivant, aussi divin que lui?

IX

LE CHÊNE

SUITE DE JEHOVA

Voilà ce chêne solitaire
Dont le rocher s'est couronné,
Parlez à ce tronc séculaire,
Demandez comment il est né.

Un gland tombe de l'arbre et roule sur la terre,
L'aigle à la serre vide, en quittant les vallons,
S'en saisit en jouant et l'emporte à son aire
Pour aiguiser le bec de ses jeunes aiglons;
Bientôt du nid désert qu'emporte la tempête
Il roule confondu dans les débris mouvants,
Et sur la roche nue un grain de sable arrête
Celui qui doit un jour rompre l'aile des vents;

L'été vient, l'aquilon soulève
La poudre des sillons, qui pour lui n'est qu'un jeu,
Et sur le germe éteint où couve encor la sève
    En laisse retomber un peu!
    Le printemps de sa tiède ondée
    L'arrose comme avec la main;
    Cette poussière est fécondée
    Et la vie y circule enfin!

La vie! à ce seul mot tout œil, toute pensée,
S'inclinent confondus et n'osent pénétrer;
Au seuil de l'Infini c'est la borne placée;
Où la sage ignorance et l'audace insensée
    Se rencontrent pour adorer!

    Il vit, ce géant des collines!
    Mais avant de paraître au jour,
    Il se creuse avec ses racines
    Des fondements comme une tour.
    Il sait quelle lutte s'apprête,
    Et qu'il doit contre la tempête
    Chercher sous la terre un appui;
    Il sait que l'ouragan sonore
    L'attend au jour!... ou, s'il l'ignore,
    Quelqu'un du moins le sait pour lui!

    Ainsi quand le jeune navire
    Où s'élancent les matelots,
    Avant d'affronter son empire,
    Veut s'apprivoiser sur les flots,
    Laissant filer son vaste câble,
    Son ancre va chercher le sable
    Jusqu'au fond des vallons mouvants,
    Et sur ce fondement mobile
    Il balance son mât fragile
    Et dort au vain roulis des vents!

Il vit! Le colosse superbe
Qui couvre un arpent tout entier
Dépasse à peine le brin d'herbe
Que le moucheron fait plier!
Mais sa feuille boit la rosée,
Sa racine fertilisée
Grossit comme une eau dans son cours,
Et dans son cœur qu'il fortifie
Circule un sang ivre de vie
Pour qui les siècles sont des jours!

Les sillons où les blés jaunissent
Sous les pas changeants des saisons,
Se dépouillent et se vêtissent
Comme un troupeau de ses toisons;
Le fleuve naît, gronde et s'écoule,
La tour monte, vieillit, s'écroule;
L'hiver effeuille le granit,
Des générations sans nombre
Vivent et meurent sous son ombre,
Et lui? voyez! il rajeunit!

Son tronc que l'écorce protège,
Fortifié par mille nœuds,
Pour porter sa feuille ou sa neige
S'élargit sur ses pieds noueux;
Ses bras que le temps multiplie,
Comme un lutteur qui se replie
Pour mieux s'élancer en avant,
Jetant leurs coudes en arrière,
Se recourbent dans la carrière
Pour mieux porter le poids du vent!

Et son vaste et pesant feuillage,
Répandant la nuit alentour,
S'étend, comme un large nuage,

Entre la montagne et le jour;
Comme de nocturnes fantômes,
Les vents résonnent dans ses dômes,
Les oiseaux y viennent dormir,
Et pour saluer la lumière
S'élèvent comme une poussière,
Si sa feuille vient à frémir!

La nef, dont le regard implore
Sur les mers un phare certain,
Le voit, tout noyé dans l'aurore,
Pyramider dans le lointain!
Le soir fait pencher sa grande ombre
Des flancs de la colline sombre
Jusqu'au pied des derniers coteaux.
Un seul des cheveux de sa tête
Abrite contre la tempête
Et le pasteur et les troupeaux!

Et pendant qu'au vent des collines
Il berce ses toits habités,
Des empires dans ses racines,
Sous son écorce des cités;
Là, près des ruches des abeilles,
Arachné tisse ses merveilles,
Le serpent siffle, et la fourmi
Guide à des conquêtes de sables
Ses multitudes innombrables
Qu'écrase un lézard endormi!

Et ces torrents d'âme et de vie,
Et ce mystérieux sommeil,
Et cette sève rajeunie
Qui remonte avec le soleil;
Cette intelligence divine
Qui pressent, calcule, devine

Et s'organise pour sa fin,
Et cette force qui renferme
Dans un gland le germe du germe
D'êtres sans nombres et sans fin!

Et ces mondes de créatures
Qui, naissant et vivant de lui,
Y puisent être et nourritures
Dans les siècles comme aujourd'hui;
Tout cela n'est qu'un gland fragile
Qui tombe sur le roc stérile
Du bec de l'aigle ou du vautour!
Ce n'est qu'une aride poussière
Que le vent sème en sa carrière
Et qu'échauffe un rayon du jour!

Et moi, je dis : Seigneur! c'est toi seul, c'est ta force,
Ta sagesse et ta volonté,
Ta vie et ta fécondité,
Ta prévoyance et ta bonté!
Le ver trouve ton nom gravé sous son écorce,
Et mon œil dans sa masse et son éternité!

X

L'HUMANITÉ

SUITE DE JEHOVA

À de plus hauts degrés de l'échelle de l'être,
En traits plus éclatants Jehova va paraître,
La nuit qui le voilait ici s'évanouit!
Voyez aux purs rayons de l'amour qui va naître
La vierge qui s'épanouit!

Elle n'éblouit pas encore
L'œil fasciné qu'elle suspend,
On voit qu'elle-même elle ignore
La volupté qu'elle répand;
Pareille, en sa fleur virginale,
À l'heure pure et matinale
Qui suit l'ombre et que le jour suit,
Doublement belle à la paupière,
Et des splendeurs de la lumière
Et des mystères de la nuit!

Son front léger s'élève et plane
Sur un cou flexible, élancé,
Comme sur le flot diaphane
Un cygne mollement bercé;
Sous la voûte à peine décrite
De ce temple où son âme habite,
On voit le sourcil s'ébaucher,
Arc onduleux d'or ou d'ébène
Que craint d'effacer une haleine,
Ou le pinceau de retoucher!

Là jaillissent deux étincelles
Que voile et couvre à chaque instant,
Comme un oiseau qui bat des ailes,
La paupière au cil palpitant!
Sur la narine transparente
Les veines où le sang serpente
S'entrelacent comme à dessein,
Et de sa lèvre qui respire
Se répand avec le sourire
Le souffle embaumé de son sein!

Comme un mélodieux génie
De sons épars fait des concerts,
Une sympathique harmonie

Accorde entre eux ces traits divers;
De cet accord, charme des charmes,
Dans le sourire ou dans les larmes
Naissent la grâce et la beauté;
La beauté, mystère suprême
Qui ne se révèle lui-même
Que par désir et volupté!

Sur ses traits dont le doux ovale
Borne l'ensemble gracieux,
Les couleurs que la nue étale
Se fondent pour charmer les yeux;
À la pourpre qui teint sa joue,
On dirait que l'aube s'y joue,
Ou qu'elle a fixé pour toujours,
Au moment qui la voit éclore,
Un rayon glissant de l'aurore
Sur un marbre aux divins contours!

Sa chevelure qui s'épanche
Au gré du vent prend son essor,
Glisse en ondes jusqu'à sa hanche,
Et là s'effile en franges d'or;
Autour du cou blanc qu'elle embrasse,
Comme un collier elle s'enlace,
Descend, serpente, et vient rouler
Sur un sein où s'enflent à peine
Deux sources d'où la vie humaine
En ruisseaux d'amour doit couler!

Noble et légère, elle folâtre,
Et l'herbe que foulent ses pas
Sous le poids de son pied d'albâtre
Se courbe et ne se brise pas!
Sa taille en marchant se balance
Comme la nacelle, qui danse

Lorsque la voile s'arrondit
Sous son mât que berce l'aurore,
Balance son flanc vide encore
Sur la vague qui rebondit!

Son âme n'est rien que tendresse,
Son corps qu'harmonieux contour,
Tout son être que l'œil caresse
N'est qu'un pressentiment d'amour!
Elle plaint tout ce qui soupire,
Elle aime l'air qu'elle respire,
Rêve ou pleure, ou chante à l'écart,
Et, sans savoir ce qu'il implore
D'une volupté qu'elle ignore
Elle rougit sous un regard!

Mais déjà sa beauté plus mûre
Fleurit à son quinzième été;
À ses yeux toute la nature
N'est qu'innocence et volupté!
Aux feux des étoiles brillantes
Au doux bruit des eaux ruisselantes,
Sa pensée erre avec amour;
Et toutes les fleurs des prairies
Viennent entre ses doigts flétries
Sur son cœur sécher tour à tour!

L'oiseau, pour tout autre sauvage,
Sous ses fenêtres vient nicher,
Ou, charmé de son esclavage,
Sur ses épaules se percher;
Elle nourrit les tourterelles,
Sur le blanc satin de leurs ailes
Promène ses doigts caressants,
Ou, dans un amoureux caprice,
Elle aime que leur cou frémisse
Sous ses baisers retentissants!

Elle paraît, et tout soupire,
Tout se trouble sous son regard;
Sa beauté répand un délire
Qui donne une ivresse au vieillard!
Et comme on voit l'humble poussière
Tourbillonner à la lumière
Qui la fascine à son insu!
Partout où ce beau front rayonne,
Un souffle d'amour environne
Celle par qui l'homme est conçu!

Un homme! un fils, un roi de la nature entière!
Insecte né de boue et qui vit de lumière!
Qui n'occupe qu'un point, qui n'a que deux instants,
Mais qui de l'Infini par la pensée est maître,
Et reculant sans fin les bornes de son être,
S'étend dans tout l'espace et vit dans tous les temps!

Il naît, et d'un coup d'œil il s'empare du monde,
Chacun de ses besoins soumet un élément,
Pour lui germe l'épi, pour lui s'épanche l'onde,
Et le feu, fils du jour, descend du firmament!

L'instinct de sa faiblesse est sa toute-puissance;
Pour lui l'insecte même est un objet d'effroi,
Mais le sceptre du globe est à l'intelligence;
L'homme s'unit à l'homme, et la terre a son roi!

Il regarde, et le jour se peint dans sa paupière;
Il pense, et l'univers dans son âme apparaît!
Il parle, et son accent, comme une autre lumière,
Va dans l'âme d'autrui se peindre trait pour trait!

Il se donne des sens qu'oublia la nature,
Jette un frein sur la vague au vent capricieux.
Lance la mort au but que son calcul mesure,
Sonde avec un cristal les abîmes des cieux!

Il écrit, et les vents emportent sa pensée
Qui va dans tous les cieux vivre et s'entretenir!
Et son âme invisible en traits vivants tracée
Écoute le passé qui parle à l'avenir!

Il fonde les cités, familles immortelles;
Et pour les soutenir il élève les lois,
Qui, de ces monuments colonnes éternelles,
Du temple social se divisent le poids!

Après avoir conquis la nature, il soupire;
Pour un plus noble prix sa vie a combattu;
Et son cœur vide encor, dédaignant son empire,
Pour s'égaler aux dieux inventa la vertu!

Il offre en souriant sa vie en sacrifice,
Il se confie au Dieu que son œil ne voit pas;
Coupable, a le remords qui venge la justice,
Vertueux, une voix qui l'applaudit tout bas!

Plus grand que son destin, plus grand que la nature,
Ses besoins satisfaits ne lui suffisent pas,
Son âme a des destins qu'aucun œil ne mesure,
Et des regards portant plus loin que le trépas!

Il lui faut l'espérance, et l'empire et la gloire,
L'avenir à son nom, à sa foi des autels,
Des dieux à supplier, des vérités à croire,
Des cieux et des enfers, et des jours immortels!

Mais le temps tout à coup manque à sa vie usée,
L'horizon raccourci s'abaisse devant lui,
Il sent tarir ses jours comme une onde épuisée,
　　　　Et son dernier soleil a lui!

Regardez-le mourir!... Assis sur le rivage
Que vient battre la vague où sa nef doit partir,

Le pilote qui sait le but de son voyage
D'un cœur plus rassuré n'attend pas le zéphyr!

On dirait que son œil, qu'éclaire l'espérance,
Voit l'immortalité luire sur l'autre bord,
Au-delà du tombeau sa vertu le devance,
Et, certain du réveil, le jour baisse, il s'endort!

Et les astres n'ont plus d'assez pure lumière,
Et l'Infini n'a plus d'assez vaste séjour,
Et les siècles divins d'assez longue carrière
Pour l'âme de celui qui n'était que poussière
        Et qui n'avait qu'un jour!

    Voilà cet instinct qui l'annonce
    Plus haut que l'aurore et la nuit.
    Voilà l'éternelle réponse
    Au doute qui se reproduit!
    Du grand livre de la nature,
    Si la lettre, à vos yeux obscure,
    Ne le trahit pas en tout lieu,
    Ah! l'homme est le livre suprême :
    Dans les fibres de son cœur même
    Lisez, mortels : Il est un Dieu!

XI

L'IDÉE DE DIEU

SUITE DE JEHOVA

Heureux l'œil éclairé de ce jour sans nuage
Qui partout ici-bas le contemple et le lit!
Heureux le cœur épris de cette grande image,
Toujours vide et trompé si Dieu ne le remplit!

Ah! pour celui-là seul la nature est sans ombre!
En vain le temps se voile et reculent les cieux,
Le ciel n'a point d'abîme et le temps point de nombre
          Qui le cache à ses yeux!

Pour qui ne l'y voit pas tout est nuit et mystères,
Cet alphabet de feu dans le ciel répandu
Est semblable pour eux à ces vains caractères
Dont le sens, s'ils en ont, dans les temps s'est perdu!

Le savant sous ses mains les retourne et les brise
Et dit : Ce n'est qu'un jeu d'un art capricieux;
Et cent fois en tombant ces lettres qu'il méprise
D'elles-même ont écrit le nom mystérieux!

Mais cette langue, en vain par les temps égarée,
          Se lit hier comme aujourd'hui;
Car elle n'a qu'un nom sous sa lettre sacrée,
          Lui seul! lui partout! toujours lui!

          Qu'il est doux pour l'âme qui pense
          Et flotte dans l'immensité
          Entre le doute et l'espérance,
          La lumière et l'obscurité,
          De voir cette idée éternelle
          Luire sans cesse au-dessus d'elle
          Comme une étoile aux feux constants,
          La consoler sous ses nuages,
          Et lui montrer les deux rivages
          Blanchis de l'écume du temps!

          En vain les vagues des années
          Roulent dans leur flux et reflux
          Les croyances abandonnées
          Et les empires révolus!
          En vain l'opinion qui lutte
          Dans son triomphe ou dans sa chute

Entraîne un monde à son déclin;
Elle brille sur sa ruine,
Et l'histoire qu'elle illumine
Ravit son mystère au destin!

Elle est la science du sage,
Elle est la foi de la vertu!
Le soutien du faible, et le gage
Pour qui le juste a combattu!
En elle la vie a son juge
Et l'infortune son refuge,
Et la douleur se réjouit.
Unique clef du grand mystère,
Ôtez cette idée à la terre
Et la raison s'évanouit!

Cependant le monde, qu'oublie
L'âme absorbée en son auteur,
Accuse sa foi de folie
Et lui reproche son bonheur,
Pareil à l'oiseau des ténèbres
Qui, charmé des lueurs funèbres,
Reproche à l'oiseau du matin
De croire au jour qui vient d'éclore
Et de planer devant l'aurore
Enivré du rayon divin!

Mais qu'importe à l'âme qu'inonde
Ce jour que rien ne peut voiler!
Elle laisse rouler le monde
Sans l'entendre et sans s'y mêler!
Telle une perle de rosée
Que fait jaillir l'onde brisée
Sur des rochers retentissants,
Y sèche pure et virginale,
Et seule dans les cieux s'exhale
Avec la lumière et l'encens!

LIVRE TROISIÈME

II

MILLY

OU

LA TERRE NATALE [1]

Pourquoi le prononcer ce nom de la patrie?
Dans son brillant exil mon cœur en a frémi;
Il résonne de loin dans mon âme attendrie,
Comme les pas connus ou la voix d'un ami.

Montagnes que voilait le brouillard de l'automne,
Vallons que tapissait le givre du matin,
Saules dont l'émondeur effeuillait la couronne,
Vieilles tours que le soir dorait dans le lointain,

Murs noircis par les ans, coteaux, sentier rapide,
Fontaine où les pasteurs accroupis tour à tour
Attendaient goutte à goutte une eau rare et limpide,
Et, leur urne à la main, s'entretenaient du jour,

Chaumière où du foyer étincelait la flamme,
Toit que le pèlerin aimait à voir fumer,
Objets inanimés, avez-vous donc une âme
Qui s'attache à notre âme et la force d'aimer?

J'ai vu des cieux d'azur, où la nuit est sans voiles,
Dorés jusqu'au matin sous les pieds des étoiles,
Arrondir sur mon front dans leur arc infini
Leur dôme de cristal qu'aucun vent n'a terni!

J'ai vu des monts voilés de citrons et d'olives
Réfléchir dans les eaux leurs ombres fugitives,
Et dans leurs frais vallons, au souffle du zéphyr,
Bercer sur l'épi mûr le cep prêt à mûrir;
Sur des bords où les mers ont à peine un murmure,
J'ai vu des flots brillants l'onduleuse ceinture
Presser et relâcher dans l'azur de ses plis
De leurs caps dentelés les contours assouplis,
S'étendre dans le golfe en nappes de lumière,
Blanchir l'écueil fumant de gerbes de poussière,
Porter dans le lointain d'un occident vermeil
Des îles qui semblaient le lit d'or du soleil,
Ou, s'ouvrant devant moi sans rideau, sans limite,
Me montrer l'infini que le mystère habite!
J'ai vu ces fiers sommets, pyramides des airs,
Où l'été repliait le manteau des hivers,
Jusqu'au sein des vallons descendant par étages,
Entrecouper leurs flancs de hameaux et d'ombrages,
De pics et de rochers ici se hérisser,
En pentes de gazon plus loin fuir et glisser,
Lancer en arcs fumants, avec un bruit de foudre,
Leurs torrents en écume et leurs fleuves en poudre,
Sur leurs flancs éclairés, obscurcis tour à tour,
Former des vagues d'ombre et des îles de jour,
Creuser de frais vallons que la pensée adore,
Remonter, redescendre, et remonter encore,
Puis des derniers degrés de leurs vastes remparts,
À travers les sapins et les chênes épars
Dans le miroir des lacs qui dorment sous leur ombre
Jeter leurs reflets verts ou leur image sombre,
Et sur le tiède azur de ces limpides eaux
Faire onduler leur neige et flotter leurs coteaux!
J'ai visité ces bords et ce divin asile
Qu'a choisis pour dormir l'ombre du doux Virgile,
Ces champs que la Sibylle à ses yeux déroula,
Et Cume et l'Élysée; et mon cœur n'est pas là!...

Mais il est sur la terre une montagne aride
Qui ne porte en ses flancs ni bois ni flot limpide,
Dont par l'effort des ans l'humble sommet miné,
Et sous son propre poids jour par jour incliné,
Dépouillé de son sol fuyant dans les ravines,
Garde à peine un buis sec qui montre ses racines,
Et se couvre partout de rocs prêts à crouler
Que sous son pied léger le chevreau fait rouler.
Ces débris par leur chute ont formé d'âge en âge
Un coteau qui décroît et, d'étage en étage,
Porte, à l'abri des murs dont ils sont étayés,
Quelques avares champs de nos sueurs payés,
Quelques ceps dont les bras, cherchant en vain l'érable,
Serpentent sur la terre ou rampent sur le sable,
Quelques buissons de ronce, où l'enfant des hameaux
Cueille un fruit oublié qu'il dispute aux oiseaux,
Où la maigre brebis des chaumières voisines
Broute en laissant sa laine en tribut aux épines;
Lieux que ni le doux bruit des eaux pendant l'été,
Ni le frémissement du feuillage agité,
Ni l'hymne aérien du rossignol qui veille,
Ne rappellent au cœur, n'enchantent pour l'oreille;
Mais que, sous les rayons d'un ciel toujours d'airain,
La cigale assourdit de son cri souterrain.
Il est dans ces déserts un toit rustique et sombre
Que la montagne seule abrite de son ombre,
Et dont les murs, battus par la pluie et les vents,
Portent leur âge écrit sous la mousse des ans.
Sur le seuil désuni de trois marches de pierre
Le hasard a planté les racines d'un lierre
Qui, redoublant cent fois ses nœuds entrelacés,
Cache l'affront du temps sous ses bras élancés,
Et, recourbant en arc sa volute rustique,
Fait le seul ornement du champêtre portique.
Un jardin qui descend au revers d'un coteau
Y présente au couchant son sable altéré d'eau;

La pierre sans ciment, que l'hiver a noircie,
En borne tristement l'enceinte rétrécie;
La terre, que la bêche ouvre à chaque saison,
Y montre à nu son sein sans ombre et sans gazon;
Ni tapis émaillés, ni cintres de verdure,
Ni ruisseau sous des bois, ni fraîcheur, ni murmure;
Seulement sept tilleuls par le soc oubliés,
Protégeant un peu d'herbe étendue à leurs pieds,
Y versent dans l'automne une ombre tiède et rare,
D'autant plus douce au front sous un ciel plus avare;
Arbres dont le sommeil et des songes si beaux
Dans mon heureuse enfance habitaient les rameaux!
Dans le champêtre enclos qui soupire après l'onde,
Un puits dans le rocher cache son eau profonde,
Où le vieillard qui puise, après de longs efforts,
Dépose en gémissant son urne sur les bords;
Une aire où le fléau sur l'argile étendue
Bat à coups cadencés la gerbe répandue,
Où la blanche colombe et l'humble passereau
Se disputent l'épi qu'oublia le râteau :
Et sur la terre épars des instruments rustiques,
Des jougs rompus, des chars dormant sous les portiques,
Des essieux dont l'ornière a brisé les rayons,
Et des socs émoussés qu'ont usés les sillons.

Rien n'y console l'œil de sa prison stérile,
Ni les dômes dorés d'une superbe ville,
Ni le chemin poudreux, ni le fleuve lointain,
Ni les toits blanchissants aux clartés du matin;
Seulement, répandus de distance en distance,
De sauvages abris qu'habite l'indigence,
Le long d'étroits sentiers en désordre semés,
Montrent leur toit de chaume et leurs murs enfumés,
Où le vieillard, assis au seuil de sa demeure,
Dans son berceau de jonc endort l'enfant qui pleure;
Enfin un sol sans ombre et des cieux sans couleur,

Et des vallons sans onde! — Et c'est là qu'est mon
Ce sont là les séjours, les sites, les rivages   [cœur!
Dont mon âme attendrie évoque les images,
Et dont pendant les nuits mes songes les plus beaux
Pour enchanter mes yeux composent leurs tableaux!

Là chaque heure du jour, chaque aspect des montagnes,
Chaque son qui le soir s'élève des campagnes,
Chaque mois qui revient, comme un pas des saisons,
Reverdir ou faner les bois ou les gazons,
La lune qui décroît ou s'arrondit dans l'ombre,
L'étoile qui gravit sur la colline sombre,
Les troupeaux des hauts lieux chassés par les frimas,
Des coteaux aux vallons descendant pas à pas,
Le vent, l'épine en fleurs, l'herbe verte ou flétrie,
Le soc dans le sillon, l'onde dans la prairie,
Tout m'y parle une langue aux intimes accents
Dont les mots, entendus dans l'âme et dans les sens,
Sont des bruits, des parfums, des foudres, des orages,
Des rochers, des torrents, et ces douces images,
Et ces vieux souvenirs dormant au fond de nous,
Qu'un site nous conserve et qu'il nous rend plus doux.
Là mon cœur en tout lieu se retrouve lui-même!
Tout s'y souvient de moi, tout m'y connaît, tout
Mon œil trouve un ami dans tout cet horizon, [m'aime!
Chaque arbre a son histoire et chaque pierre un nom.
Qu'importe que ce nom, comme Thèbe ou Palmire,
Ne nous rappelle pas les fastes d'un empire,
Le sang humain versé pour le choix des tyrans,
Ou ces fléaux de Dieu que l'homme appelle grands?
Ce site où la pensée a rattaché sa trame,
Ces lieux encor tout pleins des fastes de notre âme,
Sont aussi grands pour nous que ces champs du destin
Où naquit, où tomba quelque empire incertain :
Rien n'est vil! rien n'est grand! l'âme en est la mesure!
Un cœur palpite au nom de quelque humble masure,

Et sous les monuments des héros et des dieux
Le pasteur passe et siffle en détournant les yeux!

Voilà le banc rustique où s'asseyait mon père,
La salle où résonnait sa voix mâle et sévère,
Quand les pasteurs assis sur leurs socs renversés
Lui comptaient les sillons par chaque heure tracés,
Ou qu'encor palpitant des scènes de sa gloire,
De l'échafaud des rois il nous disait l'histoire,
Et, plein du grand combat qu'il avait combattu,
En racontant sa vie enseignait la vertu!
Voilà la place vide où ma mère à toute heure
Au plus léger soupir sortait de sa demeure,
Et, nous faisant porter ou la laine ou le pain,
Vêtissait l'indigence ou nourrissait la faim;
Voilà les toits de chaume où sa main attentive
Versait sur la blessure ou le miel ou l'olive,
Ouvrait près du chevet des vieillards expirants
Ce livre où l'espérance est permise aux mourants,
Recueillait leurs soupirs sur leur bouche oppressée,
Faisait tourner vers Dieu leur dernière pensée,
Et tenant par la main les plus jeunes de nous,
À la veuve, à l'enfant, qui tombaient à genoux,
Disait, en essuyant les pleurs de leurs paupières :
Je vous donne un peu d'or, rendez-leur vos prières!
Voilà le seuil, à l'ombre, où son pied nous berçait,
La branche du figuier que sa main abaissait,
Voici l'étroit sentier où, quand l'airain sonore
Dans le temple lointain vibrait avec l'aurore,
Nous montions sur sa trace à l'autel du Seigneur
Offrir deux purs encens, innocence et bonheur!
C'est ici que sa voix pieuse et solennelle
Nous expliquait un Dieu que nous sentions en elle,
Et nous montrant l'épi dans son germe enfermé,
La grappe distillant son breuvage embaumé,
La génisse en lait pur changeant le suc des plantes,

Le rocher qui s'entrouvre aux sources ruisselantes,
La laine des brebis dérobée aux rameaux
Servant à tapisser les doux nids des oiseaux,
Et le soleil exact à ses douze demeures,
Partageant aux climats les saisons et les heures,
Et ces astres des nuits que Dieu seul peut compter,
Mondes où la pensée ose à peine monter,
Nous enseignait la foi par la reconnaissance,
Et faisait admirer à notre simple enfance
Comment l'astre et l'insecte invisible à nos yeux
Avaient, ainsi que nous, leur père dans les cieux!
Ces bruyères, ces champs, ces vignes, ces prairies,
Ont tous leurs souvenirs et leurs ombres chéries.
Là, mes sœurs folâtraient, et le vent dans leurs jeux
Les suivait en jouant avec leurs blonds cheveux!
Là, guidant les bergers aux sommets des collines,
J'allumais des bûchers de bois mort et d'épines,
Et mes yeux, suspendus aux flammes du foyer,
Passaient heure après heure à les voir ondoyer.
Là, contre la fureur de l'aquilon rapide
Le saule caverneux nous prêtait son tronc vide,
Et j'écoutais siffler dans son feuillage mort
Des brises dont mon âme a retenu l'accord.
Voilà le peuplier qui, penché sur l'abîme,
Dans la saison des nids nous berçait sur sa cime,
Le ruisseau dans les prés dont les dormantes eaux
Submergeaient lentement nos barques de roseaux,
Le chêne, le rocher, le moulin monotone,
Et le mur au soleil, où dans les jours d'automne,
Je venais sur la pierre, assis près des vieillards,
Suivre le jour qui meurt de mes derniers regards!
Tout est encor debout; tout renaît à sa place :
De nos pas sur le sable on suit encore la trace;
Rien ne manque à ces lieux qu'un cœur pour en
Mais, hélas! l'heure baisse et va s'évanouir.　　　[jouir,

La vie a dispersé, comme l'épi sur l'aire,
Loin du champ paternel les enfants et la mère,
Et ce foyer chéri ressemble aux nids déserts
D'où l'hirondelle a fui pendant de longs hivers!
Déjà l'herbe qui croît sur les dalles antiques
Efface autour des murs les sentiers domestiques,
Et le lierre, flottant comme un manteau de deuil,
Couvre à demi la porte et rampe sur le seuil;
Bientôt peut-être...! écarte, ô mon Dieu! ce présage!
Bientôt un étranger, inconnu du village,
Viendra, l'or à la main, s'emparer de ces lieux
Qu'habite encor pour nous l'ombre de nos aïeux,
Et d'où nos souvenirs des berceaux et des tombes
S'enfuiront à sa voix, comme un nid de colombes
Dont la hache a fauché l'arbre dans les forêts,
Et qui ne savent plus où se poser après!

Ne permets pas, Seigneur, ce deuil et cet outrage!
Ne souffre pas, mon Dieu, que notre humble héritage
Passe de mains en mains troqué contre un vil prix,
Comme le toit du vice ou le champ des proscrits!
Qu'un avide étranger vienne d'un pied superbe
Fouler l'humble sillon de nos berceaux sur l'herbe,
Dépouiller l'orphelin, grossir, compter son or
Aux lieux où l'indigence avait seule un trésor,
Et blasphémer ton nom sous ces mêmes portiques
Où ma mère à nos voix enseignait tes cantiques!
Ah! que plutôt cent fois, aux vents abandonné,
Le toit pende en lambeaux sur le mur incliné;
Que les fleurs du tombeau, les mauves, les épines,
Sur les parvis brisés germent dans les ruines!
Que le lézard dormant s'y réchauffe au soleil,
Que Philomèle y chante aux heures du sommeil,
Que l'humble passereau, les colombes fidèles,
Y rassemblent en paix leurs petits sous leurs ailes,
Et que l'oiseau du ciel vienne bâtir son nid
Aux lieux où l'innocence eut autrefois son lit!

Ah! si le nombre écrit sous l'œil des destinées
Jusqu'aux cheveux blanchis prolonge mes années,
Puissé-je, heureux vieillard, y voir baisser mes jours
Parmi ces monuments de mes simples amours!
Et quand ces toits bénis et ces tristes décombres
Ne seront plus pour moi peuplés que par des ombres,
Y retrouver au moins dans les noms, dans les lieux,
Tant d'êtres adorés disparus de mes yeux!
Et vous, qui survivrez à ma cendre glacée,
Si vous voulez charmer ma dernière pensée,
Un jour, élevez-moi...! non! ne m'élevez rien!
Mais près des lieux où dort l'humble espoir du chrétien,
Creusez-moi dans ces champs la couche que j'envie
Et ce dernier sillon où germe une autre vie!
Étendez sur ma tête un lit d'herbes des champs
Que l'agneau du hameau broute encore au printemps,
Où l'oiseau, dont mes sœurs ont peuplé ces asiles,
Vienne aimer et chanter durant mes nuits tranquilles;
Là, pour marquer la place où vous m'allez coucher,
Roulez de la montagne un fragment de rocher;
Que nul ciseau surtout ne le taille et n'efface
La mousse des vieux jours qui brunit sa surface,
Et d'hiver en hiver incrustée à ses flancs,
Donne en lettre vivante une date à ses ans!
Point de siècle ou de nom sur cette agreste page!
Devant l'éternité tout siècle est du même âge,
Et celui dont la voix réveille le trépas
Au défaut d'un vain nom ne nous oubliera pas!
Là, sous des cieux connus, sous les collines sombres,
Qui couvrirent jadis mon berceau de leurs ombres,
Plus près du sol natal, de l'air et du soleil,
D'un sommeil plus léger j'attendrai le réveil!
Là, ma cendre, mêlée à la terre qui m'aime,
Retrouvera la vie avant mon esprit même,
Verdira dans les prés, fleurira dans les fleurs,

Boira des nuits d'été les parfums et les pleurs;
Et, quand du jour sans soir la première étincelle
Viendra m'y réveiller pour l'aurore éternelle,
En ouvrant mes regards je reverrai des lieux
Adorés de mon cœur et connus de mes yeux,
Les pierres du hameau, le clocher, la montagne,
Le lit sec du torrent et l'aride campagne;
Et, rassemblant de l'œil tous les êtres chéris
Dont l'ombre près de moi dormait sous ces débris,
Avec des sœurs, un père et l'âme d'une mère,
Ne laissant plus de cendre en dépôt à la terre,
Comme le passager qui des vagues descend
Jette encore au navire un œil reconnaissant,
Nos voix diront ensemble à ces lieux pleins de charmes
L'adieu, le seul adieu qui n'aura point de larmes!

V

HYMNE AU CHRIST

À M. Manzoni.

Verbe incréé! source féconde
De justice et de liberté!
Parole qui guéris le monde!
Rayon vivant de vérité!
Est-il vrai que ta voix d'âge en âge entendue,
Pareille au bruit lointain qui meurt dans l'étendue,
N'a plus pour nous guider que des sons impuissants?
Et qu'une voix plus souveraine,
La voix de la parole humaine,
Étouffe à jamais tes accents?

Mais la raison c'est toi! mais cette raison même
Qu'était-elle avant l'heure où tu vins l'éclairer?

Nuage, obscurité, doute, combat, système,
Flambeau que notre orgueil portait pour s'égarer!

Le monde n'était que ténèbres,
Les doctrines sans foi luttaient comme des flots,
Et trompé, détrompé de leurs clartés funèbres,
L'esprit humain flottait noyé dans ce chaos;
L'espérance ou la peur, au gré de leurs caprices,
Ravageaient tour à tour et repeuplaient les cieux,
La fourbe s'engraissait du sang des sacrifices,
Mille dieux attestaient l'ignorance des dieux!
Fouillez les cendres de Palmyre,
Fouillez les limons d'Osiris
Et ces panthéons où respire
L'ombre fétide encor de tous ces dieux proscrits!
Tirez de la fange ou de l'herbe,
Tirez ces dieux moulés, fondus, taillés, pétris,
Ces monstres mutilés, ces symboles flétris,
Et dites ce qu'était cette raison superbe
Quand elle adorait ces débris!

Ne sachant plus nommer les exploits ou les crimes,
Les noms tombaient du sort comme au hasard jetés,
La gloire suffisait aux âmes magnanimes,
Et les vertus les plus sublimes
N'étaient que des vices dorés!

Tu parais! ton verbe vole,
Comme autrefois la parole
Qu'entendit le noir chaos
De la nuit tira l'aurore,
Des cieux sépara les flots
Et du nombre fit éclore
L'harmonie et le repos!
Ta parole créatrice
Sépare vertus et vice,

Mensonges et vérité;
Le maître apprend la justice,
L'esclave la liberté;
L'indigent le sacrifice,
Le riche la charité!
Un Dieu créateur et père,
En qui l'innocence espère,
S'abaisse jusqu'aux mortels!
La prière qu'il appelle
S'élève à lui libre et belle
Sans jamais souiller son aile
Des holocaustes cruels!
Nos iniquités, nos crimes,
Nos désirs illégitimes,
Voilà les seules victimes
Qu'on immole à ses autels!
L'immortalité se lève
Et brille au-delà des temps;
L'espérance, divin rêve,
De l'exil que l'homme achève
Abrège les courts instants;
L'amour céleste soulève
Nos fardeaux les plus pesants;
Le siècle éternel commence,
Le juste a sa conscience,
Le remords son innocence,
L'humble foi fait la science
Des sages et des enfants!
Et l'homme qu'elle console
Dans cette seule parole
Se repose deux mille ans!

Et l'esprit éclairé par tes lois immortelles,
Dans la sphère morale où tu guidas nos yeux,
Découvrit tout à coup plus de vertus nouvelles
Que, le jour où d'Herschell le verre audacieux

Porta l'œil étonné dans les célestes routes,
Le regard qui des nuits interroge les voûtes
Ne vit d'astres nouveaux pulluler dans les cieux!

Non, jamais de ces feux qui roulent sur nos têtes,
Jamais de ce Sina qu'embrasaient les tempêtes,
Jamais de cet Horeb, trône de Jehova,
          Aux yeux des siècles n'éclata
Un foyer de clarté plus vive et plus féconde
Que cette vérité qui jaillit sur le monde
          Des collines de Golgotha!

L'astre qu'à ton berceau le mage vit éclore,
L'étoile qui guida les bergers de l'aurore
Vers le Dieu couronné d'indigence et d'affront,
Répandit sur la terre un jour qui luit encore,
Que chaque âge à son tour reçoit, bénit, adore,
Qui dans la nuit des temps jamais ne s'évapore,
Et ne s'éteindra pas quand les cieux s'éteindront!

Ils disent cependant que cet astre se voile,
Que les clartés du siècle ont vaincu cette étoile;
Que ce monde vieilli n'a plus besoin de toi!
Que la raison est seule immortelle et divine,
Que la rouille des temps a rongé ta doctrine,
Et que de jour en jour de ton temple en ruine
Quelque pierre en tombant déracine ta foi!

Ô Christ! Il est trop vrai! ton éclipse est bien sombre;
La terre sur ton astre a projeté son ombre;
Nous marchons dans un siècle où tout tombe à grand
Vingt siècles écroulés y mêlent leur poussière,   [bruit.
Fables et vérités, ténèbres et lumière,
Flottent confusément devant notre paupière,
Et l'un dit : C'est le jour! et l'autre : C'est la nuit !

Comme un rayon du ciel qui perce les nuages,
En traversant la fange et la nuit des vieux âges,
Ta parole a subi nos profanations!
L'œil impur des mortels souillerait le jour même!
L'imposture a terni la vérité suprême,
Et les tyrans, prenant ta foi pour diadème,
Ont doré de ton nom le joug des nations!

Mais, pareille à l'éclair qui tombant sur la terre
Remonte au firmament sans qu'une ombre l'altère,
L'homme n'a pu souiller ta loi de vérité!
L'ignorance a terni tes lumières sublimes,
La haine a confondu tes vertus et nos crimes,
Les flatteurs aux tyrans ont vendu tes maximes;
Elle est encor justice, amour et liberté!

Et l'aveugle raison demande quels miracles
De cette loi vieillie attestent les oracles!
Ah! le miracle est là permanent et sans fin!
Que cette vérité par ces flots d'impostures,
Que ce flambeau brillant par tant d'ombres obscures,
Que ce verbe incréé par nos lèvres impures
Ait passé deux mille ans et soit encor divin!

Que d'ombres, dites-vous! — Mais, ô flambeau des
Tu n'avais pas promis des astres sans nuages!   [âges,
L'œil humain n'est pas fait pour la pure clarté!
Point de jour ici-bas qu'un peu d'ombre n'altère;
De sa propre splendeur Dieu se voile à la terre,
Et ce n'est qu'à travers la nuit et le mystère
Que l'œil peut voir le jour, l'homme la vérité!

Un siècle naît et parle, un cri d'espoir s'élève;
Le genre humain déçu voit lutter rêve et rêve,
Système, opinions, dogmes, flux et reflux;
Cent ans passent, le temps comme un nuage vide
Les roule avec l'oubli sous son aile rapide,

Quand il a balayé cette poussière aride
Que reste-t-il du siècle? un mensonge de plus!

Mais l'ère où tu naquis, toujours, toujours nouvelle,
Luit au-dessus de nous comme une ère éternelle;
Une moitié des temps pâlit à ce flambeau,
L'autre moitié s'éclaire au jour de tes symboles,
Deux mille ans, épuisant leurs sagesses frivoles,
N'ont pas pu démentir une de tes paroles,
Et toute vérité date de ton berceau[1]!

Et c'est en vain que l'homme, ingrat et las de croire,
De ses autels brisés et de son souvenir
Comme un songe importun veut enfin te bannir;
Tu règnes malgré lui jusque dans sa mémoire,
Et, du haut d'un passé rayonnant de ta gloire,
Tu jettes ta splendeur au dernier avenir!
Lumière des esprits, tu pâlis, ils pâlissent!
Fondement des états, tu fléchis, ils fléchissent!
Sève du genre humain, il tarit si tu meurs!
Racine de nos lois dans le sol enfoncée,
Partout où tu languis on voit languir les mœurs,
Chaque fibre à ton nom s'émeut dans tous les cœurs,
Et tu revis partout, jusque dans la pensée,
　　　Jusque dans la haine insensée
　　　De tes ingrats blasphémateurs!

　　　Phare élevé sur des rivages
　　　Que le temps n'a pu foudroyer,
　　　Les lumières de tous les âges
　　　Se concentrent dans ton foyer!
　　　Consacrant l'humaine mémoire,
　　　Tu guides les yeux de l'histoire
　　　Jusqu'à la source d'où tout sort!
　　　Les sept jours n'ont plus de mystère,
　　　Et l'homme sait pourquoi la terre
　　　Lutte entre la vie et la mort!

Ton pouvoir n'est plus le caprice
Des démagogues ou des rois;
Il est l'éternelle justice
Qui se réfléchit dans nos lois!
Ta vertu n'est plus ce problème,
Rêve qui se nourrit soi-même
D'orgueil et d'immortalité!
Elle est l'holocauste sublime
D'une volonté magnanime
À l'éternelle volonté!

Ta vérité n'est plus ce prisme
Où des temps chaque erreur a lui,
L'éclair qui jaillit du sophisme
Et s'évanouit avec lui!
Rayon de l'aurore éternelle,
Pure, féconde, universelle,
Elle éclaire tous les vivants:
Sublime égalité des âmes,
Pour les sages foudres et flammes,
Ombre et voile à l'œil des enfants!

Aliment qui contient la vie,
Chaleur dont le foyer est Dieu,
Germe qui croît et fructifie,
Ton verbe la sème en tout lieu!
Vérité palpable et pratique,
L'amour divin la communique
De l'œil à l'œil, du cœur au cœur!
Et sans proférer de paroles,
Des actions sont ses symboles,
Et des vertus sont sa splendeur!

Chaque instinct à ton joug nous lie,
L'homme naît, vit, meurt avec toi.
Chacun des anneaux de sa vie,

Ô Christ, est rivé par ta foi!
Souffrant, ses pleurs sont une offrande,
Heureux, son bonheur te demande
De bénir sa prospérité;
Et le mourant que tu consoles
Franchit armé de tes paroles
L'ombre de l'immortalité!

Tu gardes quand l'homme succombe
Sa mémoire après le trépas,
Et tu rattaches à la tombe
Les liens brisés ici-bas;
Les pleurs tombés de la paupière
Ne mouillent plus la froide pierre;
Mais, de ces larmes s'abreuvant,
La prière, union suprême,
Porte la paix au mort qu'elle aime,
Rapporte l'espoir au vivant!

Prix divin de tout sacrifice, .
Tout bien se nourrit de ta foi!
De quelque mal qu'elle gémisse,
L'humanité se tourne à toi!
Si je demande à chaque obole,
À chaque larme qui console,
À chaque généreux pardon,
À chaque vertu qu'on me nomme :
En quel nom consolez-vous l'homme?
Ils me répondent : En son nom!

C'est toi dont la pitié plus tendre
Verse l'aumône à pleines mains,
Guide l'aveugle, et vient attendre
Le voyageur sur les chemins!
C'est toi qui, dans l'asile immonde
Où les déshérités du monde

Viennent pour pleurer et souffrir,
Donne au vieillard de saintes filles,
À l'enfant sans nom des familles,
Au malade un lit pour mourir!

Tu vis dans toutes les reliques,
Temple debout ou renversé,
Autels, colonnes, basiliques,
Tout est à toi dans le passé!
Tout ce que l'homme élève encore,
Toute demeure où l'on adore,
Tout est à toi dans l'avenir!
Les siècles n'ont pas de poussière
Les collines n'ont pas de pierre
Qui ne porte ton souvenir!

Enfin, vaste et puissante idée,
Plus forte que l'esprit humain,
Toute âme est pleine, est obsédée,
De ton nom qu'elle évoque en vain!
Préférant ses doutes funèbres,
L'homme amasse en vain les ténèbres,
Partout ta splendeur le poursuit!
Et, comme au jour qui nous éclaire,
Le monde ne peut s'y soustraire
Qu'en se replongeant dans la nuit!

Et tu meurs? Et ta foi dans un lit de nuages
S'enfonce pour jamais sous l'horizon des âges,
Comme un de ces soleils que le ciel a perdus,
Dont l'astronome dit : C'était là qu'il n'est plus!
Et les fils de nos fils dans les lointaines ères
Feraient aussi leur fable avec tes saints mystères!
Et parleraient un jour de l'homme de la croix
Comme des dieux menteurs disparus à ta voix,
De ces porteurs de foudre ou du vil caducée,

Rêves dont au réveil a rougi la pensée?
Mais tous ces dieux, ô Christ! n'avaient rien apporté
Qu'une ombre plus épaisse à notre obscurité!
Mais, du délire humain lâche et honteux symbole,
Ils croulèrent d'eux-même au bruit de ta parole;
Mais tu venais asseoir sur leur trône abattu
Le Dieu de vérité, de grâce et de vertu!
Leurs lois se trahissaient devant les lois chrétiennes!
Mais où sont les vertus qui démentent les tiennes?
Pour éclipser ton jour quel jour nouveau paraît?
Toi qui les remplaças, qui te remplacerait?

Ah! qui sait si cette ombre où pâlit ta doctrine
Est une décadence — ou quelque nuit divine,
Quelque nuage faux prêt à se déchirer,
Où ta foi va monter et se transfigurer,
Comme aux jours de ta vie humaine et méconnue
Tu te transfiguras toi-même dans la nue,
Quand, ta divinité reprenant son essor,
Un jour sorti de toi revêtit le Thabor,
Dans ton vol glorieux te balança sans ailes,
Éblouit les regards des disciples fidèles,
Et, pour les consoler de ton prochain adieu,
Homme prêt à mourir, te montra déjà Dieu?

Oui! de quelque faux nom que l'avenir te nomme
Nous te saluons Dieu! car tu n'es pas un homme!
L'homme n'eût pas trouvé dans notre infirmité
Ce germe tout divin de l'immortalité,
La clarté dans la nuit, la vertu dans le vice,
Dans l'égoïsme étroit la soif du sacrifice!
Dans la lutte la paix, l'espoir dans la douleur,
Dans l'orgueil révolté l'humilité du cœur,
Dans la haine l'amour, le pardon dans l'offense,
Et dans le repentir la seconde innocence!
Notre encens à ce prix ne saurait s'égarer
Et j'en crois des vertus qui se font adorer!

Repos de notre ignorance,
Tes dogmes mystérieux
Sont un temple à l'espérance
Montant de la terre aux cieux!
Ta morale chaste et sainte
Embaume sa pure enceinte
De paix, de grâce et d'amour,
Et l'air que l'âme y respire
A le parfum du zéphyre
Qu'Éden exhalait un jour!

Dès que l'humaine nature
Se plie au joug de ta foi,
Elle s'élève et s'épure
Et se divinise en toi!
Toutes ses vaines pensées
Montent du cœur, élancées
Aussi haut que son destin;
L'homme revient en arrière,
Fils égaré de lumière
Qui retrouve son chemin!

Les troubles du cœur s'apaisent,
L'âme n'est qu'un long soupir;
Tous les vains désirs se taisent
Dans un immense désir!
La paix, volupté nouvelle,
Sens de la vie éternelle,
En a la sérénité!
Du chrétien la vie entière
N'est qu'une longue prière,
Un hymne en action à l'immortalité!

Et les vertus les plus rudes
Du stoïque triomphant
Sont les humbles habitudes

De la femme et de l'enfant!
Et la terre transformée
N'est qu'une route semée
D'ombrages délicieux,
Où l'homme en l'homme a son frère!
Où l'homme à Dieu dit : Mon père!
Où chaque pas mène aux cieux!

Ô toi qui fis lever cette seconde aurore,
Dont un second chaos vit l'harmonie éclore,
Parole qui portais, avec la vérité,
Justice et tolérance, amour et liberté!
Règne à jamais, ô Christ, sur la raison humaine,
Et de l'homme à son Dieu sois la divine chaîne!
Illumine sans fin de tes feux éclatants
Les siècles endormis dans le berceau des temps!
Et que ton nom, légué pour unique héritage,
De la mère à l'enfant descende d'âge en âge,
Tant que l'œil dans la nuit aura soif de clarté,
Et le cœur d'espérance et d'immortalité!
Tant que l'humanité plaintive et désolée
Arrosera de pleurs sa terrestre vallée,
Et tant que les vertus garderont leurs autels,
Ou n'auront pas changé de nom chez les mortels!
Pour moi, soit que ton nom ressuscite ou succombe,
Ô Dieu de mon berceau, sois le Dieu de ma tombe!
Plus la nuit est obscure et plus mes faibles yeux
S'attachent au flambeau qui pâlit dans les cieux;
Et quand l'autel brisé que la foule abandonne
S'écroulerait sur moi!... temple que je chéris,
Temple où j'ai tout reçu, temple où j'ai tout appris,
J'embrasserais encor ta dernière colonne,
Dussé-je être écrasé sous tes sacrés débris!

IX

POURQUOI MON ÂME EST-ELLE TRISTE?

Pourquoi gémis-tu sans cesse,
Ô mon âme? réponds-moi!
D'où vient ce poids de tristesse
Qui pèse aujourd'hui sur toi?
Au tombeau qui nous dévore,
Pleurant, tu n'as pas encore
Conduit tes derniers amis!
L'astre serein de ta vie
S'élève encore; et l'envie
Cherche pourquoi tu gémis!

La terre encore a des plages,
Le ciel encore a des jours,
La gloire encor des orages,
Le cœur encor des amours;
La nature offre à tes veilles
Des mystères, des merveilles,
Qu'aucun œil n'a profané,
Et flétrissant tout d'avance
Dans les champs de l'espérance
Ta main n'a pas tout glané!

Et qu'est-ce que la terre? Une prison flottante,
Une demeure étroite, un navire, une tente
Que son Dieu dans l'espace a dressé pour un jour,
Et dont le vent du ciel en trois pas fait le tour!
Des plaines, des vallons, des mers et des collines
Où tout sort de la poudre et retourne en ruines,
Et dont la masse à peine est à l'immensité
Ce que l'heure qui sonne est à l'éternité!

Fange en palais pétrie, hélas! mais toujours fange,
Où tout est monotone et cependant tout change!

Et qu'est-ce que la vie? Un réveil d'un moment!
De naître et de mourir un court étonnement!
Un mot qu'avec mépris l'Être éternel prononce!
Labyrinthe sans clef! question sans réponse,
Songe qui s'évapore, étincelle qui fuit!
Éclair qui sort de l'ombre et rentre dans la nuit,
Minute que le temps prête et retire à l'homme,
Chose qui ne vaut pas le mot dont on la nomme!

Et qu'est-ce que la gloire? Un vain son répété,
Une dérision de notre vanité!
Un nom qui retentit sur des lèvres mortelles,
Vain, trompeur, inconstant, périssable comme elles,
Et qui, tantôt croissant et tantôt affaibli,
Passe de bouche en bouche à l'éternel oubli!
Nectar empoisonné dont notre orgueil s'enivre,
Qui fait mourir deux fois ce qui veut toujours vivre!

Et qu'est-ce que l'amour? Ah! prêt à le nommer
Ma bouche en le niant craindrait de blasphémer!
Lui seul est au-dessus de tout mot qui l'exprime!
Éclair brillant et pur du feu qui nous anime,
Étincelle ravie au grand foyer des cieux!
Char de feu qui, vivants, nous porte au rang des
Rayon! foudre des sens! inextinguible flamme   [dieux!
Qui fond deux cœurs mortels et n'en fait plus qu'une
Il est!... il serait tout, s'il ne devait finir!   [âme!
Si le cœur d'un mortel le pouvait contenir,
Ou si, semblable au feu dont Dieu fit son emblème,
Sa flamme en s'exhalant ne l'étouffait lui-même!

> Mais, quand ces biens que l'homme envie
> Déborderaient dans un seul cœur;

La mort seule au bout de la vie
Fait un supplice du bonheur!
Le flot du temps qui nous entraîne
N'attend pas que la joie humaine
Fleurisse longtemps sur son cours!
Race éphémère et fugitive,
Que peux-tu semer sur la rive
De ce torrent qui fuit toujours?

Il fuit et ses rives fanées
M'annoncent déjà qu'il est tard!
Il fuit, et mes vertes années
Disparaissent de mon regard;
Chaque projet, chaque espérance
Ressemble à ce liège qu'on lance
Sur la trace des matelots,
Qui ne s'éloigne et ne surnage
Que pour mesurer le sillage
Du navire qui fend les flots!

Où suis-je? Est-ce moi? Je m'éveille
D'un songe qui n'est pas fini!
Tout était promesse et merveille
Dans un avenir infini!
J'étais jeune!... Hélas! mes années
Sur ma tête tombent fanées
Et ne refleuriront jamais!
Mon cœur était plein!... il est vide!
Mon sein fécond!... il est aride!
J'aimais!... où sont ceux que j'aimais?

Mes jours, que le deuil décolore,
Glissent avant d'être comptés;
Mon cœur, hélas! palpite encore
De ses dernières voluptés!
Sous mes pas la terre est couverte

De plus d'une palme encor verte,
Mais qui survit à mes désirs;
Tant d'objets chers à ma paupière
Sont encor là, sur la poussière
Tièdes de mes brûlants soupirs!

Je vois passer, je vois sourire
La femme aux perfides appas
Qui m'enivra d'un long délire,
Dont mes lèvres baisaient les pas!
Ses blonds cheveux flottent encore,
Les fraîches couleurs de l'aurore
Teignent toujours son front charmant,
Et dans l'azur de sa paupière
Brille encore assez de lumière
Pour fasciner l'œil d'un amant.

La foule qui s'ouvre à mesure
La flatte encor d'un long coup d'œil
Et la poursuit d'un doux murmure
Dont s'enivre son jeune orgueil;
Et moi! je souris et je passe,
Sans effort de mon cœur j'efface
Ce songe de félicité,
Et je dis, la pitié dans l'âme :
Amour! se peut-il que ta flamme
Meure encore avant la beauté?

Hélas! dans une longue vie
Que reste-t-il après l'amour?
Dans notre paupière éblouie
Ce qu'il reste après un beau jour!
Ce qu'il reste à la voile vide
Quand le dernier vent qui la ride
S'abat sur le flot assoupi,
Ce qu'il reste au chaume sauvage,

Lorsque les ailes de l'orage
Sur la terre ont vidé l'épi!

Et pourtant il faut vivre encore,
Dormir, s'éveiller tour à tour,
Et traîner d'aurore en aurore
Ce fardeau renaissant des jours?
Quand on a bu jusqu'à la lie
La coupe écumante de vie,
Ah! la briser serait un bien!
Espérer, attendre, c'est vivre!
Que sert de compter et de suivre
Des jours qui n'apportent plus rien?

Voilà pourquoi mon âme est lasse
Du vide affreux qui la remplit,
Pourquoi mon cœur change de place
Comme un malade dans son lit!
Pourquoi mon errante pensée,
Comme une colombe blessée,
Ne se repose en aucun lieu,
Pourquoi j'ai détourné la vue
De cette terre ingrate et nue,
Et j'ai dit à la fin : Mon Dieu!

Comme un souffle d'un vent d'orage
Soulevant l'humble passereau
L'emporte au-dessus du nuage,
Loin du toit qui fut son berceau,
Sans même que son aile tremble,
L'aquilon le soutient; il semble
Bercé sur les vagues des airs;
Ainsi cette seule pensée
Emporta mon âme oppressée
Jusqu'à la source des éclairs!

C'est Dieu, pensais-je, qui m'emporte,
L'infini s'ouvre sous mes pas!
Que mon aile naissante est forte!
Quels cieux ne tenterons-nous pas?
La foi même, un pied sur la terre,
Monte de mystère en mystère
Jusqu'où l'on monte sans mourir!
J'irai, plein de sa soif sublime,
Me désaltérer dans l'abîme
Que je ne verrai plus tarir!

J'ai cherché le Dieu que j'adore
Partout où l'instinct m'a conduit,
Sous les voiles d'or de l'aurore,
Chez les étoiles de la nuit;
Le firmament n'a point de voûtes,
Les feux, les vents n'ont point de routes
Où mon œil n'ait plongé cent fois;
Toujours présent à ma mémoire,
Partout où se montrait sa gloire,
Il entendait monter ma voix!

Je l'ai cherché dans les merveilles,
Œuvre parlante de ses mains,
Dans la solitude et les veilles,
Et dans les songes des humains!
L'épi, le brin d'herbe, l'insecte,
Me disaient: Adore et respecte!
Sa sagesse a passé par là!
Et ces catastrophes fatales,
Dont l'histoire enfle ses annales
Me criaient plus haut: Le voilà!

À chaque éclair, à chaque étoile
Que je découvrais dans les cieux,
Je croyais voir tomber le voile

Qui le dérobait à mes yeux;
Je disais : Un mystère encore!
Voici son ombre, son aurore,
Mon âme! il va paraître enfin!
Et toujours, ô triste pensée!
Toujours quelque lettre effacée
Manquait, hélas! au nom divin.

Et maintenant, dans ma misère,
Je n'en sais pas plus que l'enfant
Qui balbutie après sa mère
Ce nom sublime et triomphant;
Je n'en sais pas plus que l'aurore,
Qui de son regard vient d'éclore,
Et le cherche en vain en tout lieu,
Pas plus que toute la nature
Qui le raconte et le murmure,
Et demande : Où donc est mon Dieu?

Voilà pourquoi mon âme est triste,
Comme une mer brisant la nuit sur un écueil,
Comme la harpe du Psalmiste,
Quand il pleure au bord d'un cercueil!
Comme l'Horeb voilé sous un nuage sombre,
Comme un ciel sans étoile, ou comme un jour sans
Ou comme ce vieillard qu'on ne put consoler, [ombre,
Qui, le cœur débordant d'une douleur farouche,
Ne pouvait plus tarir la plainte sur sa bouche,
Et disait : Laissez-moi parler*!

Mais que dis-je? Est-ce toi, vérité, jour suprême!
Qui te caches sous ta splendeur?
Ou n'est-ce pas mon œil qui s'est voilé lui-même
Sous les nuages de mon cœur?

---

* Job, chap. XXI.

Ces enfants prosternés aux marches de ton temple,
  Ces humbles femmes, ces vieillards,
Leur âme te possède et leur œil te contemple,
  Ta gloire éclate à leurs regards!

Et moi, je plonge en vain sous tant d'ombres funèbres,
  Ta splendeur te dérobe à moi!
Ah! le regard qui cherche a donc plus de ténèbres
  Que l'œil abaissé devant toi?

   Dieu de la lumière,
   Entends ma prière,
   Frappe ma paupière
   Comme le rocher!
   Que le jour se fasse,
   Car mon âme est lasse,
   Seigneur, de chercher!
   Astre que j'adore,
   Ce jour que j'implore
   N'est point dans l'aurore,
   N'est pas dans les cieux!
   Vérité suprême!
   Jour mystérieux!
   De l'heure où l'on t'aime,
   Il est en nous-même,
   Il est dans nos yeux!

LIVRE QUATRIÈME

II

INVOCATION POUR LES GRECS

1826.

N'es-tu plus le Dieu des armées?
N'es-tu plus le Dieu des combats?

Ils périssent, Seigneur, si tu ne réponds pas!
L'ombre du cimeterre est déjà sur leurs pas!
Aux livides lueurs des cités enflammées,
      Vois-tu ces bandes désarmées,
Ces enfants, ces vieillards, ces vierges alarmées?
Ils flottent au hasard de l'outrage au trépas,
Ils regardent la mer, ils te tendent les bras;
      N'es-tu plus le Dieu des armées?
      N'es-tu plus le Dieu des combats?

Jadis tu te levais! tes tribus palpitantes
Criaient : Seigneur! Seigneur! ou jamais, ou demain!
Tu sortais tout armé, tu combattais! soudain
L'Assyrien frappé tombait sans voir la main,
D'un souffle de ta peur tu balayais ses tentes,
Ses ossements blanchis nous traçaient le chemin!
Où sont-ils? où sont-ils ces sublimes spectacles
Qu'ont vus les flots de Gad et les monts de Séirs?
      Eh quoi! la terre a des martyrs,
      Et le ciel n'a plus de miracles?
Cependant tout un peuple a crié : Sauve-moi;
Nous tombons en ton nom, nous périssons pour toi!

Les monts l'ont entendu! les échos de l'Attique
De caverne en caverne ont répété ses cris,
Athène a tressailli sous sa poussière antique,
Sparte les a roulés de débris en débris!
Les mers l'ont entendu! les vagues sur leurs plages,
Les vaisseaux qui passaient, les mâts l'ont entendu!
Le lion sur l'Œta, l'aigle au sein des nuages;
Et toi seul, ô mon Dieu! tu n'as pas répondu!

Ils t'ont prié, Seigneur, de la nuit à l'aurore,
Sous tous les noms divins où l'univers t'adore;
Ils ont brisé pour toi leurs dieux, ces dieux mortels,
Ils ont pétri, Seigneur, avec l'eau des collines,

La poudre des tombeaux, les cendres des ruines,
　　　Pour te fabriquer des autels!

Des autels à Délos! des autels sur Égine!
Des autels à Platée, à Leuctre, à Marathon!
Des autels sur la grève où pleure Salamine!
Des autels sur le cap où méditait Platon!

Les prêtres ont conduit le long de leurs rivages
Des femmes, des vieillards qui t'invoquaient en
　　　　Des enfants jetant des fleurs　　　　　[chœurs,
　　　　Devant les saintes images,
Et des veuves en deuil qui cachaient leurs visages
　　　Dans leurs mains pleines de pleurs!

Le bois de leurs vaisseaux, leurs rochers, leurs
　　　　　　　　　　　　　　　[murailles,
Les ont livrés vivants à leurs persécuteurs,
Leurs têtes ont roulé sous les pieds des vainqueurs,
Comme des boulets morts sur les champs de batailles;
Les bourreaux ont plongé la main dans leurs
　　　　　　　　　　　　　　　[entrailles;
Mais ni le fer brûlant, Seigneur, ni les tenailles,
　　　N'ont pu t'arracher de leurs cœurs!

Et que disent, Seigneur, ces nations armées
Contre ce nom sacré que tu ne venges pas :
　　　　Tu n'es plus le Dieu des armées!
　　　　Tu n'es plus le Dieu des combats!

IX

ÉTERNITÉ DE LA NATURE, BRIÈVETÉ DE L'HOMME

CANTIQUE

Roulez dans vos sentiers de flamme,
Astres, rois de l'immensité!
Insultez, écrasez mon âme
Par votre presque éternité!
Et vous, comètes vagabondes,
Du divin océan des mondes
Débordement prodigieux,
Sortez des limites tracées,
Et révélez d'autres pensées
De celui qui pensa les cieux!

Triomphe, immortelle nature!
À qui la main pleine de jours
Prête des forces sans mesure,
Des temps qui renaissent toujours!
La mort retrempe ta puissance,
Donne, ravis, rends l'existence
À tout ce qui la puise en toi;
Insecte éclos de ton sourire,
Je nais, je regarde et j'expire,
Marche et ne pense plus à moi!

Vieil océan, dans tes rivages
Flotte comme un ciel écumant,
Plus orageux que les nuages,
Plus lumineux qu'un firmament!
Pendant que les empires naissent,

Grandissent, tombent, disparaissent
Avec leurs générations,
Dresse tes bouillonnantes crêtes,
Bats ta rive! et dis aux tempêtes :
Où sont les nids des nations?

Toi qui n'es pas lasse d'éclore
Depuis la naissance des jours,
Lève-toi, rayonnante aurore,
Couche-toi, lève-toi toujours!
Réfléchissez ses feux sublimes,
Neiges éclatantes des cimes,
Où le jour descend comme un roi!
Brillez, brillez pour me confondre,
Vous qu'un rayon du jour peut fondre,
Vous subsisterez plus que moi!

Et toi qui t'abaisse et t'élève
Comme la poudre des chemins,
Comme les vagues sur la grève,
Race innombrable des humains,
Survis au temps qui me consume,
Engloutis-moi dans ton écume,
Je sens moi-même mon néant,
Dans ton sein qu'est-ce qu'une vie?
Ce qu'est une goutte de pluie
Dans les bassins de l'océan!

Vous mourez pour renaître encore,
Vous fourmillez dans vos sillons!
Un souffle du soir à l'aurore
Renouvelle vos tourbillons!
Une existence évanouie
Ne fait pas baisser d'une vie
Le flot de l'être toujours plein;
Il ne vous manque quand j'expire

Pas plus qu'à l'homme qui respire
Ne manque un souffle de son sein!

Vous allez balayer ma cendre;
L'homme ou l'insecte en renaîtra!
Mon nom brûlant de se répandre
Dans le nom commun se perdra;
Il fut! voilà tout! bientôt même
L'oubli couvre ce mot suprême,
Un siècle ou deux l'auront vaincu!
Mais vous ne pouvez, ô nature!
Effacer une créature;
Je meurs! qu'importe? j'ai vécu!

Dieu m'a vu! le regard de vie
S'est abaissé sur mon néant,
Votre existence rajeunie
A des siècles, j'eus mon instant!
Mais dans la minute qui passe
L'infini de temps et d'espace
Dans mon regard s'est répété!
Et j'ai vu dans ce point de l'être
La même image m'apparaître
Que vous dans votre immensité!

Distances incommensurables,
Abîmes des monts et des cieux,
Vos mystères inépuisables
Se sont révélés à mes yeux!
J'ai roulé dans mes vœux sublimes
Plus de vagues que tes abîmes
N'en roulent, ô mer en courroux!
Et vous, soleils aux yeux de flamme,
Le regard brûlant de mon âme
S'est élevé plus haut que vous!

De l'être universel, unique,
La splendeur dans mon ombre a lui,
Et j'ai bourdonné mon cantique
De joie et d'amour devant lui!
Et sa rayonnante pensée
Dans la mienne s'est retracée,
Et sa parole m'a connu!
Et j'ai monté devant sa face,
Et la nature m'a dit : Passe :
Ton sort est sublime, il t'a vu!

Vivez donc vos jours sans mesure!
Terre et ciel! céleste flambeau!
Montagnes, mers, et toi, nature,
Souris longtemps sur mon tombeau!
Effacé du livre de vie,
Que le néant même m'oublie!
J'admire et ne suis point jaloux!
Ma pensée a vécu d'avance
Et meurt avec une espérance
Plus impérissable que vous!

X

LE PREMIER REGRET

ÉLÉGIE

Sur la plage sonore où la mer de Sorrente
Déroule ses flots bleus aux pieds de l'oranger
Il est, près du sentier, sous la haie odorante,
Une pierre petite, étroite, indifférente
   Aux pas distraits de l'étranger!

La giroflée y cache un seul nom sous ses gerbes.
Un nom que nul écho n'a jamais répété!
Quelquefois seulement le passant arrêté,
Lisant l'âge et la date en écartant les herbes,
Et sentant dans ses yeux quelques larmes courir,
Dit : Elle avait seize ans! c'est bien tôt pour mourir!

Mais pourquoi m'entraîner vers ces scènes passées?
Laissons le vent gémir et le flot murmurer;
Revenez, revenez, ô mes tristes pensées!
    Je veux rêver et non pleurer!

Dit : Elle avait seize ans! — Oui, seize ans! et cet âge
N'avait jamais brillé sur un front plus charmant!
Et jamais tout l'éclat de ce brûlant rivage
Ne s'était réfléchi dans un œil plus aimant!
Moi seul, je la revois, telle que la pensée
Dans l'âme où rien ne meurt, vivante l'a laissée;
Vivante! comme à l'heure où les yeux sur les miens,
Prolongeant sur la mer nos premiers entretiens,
Ses cheveux noirs livrés au vent qui les dénoue,
Et l'ombre de la voile errante sur sa joue,
Elle écoutait le chant du nocturne pêcheur,
De la brise embaumée aspirait la fraîcheur,
Me montrait dans le ciel la lune épanouie
Comme une fleur des nuits dont l'aube est réjouie,
Et l'écume argentée; et me disait : Pourquoi
Tout brille-t-il ainsi dans les airs et dans moi?
Jamais ces champs d'azur semés de tant de flammes,
Jamais ces sables d'or où vont mourir les lames,
Ces monts dont les sommets tremblent au fond des
Ces golfes couronnés de bois silencieux,   [cieux,
Ces lueurs sur la côte, et ces champs sur les vagues,
N'avaient ému mes sens de voluptés si vagues!
Pourquoi comme ce soir n'ai-je jamais rêvé?
Un astre dans mon cœur s'est-il aussi levé?

Et toi, fils du matin! dis, à ces nuits si belles
Les nuits de ton pays, sans moi, ressemblaient-elles?
Puis regardant sa mère assise auprès de nous
Posait pour s'endormir son front sur ses genoux.

Mais pourquoi m'entraîner vers ces scènes passées?
Laissons le vent gémir et le flot murmurer;
Revenez, revenez, ô mes tristes pensées!
      Je veux rêver et non pleurer!

Que son œil était pur, et sa lèvre candide!
Que son ciel inondait son âme de clarté!
Le beau lac de Némi qu'aucun souffle ne ride
A moins de transparence et de limpidité!
Dans cette âme, avant elle, on voyait ses pensées,
Ses paupières, jamais sur ses beaux yeux baissées,
Ne voilaient son regard d'innocence rempli,
Nul souci sur son front n'avait laissé son pli;
Tout folâtrait en elle; et ce jeune sourire,
Qui plus tard sur la bouche avec tristesse expire,
Sur sa lèvre entrouverte était toujours flottant,
Comme un pur arc-en-ciel sur un jour éclatant!
Nulle ombre ne voilait ce ravissant visage,
Ce rayon n'avait pas traversé de nuage!
Son pas insouciant, indécis, balancé,
Flottait comme un flot libre où le jour est bercé,
Ou courait pour courir; et sa voix argentine,
Écho limpide et pur de son âme enfantine,
Musique de cette âme où tout semblait chanter,
Égayait jusqu'à l'air qui l'entendait monter!

Mais pourquoi m'entraîner vers ces scènes passées?
Laissez le vent gémir et le flot murmurer;
Revenez, revenez, ô mes tristes pensées!
      Je veux rêver et non pleurer!

Mon image en son cœur se grava la première;
Comme dans l'œil qui s'ouvre, au matin, la lumière;
Elle ne regarda plus rien après ce jour;
De l'heure qu'elle aima, l'univers fut amour!
Elle me confondait avec sa propre vie,
Voyait tout dans mon âme; et je faisais partie
De ce monde enchanté qui flottait sous ses yeux,
Du bonheur de la terre et de l'espoir des cieux,
Elle ne pensait plus au temps, à la distance,
L'heure seule absorbait toute son existence;
Avant moi cette vie était sans souvenir,
Un soir de ces beaux jours était tout l'avenir!
Elle se confiait à la douce nature
Qui souriait sur nous; à la prière pure
Qu'elle allait, le cœur plein de joie, et non de pleurs,
À l'autel qu'elle aimait répandre avec ses fleurs;
Et sa main m'entraînait aux marches de son temple,
Et, comme un humble enfant, je suivais son exemple,
Et sa voix me disait tout bas : Prie avec moi!
Car je ne comprends pas le ciel même sans toi!

Mais pourquoi m'entraîner vers ces scènes passées?
Laissez le vent gémir et le flot murmurer;
Revenez, revenez, ô mes tristes pensées!
      Je veux rêver et non pleurer!

Voyez, dans son bassin, l'eau d'une source vive
S'arrondir comme un lac sous son étroite rive,
Bleue et claire, à l'abri du vent qui va courir
Et du rayon brûlant qui pourrait la tarir!
Un cygne blanc nageant sur la nappe limpide,
En y plongeant son cou qu'enveloppe la ride,
Orne sans le ternir le liquide miroir,
Et s'y berce au milieu des étoiles du soir;
Mais si, prenant son vol vers des sources nouvelles,
Il bat le flot tremblant de ses humides ailes,

Le ciel s'efface au sein de l'onde qui brunit,
La plume à grands flocons y tombe, et la ternit,
Comme si le vautour, ennemi de sa race,
De sa mort sur les flots avait semé la trace;
Et l'azur éclatant de ce lac enchanté
N'est plus qu'une onde obscure où le sable a monté!
Ainsi, quand je partis, tout trembla dans cette âme;
Le rayon s'éteignit; et sa mourante flamme
Remonta dans le ciel pour n'en plus revenir;
Elle n'attendit pas un second avenir,
Elle ne languit pas de doute en espérance,
Et ne disputa pas sa vie à la souffrance;
Elle but d'un seul trait le vase de douleur,
Dans sa première larme elle noya son cœur!
Et, semblable à l'oiseau, moins pur et moins beau
                                             [qu'elle,
Qui le soir pour dormir met son cou sous son aile,
Elle s'enveloppa d'un muet désespoir,
Et s'endormit aussi; mais, hélas! loin du soir!

Mais pourquoi m'entraîner vers ces scènes passées?
Laissons le vent gémir et le flot murmurer;
Revenez, revenez, ô mes tristes pensées!
        Je veux rêver et non pleurer!

Elle a dormi quinze ans dans sa couche d'argile,
Et rien ne pleure plus sur son dernier asile;
Et le rapide oubli, second linceul des morts,
A couvert le sentier qui menait vers ces bords;
Nul ne visite plus cette pierre effacée,
Nul n'y songe et n'y prie!... excepté ma pensée,
Quand, remontant le flot de mes jours révolus,
Je demande à mon cœur tous ceux qui n'y sont plus!
Et que, les yeux flottants sur de chères empreintes,
Je pleure dans mon ciel tant d'étoiles éteintes!
Elle fut la première, et sa douce lueur
D'un jour pieux et tendre éclaire encor mon cœur!

Mais pourquoi m'entraîner vers ces scènes passées?
Laissez le vent gémir et le flot murmurer;
Revenez, revenez, ô mes tristes pensées!
    Je veux rêver et non pleurer!

Un arbuste épineux, à la pâle verdure,
Est le seul monument que lui fit la nature;
Battu des vents de mer, du soleil calciné,
Comme un regret funèbre au cœur enraciné,
Il vit dans le rocher sans lui donner d'ombrage;
La poudre du chemin y blanchit son feuillage,
Il rampe près de terre, où ses rameaux penchés
Par la dent des chevreaux sont toujours retranchés;
Une fleur, au printemps, comme un flocon de neige,
Y flotte un jour ou deux; mais le vent qui l'assiège
L'effeuille avant qu'elle ait répandu son odeur,
Comme la vie, avant qu'elle ait charmé le cœur!
Un oiseau de tendresse et de mélancolie
S'y pose pour chanter sur le rameau qui plie!
Oh! dis, fleur que la vie a fait sitôt flétrir,
N'est-il pas une terre où tout doit refleurir?

Remontez, remontez à ces heures passées!
Vos tristes souvenirs m'aident à soupirer!
Allez où va mon âme! Allez, ô mes pensées,
    Mon cœur est plein, je veux pleurer!

XI

NOVISSIMA VERBA[1]
OU

MON ÂME EST TRISTE
JUSQU'À LA MORT[2]!

La nuit roule en silence autour de nos demeures
Sur les vagues du ciel la plus noire des heures :
Nul rayon sur mes yeux ne pleut du firmament,
Et la brise n'a plus même un gémissement,
Une plainte, qui dise à mon âme aussi sombre :
Quelque chose avec toi meurt et se plaint dans
Je n'entends au-dehors que le lugubre bruit   [l'ombre!
Du balancier qui dit : le temps marche et te fuit;
Au-dedans, que le pouls, balancier de la vie,
Dont les coups inégaux dans ma tempe engourdie
M'annoncent sourdement que le doigt de la mort
De la machine humaine a pressé le ressort,
Et que, semblable au char qu'un coursier précipite,
C'est pour mieux se briser qu'il s'élance plus vite!

Et c'est donc là le terme! — Ah! s'il faut une fois
Que chaque homme à son tour élève enfin la voix,
C'est alors! c'est avant qu'une terre glacée
Engloutisse avec lui sa dernière pensée!
C'est à cette heure même où, prête à s'exhaler,
Toute âme a son secret qu'elle veut révéler,
Son mot à dire au monde, à la mort, à la vie,
Avant que pour jamais, éteinte, évanouie,
Elle n'ait disparu, comme un feu de la nuit,
Qui ne laisse après soi ni lumière ni bruit!
Que laissons-nous, ô vie, hélas! quand tu t'envoles?

Rien, que ce léger bruit des dernières paroles,
Court écho de nos pas, pareil au bruit plaintif
Que fait en palpitant la voile de l'esquif,
Au murmure d'une eau courante et fugitive,
Qui gémit sur sa pente et se plaint à sa rive;
Ah! donnons-nous du moins ce charme consolant
D'entendre murmurer ce souffle en l'exhalant!
Parlons! puisqu'un vain son que suit un long silence
Est le seul monument de toute une existence,
La pierre qui constate une vie ici-bas!
Comme ces marbres noirs qu'on élève au trépas,
Dans ces champs, du cercueil solitaire domaine,
Qui marquent d'une date une poussière humaine,
Et disent à notre œil de néant convaincu :
Un homme a passé là! cette argile a vécu!

Paroles, faible écho qui trompez le génie!
Enfantement sans fruit! douloureuse agonie
De l'âme consumée en efforts impuissants,
Qui veut se reproduire au moins dans ses accents,
Et qui, lorsqu'elle croit contempler son image,
Vous voit évanouir en fumée, en nuage!
Ah! du moins aujourd'hui servez mieux ma douleur!
Condensez-vous, semblable à l'ardente vapeur
Qui, s'élevant le soir des sommets de la terre,
Se condense en nuée et jaillit en tonnerre;
Comme l'eau des torrents, parole, amasse-toi!
Afin de révéler ce qui s'agite en moi!
Pour dire à cet abîme appelé vie ou tombe,
À la nuit d'où je sors, à celle où je retombe,
À ce je ne sais quoi qui m'envie un instant;
Pour lui dire à mon tour, sans savoir s'il m'entend :
Et moi je passe aussi parmi l'immense foule
D'êtres créés, détruits, qui devant toi s'écoule;
J'ai vu, pensé, senti, souffert, et je m'en vais,
Ébloui d'un éclair qui s'éteint pour jamais,
Et saluant d'un cri d'horreur ou d'espérance

La rive que je quitte et celle où je m'élance,
Comme un homme jugé, condamné sans retour
À se précipiter du sommet d'une tour,
Au moment formidable où son pied perd la cime,
D'un cri de désespoir remplit du moins l'abîme!

J'ai vécu; c'est-à-dire à moi-même inconnu
Ma mère en gémissant m'a jeté faible et nu;
J'ai compté dans le ciel le coucher et l'aurore
D'un astre qui descend pour remonter encore,
Et dont l'homme, qui s'use à les compter en vain,
Attend, toujours trompé, toujours un lendemain;
Mon âme a, quelques jours, animé de sa vie
Un peu de cette fange à ces sillons ravie,
Qui répugnait à vivre et tendait à la mort,
Faisait pour se dissoudre un éternel effort,
Et que par la douleur je retenais à peine;
La douleur! nœud fatal, mystérieuse chaîne,
Qui dans l'homme étonné réunit pour un jour
Deux natures luttant dans un contraire amour
Et dont chacune à part serait digne d'envie,
L'une dans son néant et l'autre dans sa vie,
Si la vie et la mort ne sont pas même, hélas!
Deux mots créés par l'homme et que Dieu n'entend
Maintenant ce lien que chacun d'eux accuse,   [pas?
Prêt à se rompre enfin sous la douleur qui l'use,
Laisse s'évanouir comme un rêve léger
L'inexplicable tout qui veut se partager;
Je ne tenterai pas d'en renouer la trame,
J'abandonne à leur chance et mes sens et mon âme :
Qu'ils aillent où Dieu sait, chacun de leur côté!
Adieu, monde fuyant! nature, humanité,
Vaine forme de l'être, ombre d'un météore,
Nous nous connaissons trop pour nous tromper
                                              [encore!

Oui, je te connais trop, ô vie! et j'ai goûté
Tous tes flots d'amertume et de félicité,

Depuis les doux flocons de la brillante écume
Qui nage aux bords dorés de ta coupe qui fume,
Quand l'enfant enivré lui sourit, et croit voir
Une immortalité dans l'aurore et le soir,
Ou que brisant ses bords contre sa dent avide
Le jeune homme d'un trait la savoure et la vide
Jusqu'à la lie épaisse et fade que le temps
Dépose au fond du vase et mêle aux flots restants,
Quand de sa main tremblante un vieillard la soulève
Et par seule habitude en répugnant l'achève;
Tu n'es qu'un faux sentier qui retourne à la mort!
Un fleuve qui se perd au sable dont il sort,
Une dérision d'un être habile à nuire,
Qui s'amuse sans but à créer pour détruire,
Et qui de nous tromper se fait un divin jeu!
Ou plutôt, n'es-tu pas une échelle de feu
Dont l'échelon brûlant s'attache au pied qui monte,
Et qu'il faut cependant que tout mortel affronte?

Que tu sais bien dorer ton magique lointain!
Qu'il est beau l'horizon de ton riant matin!
Quand le premier amour et la fraîche espérance
Nous entrouvrent l'espace où notre âme s'élance
N'emportant avec soi qu'innocence et beauté,
Et que d'un seul objet notre cœur enchanté
Dit comme Roméo : « Non, ce n'est pas l'aurore!
Aimons toujours! l'oiseau ne chante pas encore! »
Tout le bonheur de l'homme est dans ce seul instant;
Le sentier de nos jours n'est vert qu'en le montant!
De ce point de la vie où l'on en sent le terme
On voit s'évanouir tout ce qu'elle renferme;
L'espérance reprend son vol vers l'Orient;
On trouve au fond de tout le vide et le néant;
Avant d'avoir goûté l'âme se rassasie;
Jusque dans cet amour qui peut créer la vie
On entend une voix : Vous créez pour mourir!
Et le baiser de feu sent un frisson courir!

Quand le bonheur n'a plus ni lointain ni mystère,
Quand le nuage d'or laisse à nu cette terre,
Quand la vie une fois a perdu son erreur,
Quand elle ne ment plus, c'en est fait du bonheur!

Amour, être de l'être! amour, âme de l'âme!
Nul homme plus que moi ne vécut de ta flamme!
Nul brûlant de ta soif sans jamais l'épuiser
N'eût sacrifié plus pour t'immortaliser!
Nul ne désira plus dans l'autre âme qu'il aime
De concentrer sa vie en se perdant soi-même,
Et dans un monde à part de toi seul habité
De se faire à lui seul sa propre éternité!
Femmes! anges mortels! création divine!
Seul rayon dont la vie un moment s'illumine!
Je le dis à cette heure, heure de vérité,
Comme je l'aurais dit, quand devant la beauté
Mon cœur épanoui qui se sentait éclore
Fondait comme une neige aux rayons de l'aurore!
Je ne regrette rien de ce monde que vous!
Ce que la vie humaine a d'amer et de doux,
Ce qui la fait brûler, ce qui trahit en elle
Je ne sais quel parfum de la vie immortelle,
C'est vous seules! Par vous toute joie est amour!
Ombre des biens parfaits du céleste séjour,
Vous êtes ici-bas la goutte sans mélange
Que Dieu laissa tomber de la coupe de l'ange!
L'étoile qui brillant dans une vaste nuit
Dit seule à nos regards qu'un autre monde luit!
Le seul garant enfin que le bonheur suprême,
Ce bonheur que l'amour puise dans l'amour même,
N'est pas un songe vain créé pour nous tenter,
Qu'il existe, ou plutôt qu'il pourrait exister
Si, brûlant à jamais du feu qui nous dévore,
Vous et l'être adoré dont l'âme vous adore,
L'innocence, l'amour, le désir, la beauté,
Pouvaient ravir aux dieux leur immortalité!

Quand vous vous desséchez sur le cœur qui vous
Ou que ce cœur flétri se dessèche lui-même,   [aime,
Quand le foyer divin qui brûle encore en nous
Ne peut plus rallumer sa flamme éteinte en vous,
Que nul sein ne bat plus quand le nôtre soupire,
Que nul front ne rougit sous notre œil qu'il attire,
Et que la conscience avec un cri d'effroi
Nous dit : Ce n'est plus toi qu'elles aiment en toi !
Alors, comme un esprit exilé de sa sphère
Se résigne en pleurant aux ombres de la terre,
Détachant de vos pas nos yeux voilés de pleurs,
Aux faux biens d'ici-bas nous dévouons nos cœurs;
Les uns, sacrifiant leur vie à leur mémoire,
Adorent un écho qu'ils appellent la gloire;
Ceux-ci de la faveur assiègent les sentiers,
Et veulent au néant arriver les premiers !
Ceux-là, des voluptés vidant la coupe infâme,
Pour mourir tout vivants assoupissent leur âme;
D'autres, accumulant pour enfouir encor,
Recueillent dans la fange une poussière d'or;
Mais mon œil a percé ces ombres de la vie;
Aucun de ces faux biens que le vulgaire envie,
Gloire, puissance, orgueil, éprouvés tour à tour,
N'ont pesé dans mon cœur un soupir de l'amour,
D'un de ses souvenirs même effacé la trace,
Ni de mon âme une heure agité la surface,
Pas plus que le nuage ou l'ombre des rameaux
Ne ride en s'y peignant la surface des eaux.
Après l'amour éteint si je vécus encore,
C'est pour la vérité, soif aussi qui dévore !

Ombre de nos désirs, trompeuse vérité,
Que de nuits sans sommeil ne m'as-tu pas coûté ?
À moi, comme aux esprits fameux de tous les âges
Que l'ignorance humaine, hélas ! appela sages,
Tandis qu'au fond du cœur riant de leur vertu,
Ils disaient en mourant : Science, que sais-tu ?

Ah! si ton pur rayon descendait sur la terre,
Nous tomberions, frappés comme par le tonnerre!
Mais ce désir est faux comme tous nos désirs;
C'est un soupir de plus parmi nos vains soupirs!
La tombe est de l'amour le fond lugubre et sombre,
La vérité toujours a nos erreurs pour ombre,
Chaque jour prend pour elle un rêve de l'esprit
Qu'un autre jour salue, adore et puis maudit!

Avez-vous vu, le soir d'un jour mêlé d'orage,
Le soleil qui descend de nuage en nuage,
À mesure qu'il baisse et retire le jour
De ses reflets de feu les dorer tour à tour?
L'œil les voit s'enflammer sous son disque qui passe,
Et dans ce voile ardent croit adorer sa trace;
Le voilà! dites-vous, dans la blanche toison
Que le souffle du soir balance à l'horizon!
Le voici dans les feux dont cette pourpre éclate!
Non, non, c'est lui qui teint ces flocons d'écarlate!
Non, c'est lui qui, trahi par ce flux de clarté,
A fendu d'un rayon ce nuage argenté!
Voile impuissant! le jour sous l'obstacle étincelle!
C'est lui! la nue est pleine et la pourpre en ruisselle!
Et tandis que votre œil à cette ombre attaché
Croit posséder enfin l'astre déjà couché,
La nue à vos regards fond et se décolore;
Ce n'est qu'une vapeur qui flotte et s'évapore;
Vous le cherchez plus loin, déjà, déjà trop tard!
Le soleil est toujours au-delà du regard!
Et le suivant en vain de nuage en nuage,
Non, ce n'est jamais lui, c'est toujours son image!
Voilà la vérité! Chaque siècle à son tour
Croit soulever son voile et marcher à son jour,
Mais celle qu'aujourd'hui notre ignorance adore
Demain n'est qu'un nuage; une autre est près d'éclore!
À mesure qu'il marche et la proclame en vain,
La vérité qui fuit trompe l'espoir humain,

Et l'homme qui la voit dans ses reflets sans nombre
En croyant l'embrasser n'embrasse que son ombre!
Mais les siècles déçus sans jamais se lasser
Effacent leur chemin pour le recommencer!

La vérité complète est le miroir du monde;
Du jour qui sort de lui Dieu le frappe et l'inonde,
Il s'y voit face à face, et seul il peut s'y voir;
Quand l'homme ose toucher à ce divin miroir,
Il se brise en éclats sous la main des plus sages,
Et ses fragments épars sont le jouet des âges!
Chaque siècle, chaque homme, assemblant ses débris,
Dit : Je réunirai ces lueurs des esprits,
Et, dans un seul foyer concentrant la lumière,
La nature à mes yeux paraîtra tout entière!
Il dit, il croit, il tente, il rassemble en tous lieux
Les lumineux fragments d'un tout mystérieux,
D'un espoir sans limite en rêvant il s'embrase,
Des systèmes humains il élargit la base,
Il encadre au hasard, dans cette immensité,
Système, opinion, mensonge, vérité!
Puis, quand il croit avoir ouvert assez d'espace
Pour que dans son foyer l'infini se retrace,
Il y plonge ébloui ses avides regards,
Un jour foudroyant sort de ces morceaux épars!
Mais son œil, partageant l'illusion commune,
Voit mille vérités où Dieu n'en a mis qu'une!
Ce foyer, où le tout ne peut jamais entrer,
Disperse les lueurs qu'il devait concentrer,
Comme nos vains pensers l'un l'autre se détruisent,
Ses rayons divergents se croisent et se brisent,
L'homme brise à son tour son miroir en éclats,
Et dit en blasphémant : Vérité, tu n'es pas!

Non, tu n'es pas en nous! tu n'es que dans nos
                                        [songes!
Le fantôme changeant de nos propres mensonges!

Le reflet fugitif de quelque astre lointain
Que l'homme croit saisir et qui fond sous sa main!
L'écho vide et moqueur des mille voix de l'homme,
Qui nous répond toujours par le mot qu'on te nomme!
Ta poursuite insensée est sa dernière erreur!
Mais ce vain désir même a tari dans mon cœur,
Je ne cherche plus rien à tes clartés funèbres,
Je m'abandonne en paix à ces flots de ténèbres,
Comme le nautonier, quand le pôle est perdu,
Quand sur l'étoile même un voile est étendu,
Laissant flotter la barre au gré des vagues sombres,
Croise les bras et siffle, et se résigne aux ombres,
Sûr de trouver partout la ruine et la mort,
Indifférent au moins par quel vent, sur quel bord!

Ah! si vous paraissiez sans ombre et sans emblème,
Source de la lumière et toi lumière même,
Âme de l'infini, qui resplendit de toi!
Si, frappés seulement d'un rayon de ta foi,
Nous te réfléchissions dans notre intelligence,
Comme une mer obscure où nage un disque immense,
Tout s'évanouirait devant ce pur soleil,
Comme l'ombre au matin, comme un songe au réveil;
Tout s'évaporerait sous le rayon de flamme,
La matière, et l'esprit, et les formes, et l'âme,
Tout serait pour nos yeux, à ta pure clarté,
Ce qu'est la pâle image à la réalité!
La vie, à ton aspect, ne serait plus la vie,
Elle s'élèverait triomphante et ravie,
Ou, si ta volonté comprimait son transport,
Elle ne serait plus qu'une éternelle mort!
Malgré le voile épais qui te cache à ma vue,
Voilà, voilà mon mal! c'est ta soif qui me tue!
Mon âme n'est vers toi qu'un éternel soupir,
Une veille que rien ne peut plus assoupir;
Je meurs de ne pouvoir nommer ce que j'adore,
Et si tu m'apparais! tu vois, je meurs encore!

Et de mon impuissance à la fin convaincu,
Me voilà! demandant si j'ai jamais vécu,
Touchant au terme obscur de mes courtes années,
Comptant mes pas perdus et mes heures sonnées,
Aussi surpris de vivre, aussi vide, aussi nu,
Que le jour où l'on dit : Un enfant m'est venu!
Prêt à rentrer sous l'herbe, à tarir, à me taire,
Comme le filet d'eau qui, surgi de la terre,
Y rentre de nouveau par la terre englouti
À quelques pas du sol dont il était sorti!
Seulement, cette eau fuit sans savoir qu'elle coule;
Ce sable ne sait pas où la vague le roule;
Ils n'ont ni sentiment, ni murmure, ni pleurs,
Et moi, je vis assez pour sentir que je meurs!
Mourir! ah! ce seul mot fait horreur de la vie!
L'éternité vaut-elle une heure d'agonie?
La douleur nous précède, et nous enfante au jour,
La douleur à la mort nous enfante à son tour!
Je ne mesure plus le temps qu'elle me laisse,
Comme je mesurais, dans ma verte jeunesse,
En ajoutant aux jours de longs jours à venir,
Mais, en les retranchant de mon court avenir,
Je dis : Un jour de plus, un jour de moins; l'aurore
Me retranche un de ceux qui me restaient encore;
Je ne les attends plus, comme dans mon matin,
Pleins, brillants, et dorés des rayons du lointain,
Mais ternes, mais pâlis, décolorés et vides
Comme une urne fêlée et dont les flancs arides
Laissent fuir l'eau du ciel que l'homme y cherche en
Passé sans souvenir, présent sans lendemain,   [vain,
Et je sais que le jour est semblable à la veille,
Et le matin n'a plus de voix qui me réveille,
Et j'envie au tombeau le long sommeil qu'il dort,
Et mon âme est déjà triste comme la mort!

Triste comme la mort? Et la mort souffre-t-elle?
Le néant se plaint-il à la nuit éternelle?

Ah! plus triste cent fois que cet heureux néant
Qui n'a point à mourir et ne meurt pas vivant!
Mon âme est une mort qui se sent et se souffre;
Immortelle agonie! abîme, immense gouffre,
Où la pensée en vain cherchant à s'engloutir
En se précipitant ne peut s'anéantir!
Un songe sans réveil! une nuit sans aurore,
Un feu sans aliment qui brûle et se dévore!...
Une cendre brûlante où rien n'est allumé,
Mais où tout ce qu'on jette est soudain consumé;
Un délire sans terme, une angoisse éternelle!
Mon âme avec effroi regarde derrière elle,
Et voit son peu de jours, passés, et déjà froids
Comme la feuille sèche autour du tronc des bois;
Je regarde en avant, et je ne vois que doute
Et ténèbres, couvrant le terme de la route!
Mon être à chaque souffle exhale un peu de soi,
C'était moi qui souffrais, ce n'est déjà plus moi!
Chaque parole emporte un lambeau de ma vie;
L'homme ainsi s'évapore et passe; et quand j'appuie,
Sur l'instabilité de cet être fuyant,
À ses tortures près tout semblable au néant,
Sur ce moi fugitif insoluble problème
Qui ne se connaît pas et doute de soi-même,
Insecte d'un soleil par un rayon produit,
Qui regarde une aurore et rentre dans sa nuit,
Et que sentant en moi la stérile puissance
D'embrasser l'infini dans mon intelligence,
J'ouvre un regard de dieu sur la nature et moi,
Que je demande à tout : Pourquoi? pourquoi?
                                    [pourquoi?
Et que pour seul éclair, et pour seule réponse
Dans mon second néant je sens que je m'enfonce,
Que je m'évanouis en regrets superflus,
Qu'encore une demande et je ne serai plus!!!
Alors je suis tenté de prendre l'existence
Pour un sarcasme amer d'une aveugle puissance,

De lui parler sa langue! et semblable au mourant
Qui trompe l'agonie et rit en expirant,
D'abîmer ma raison dans un dernier délire,
Et de finir aussi par un éclat de rire!

Ou de dire : Vivons! et dans la volupté,
Noyons ce peu d'instants au néant disputé!
Le soir vient! dérobons quelques heures encore
Au temps qui nous les jette et qui nous les dévore;
Enivrons-nous du moins de ce poison humain
Que la mort nous présente en nous cachant sa main!
Jusqu'aux bords de la tombe il croît encor des roses,
De naissantes beautés pour le désir écloses,
Dont le cœur feint l'amour, dont l'œil sait l'imiter,
Et que l'orgueil ou l'or font encor palpiter!
Plongeons-nous tout entiers dans ces mers de délices;
Puis, au premier dégoût trouvé dans ces calices,
Avant l'heure, où les sens de l'ivresse lassés
Font monter l'amertume et disent : C'est assez!
Voilà la coupe pleine où de son ambroisie
Sous les traits du sommeil la mort éteint la vie!
Buvons; voilà le flot qui ne fera qu'un pli
Et nous recouvrira d'un éternel oubli,
Glissons-y; dérobons sa proie à l'existence!
À la mort sa douleur, au destin sa vengeance,
Ces langueurs que la vie au fond laisse croupir,
Et jusqu'au sentiment de son dernier soupir;
Et, fût-il un réveil même à ce dernier somme,
Défions le destin de faire pis qu'un homme!

Mais cette lâche idée, où je m'appuie en vain,
N'est qu'un roseau pliant qui fléchit sous ma main!
Elle éclaire un moment le fond du précipice,
Mais comme l'incendie éclaire l'édifice,
Comme le feu du ciel dans le nuage errant
Éclaire l'horizon, mais en le déchirant!
Ou comme la lueur lugubre et solitaire

De la lampe des morts qui veille sous la terre,
Éclaire le cadavre aride et desséché
Et le ver du sépulcre à sa proie attaché.

Non! dans ce noir chaos, dans ce vide sans terme,
Mon âme sent en elle un point d'appui plus ferme,
La conscience! instinct d'une autre vérité,
Qui guide par sa force et non par sa clarté,
Comme on guide l'aveugle en sa sombre carrière,
Par la voix, par la main, et non par la lumière.
Noble instinct! conscience! ô vérité du cœur!
D'un astre encor voilé prophétique chaleur!
Tu m'annonces toi seule en tes mille langages
Quelque chose qui luit derrière ces nuages!
Dans quelque obscurité que tu plonges mes pas,
Même au fond de ma nuit tu ne t'égares pas!
Quand ma raison s'éteint ton flambeau luit encore!
Tu dis ce qu'elle tait; tu sais ce qu'elle ignore;
Quand je n'espère plus, l'espérance est ta voix;
Quand je ne crois plus rien, tu parles et je crois!

Et ma main hardiment brise et jette loin d'elle
La coupe des plaisirs, et la coupe mortelle;
Et mon âme qui veut vivre et souffrir encor
Reprend vers la lumière un généreux essor,
Et se fait dans l'abîme où la douleur la noie
De l'excès de sa peine une secrète joie;
Comme le voyageur parti dès le matin,
Qui ne voit pas encor le terme du chemin,
Trouve le ciel brûlant, le jour long, le sol rude,
Mais fier de ses sueurs et de sa lassitude,
Dit en voyant grandir les ombres des cyprès :
J'ai marché si longtemps que je dois être près!
À ce risque fatal, je vis, je me confie;
Et dût ce noble instinct, sublime duperie,
Sacrifier en vain l'existence à la mort,

J'aime à jouer ainsi mon âme avec le sort!
À dire, en répandant au seuil d'un autre monde
Mon cœur comme un parfum et mes jours comme
                            [une onde :
Voyons si la vertu n'est qu'une sainte erreur,
L'espérance un dé faux qui trompe la douleur,
Et si, dans cette lutte où son regard m'anime,
Le Dieu serait ingrat quand l'homme est magnanime?
Alors, semblable à l'ange envoyé du Très-Haut
Qui vint sur son fumier prendre Job en défaut,
Et qui, trouvant son cœur plus fort que ses murmures,
Versa l'huile du ciel sur ses mille blessures;
Le souvenir de Dieu descend, et vient à moi,
Murmure à mon oreille, et me dit : Lève-toi!
Et ravissant mon âme à son lit de souffrance,
Sous les regards de Dieu l'emporte et la balance;
Et je vois l'infini poindre et se réfléchir
Jusqu'aux mers de soleils que la nuit fait blanchir;
Il répand ses rayons et voilà la nature;
Les concentre, et c'est Dieu; lui seul est sa mesure,
Il puise sans compter les êtres et les jours
Dans un être et des temps qui débordent toujours;
Puis les rappelle à soi comme une mer immense
Qui retire sa vague et de nouveau la lance,
Et la vie et la mort sont sans cesse et sans fin
Ce flux et ce reflux de l'océan divin!
Leur grandeur est égale et n'est pas mesurée,
Par leur vile matière ou leur courte durée;
Un monde est un atome à son immensité,
Un moment est un siècle à son éternité,
Et je suis, moi poussière à ses pieds dispersée,
Autant que les soleils, car je suis sa pensée!
Et chacun d'eux reçoit la loi qu'il lui prescrit,
La matière en matière et l'esprit en esprit!
Graviter est la loi de ces globes de flamme;
Souffrir pour expier est le destin de l'âme;
Et je combats en vain l'arrêt mystérieux,

Et la vie et la mort, tout l'annonce à mes yeux.
L'une et l'autre ne sont qu'un divin sacrifice;
Le monde a pour salut l'instrument d'un supplice;
Sur ce rocher sanglant où l'arbre en fut planté
Les temps ont vu mûrir le fruit de vérité,
Et quand l'homme modèle et le Dieu du mystère,
Après avoir parlé, voulut quitter la terre,
Il ne couronna pas son front pâle et souffrant
Des roses que Platon respirait en mourant;
Il ne fit point descendre une échelle de flamme
Pour monter triomphant par les degrés de l'âme!
Son échelle céleste, à lui, fut une croix,
Et son dernier soupir, et sa dernière voix
Une plainte à son Père, un pourquoi sans réponse,
Tout semblable à celui que ma bouche prononce!...
Car il ne lui restait que le doute à souffrir,
Cette mort de l'esprit qui doit aussi mourir!...

Ou bien de ces hauteurs rappelant ma pensée,
Ma mémoire ranime une trace effacée,
Et de mon cœur trompé rapprochant le lointain,
À mes soirs pâlissants rend l'éclat du matin,
Et de ceux que j'aimais l'image évanouie
Se lève dans mon âme; et je revis ma vie!

. . . .

Un jour, c'était aux bords où les mers du midi
Arrosent l'aloès de leur flot attiédi,
Au pied du mont brûlant dont la cendre féconde
Des doux vallons d'Enna fait le jardin du monde;
C'était aux premiers jours de mon précoce été,
Quand le cœur porte en soi son immortalité,
Quand nulle feuille encor par l'orage jaunie
N'a tombé sous nos pas de l'arbre de la vie,
Quand chaque battement qui soulève le cœur
Est un immense élan vers un vague bonheur,
Que l'air dans notre sein n'a pas assez de place,

Le jour assez de feux, le ciel assez d'espace,
Et que le cœur plus fort que ses émotions
Respire hardiment le vent des passions,
Comme au réveil des flots la voile du navire
Appelle l'ouragan, palpite, et le respire!
Et je ne connaissais de ce monde enchanté
Que le cœur d'une mère et l'œil d'une beauté;
Et j'aimais; et l'amour, sans consumer mon âme,
Dans une âme de feu réfléchissait sa flamme,
Comme ce mont brûlant que nous voyions fumer
Embrasait cette mer, mais sans la consumer!
Et notre amour était beau comme l'espérance,
Long comme l'avenir, pur comme l'innocence.

Et son nom? — Eh! qu'importe un nom! Elle n'est
Qu'un souvenir planant dans un lointain confus, [plus
Dans les plis de mon cœur une image cachée,
Ou dans mon œil aride une larme séchée!
Et nous étions assis à l'heure du réveil,
Elle et moi, seuls, devant la mer et le soleil,
Sous les pieds tortueux des châtaigniers sauvages
Qui couronnent l'Etna de leurs derniers feuillages;
Et le jour se levait aussi dans notre cœur,
Long, serein, rayonnant, tout lumière et chaleur;
Les brises, qui du pin touchaient les larges faîtes,
Y prenaient une voix et chantaient sur nos têtes,
Par l'aurore attiédis les purs souffles des airs
En vagues de parfum montaient du lit des mers,
Et jusqu'à ces hauteurs apportaient par bouffées
Des flots sur les rochers les clameurs étouffées,
Des chants confus d'oiseaux et des roucoulements,
Des cliquetis d'insecte ou des bourdonnements,
Mille bruits dont partout la solitude est pleine,
Que l'oreille retrouve et perd à chaque haleine,
Témoignages de vie et de félicité,
Qui disaient : Tout est vie, amour et volupté!

Et je n'entendais rien que ma voix et la sienne,
La sienne, écho vivant qui renvoyait la mienne;
Et ces deux voix d'accord, vibrant à l'unisson,
Se confondaient en une et ne formaient qu'un son!

Et nos yeux descendaient d'étages en étages,
Des rochers aux forêts, des forêts aux rivages,
Du rivage à la mer, dont l'écume d'abord
D'une frange ondoyante y dessinait le bord,
Puis, étendant sans fin son bleu semé de voiles,
Semblait un second ciel tout blanchissant d'étoiles;
Et les vaisseaux allaient et venaient sur les eaux,
Rasant le flot de l'aile ainsi que des oiseaux,
Et quelques-uns, glissant le long des hautes plages,
Mêlaient leurs mâts tremblants aux arbres des rivages,
Et jusqu'à ces sommets on entendait monter
Les voix des matelots que le flot fait chanter!
Et l'horizon noyé dans des vapeurs vermeilles
S'y perdait; et mes yeux plongés dans ces merveilles,
S'égarant jusqu'aux bords de ce miroir si pur,
Remontaient dans le ciel de l'azur à l'azur,
Puis venaient, éblouis, se reposer encore
Dans un regard plus doux que la mer et l'aurore,
Dans les yeux enivrés d'un être ombre du mien,
Où mon délire encor se redoublait du sien!
Et nous étions en paix avec cette nature,
Et nous aimions ces prés, ce ciel, ce doux murmure,
Ces arbres, ces rochers, ces astres, cette mer;
Et toute notre vie était un seul aimer!
Et notre âme, limpide et calme comme l'onde,
Dans la joie et la paix réfléchissait le monde;
Et les traits concentrés dans ce brillant milieu
Y formaient une image, et l'image était... Dieu!
Et cette idée, ainsi dans nos cœurs imprimée,
N'en jaillissait point tiède, inerte, inanimée,
Comme l'orbe éclatant du céleste soleil,

Qui flotte terne et froid dans l'océan vermeil,
Mais vivante, et brûlante, et consumant notre âme,
Comme sort du bûcher une odorante flamme!
Et nos cœurs embrasés en soupirs s'exhalaient,
Et nous voulions lui dire... et nos cœurs seuls
[parlaient;
Et qui m'eût dit alors qu'un jour la grande image
De ce Dieu pâlirait sous l'ombre du nuage,
Qu'il faudrait le chercher en moi, comme aujourd'hui,
Et que le désespoir pouvait douter de lui?
J'aurais ri dans mon cœur de ma crainte insensée,
Ou j'aurais eu pitié de ma propre pensée!
Et les jours ont passé courts comme le bonheur,
Et les ans ont brisé l'image dans mon cœur,
Tout s'est évanoui!... mais le souvenir reste
De l'apparition matinale et céleste
Et comme ces mortels des temps mystérieux
Que visitaient jadis des envoyés des cieux,
Quand leurs yeux avaient vu la divine lumière,
S'attendaient à la mort et fermaient leur paupière,
Au rayon pâlissant, de mon soir obscurci,
Je dis : J'ai vu mon Dieu; je puis mourir aussi!
Mais celui dont la vie et l'amour sont l'ouvrage
N'a pas fait le miroir pour y briser l'image!

Et sûr de l'avenir, je remonte au passé;
Quel est sur ce coteau du matin caressé,
Au bord de ces flots bleus qu'un jour du matin dore,
Ce toit champêtre et seul d'où rejaillit l'aurore?
La fleur du citronnier l'embaume, et le cyprès
L'enveloppe au couchant d'un rempart sombre et frais,
Et la vigne, y couvrant de blanches colonnades,
Court en festons joyeux d'arcades en arcades!
La colombe au col noir roucoule sur les toits,
Et sur les flots dormants se répand une voix,
Une voix qui cadence une langue divine,

Et d'un accent si doux que l'amour s'y devine.
Le portique au soleil est ouvert; une enfant
Au front pur, aux yeux bleus, y guide en triomphant
Un lévrier folâtre aussi blanc que la neige,
Dont le regard aimant la flatte et la protège;
De la plage voisine ils prennent le sentier
Qui serpente à travers le myrte et l'églantier[3];
Une barque non loin, vide et légère encore,
Ouvre déjà sa voile aux brises de l'aurore,
Et berçant sur leurs bancs les oisifs matelots,
Semble attendre son maître, et bondit sur les flots[4].

. . . .
. . . .

Odes politiques

I

CONTRE LA PEINE DE MORT

Au peuple du 19 octobre 1830.

Vains efforts! périlleuse audace!
Me disent des amis au geste menaçant,
Le lion même fait-il grâce
Quand sa langue a léché du sang?
Taisez-vous! ou chantez comme rugit la foule!
Attendez pour passer que le torrent s'écoule
De sang et de lie écumant!
On peut braver Néron, cette hyène de Rome!
Les brutes ont un cœur! le tyran est un homme :
Mais le peuple est un élément;

Élément qu'aucun frein ne dompte,
Et qui roule semblable à la fatalité;
Pendant que sa colère monte,
Jeter un cri d'humanité,
C'est au sourd Océan qui blanchit son rivage
Jeter dans la tempête un roseau de la plage,
La feuille sèche à l'ouragan!
C'est aiguiser le fer pour soutirer la foudre,
Ou poser pour l'éteindre un bras réduit en poudre
Sur la bouche en feu du volcan!

Souviens-toi du jeune poëte,
Chénier! dont sous tes pas le sang est encor chaud,

Dont l'histoire en pleurant répète
Le salut triste à l'échafaud *.
Il rêvait, comme toi, sur une terre libre
Du pouvoir et des lois le sublime équilibre;
Dans ses bourreaux il avait foi!
Qu'importe? il faut mourir, et mourir sans mémoire :
Eh bien! mourons, dit-il. Vous tuez de la gloire :
J'en avais pour vous et pour moi!

Cache plutôt dans le silence
Ton nom, qu'un peu d'éclat pourrait un jour trahir!
Conserve une lyre à la France,
Et laisse-les s'entre-haïr;
De peur qu'un délateur à l'oreille attentive
Sur sa table future en pourpre ne t'inscrive
Et ne dise à son peuple-roi :
C'est lui qui disputant ta proie à ta colère,
Voulant sauver du sang ta robe populaire,
Te crut généreux : venge-toi!

Non, le dieu qui trempa mon âme
Dans des torrents de force et de virilité,
N'eût pas mis dans un cœur de femme
Cette soif d'immortalité.
Que l'autel de la peur serve d'asile au lâche,
Ce cœur ne tremble pas aux coups sourds d'une hache,
Ce front levé ne pâlit pas!
La mort qui se trahit dans un signe farouche
En vain, pour m'avertir, met un doigt sur sa bouche :
La gloire sourit au trépas.

Il est beau de tomber victime
Sous le regard vengeur de la postérité

---

* Tout le monde connaît le mot d'André Chénier, sur l'échafaud :
« C'est dommage, dit-il en se frappant le front, il y avait quelque chose
là. »

Dans l'holocauste magnanime
De sa vie à la vérité!
L'échafaud pour le juste est le lit de sa gloire :
Il est beau d'y mourir au soleil de l'histoire,
Au milieu d'un peuple éperdu!
De léguer un remords à la foule insensée,
Et de lui dire en face une mâle pensée,
Au prix de son sang répandu.

Peuple, dirais-je, écoute! et juge!
Oui, tu fus grand, le jour où du bronze affronté
Tu le couvris comme un déluge
Du reflux de la liberté!
Tu fus fort, quand pareil à la mer écumante,
Au nuage qui gronde, au volcan qui fermente,
Noyant les gueules du canon,
Tu bouillonnais semblable au plomb dans la fournaise,
Et roulais furieux sur une plage anglaise
Trois couronnes dans ton limon[1]!

Tu fus beau, tu fus magnanime,
Le jour où, recevant les balles sur ton sein,
Tu marchais d'un pas unanime,
Sans autre chef que ton tocsin;
Où, n'ayant que ton cœur et tes mains pour combattre,
Relevant le vaincu que tu venais d'abattre
Et l'emportant, tu lui disais :
Avant d'être ennemis, le pays nous fit frères;
Livrons au même lit les blessés des deux guerres :
La France couvre le Français!

Quand dans ta chétive demeure,
Le soir, noirci du feu, tu rentrais triomphant
Près de l'épouse qui te pleure,
Du berceau nu de ton enfant!
Tu ne leur présentais pour unique dépouille

Que la goutte de sang, la poudre qui te souille,
   Un tronçon d'arme dans ta main;
En vain l'or des palais dans la boue étincelle,
Fils de la liberté, tu ne rapportais qu'elle :
   Seule elle assaisonnait ton pain!

   Un cri de stupeur et de gloire
Sorti de tous les cœurs monta sous chaque ciel,
   Et l'écho de cette victoire
   Devint un hymne universel.
Moi-même dont le cœur date d'une autre France,
Moi, dont la liberté n'allaita pas l'enfance,
   Rougissant et fier à la fois,
Je ne pus retenir mes bravos à tes armes,
Et j'applaudis des mains, en suivant de mes larmes
   L'innocent orphelin des rois!

   Tu reposais dans ta justice
Sur la foi des serments conquis, donnés, reçus;
   Un jour brise dans un caprice[2]
   Les nœuds par deux règnes tissus!
Tu t'élances bouillant de honte et de délire :
Le lambeau mutilé du gage qu'on déchire
   Reste dans les dents du lion.
On en appelle au fer; il t'absout! Qu'il se lève
Celui qui jetterait ou la pierre, ou le glaive
   À ton jour d'indignation!

   Mais tout pouvoir a des salaires
À jeter aux flatteurs qui lèchent ses genoux,
   Et les courtisans populaires
   Sont les plus serviles de tous!
Ceux-là des rois honteux pour corrompre les âmes
Offrent les pleurs du peuple, ou son or, ou ses femmes,
   Aux désirs d'un maître puissant;
Les tiens, pour caresser des penchants plus sinistres,

Te font sous l'échafaud, dont ils sont les ministres,
  Respirer des vapeurs de sang!

   Dans un aveuglement funeste,
Ils te poussent de l'œil vers un but odieux,
  Comme l'enfer poussait Oreste,
  En cachant le crime à ses yeux!
La soif de ta vengeance, ils l'appellent justice :
Et bien, justice soit! Est-ce un droit de supplice
  Qui par tes morts fut acheté?
Que feras-tu, réponds, du sang qu'on te demande?
Quatre têtes[3] sans tronc, est-ce donc là l'offrande
  D'un grand peuple à sa liberté?

   N'en ont-ils pas fauché sans nombre?
N'en ont-ils pas jeté des monceaux, sans combler
  Le sac insatiable et sombre
  Où tu les entendais rouler?
Depuis que la mort même, inventant ses machines,
Eut ajouté la roue aux faux des guillotines
  Pour hâter son char gémissant,
Tu comptais par centaine, et tu comptas par mille!
Quand on presse du pied le pavé de ta ville,
  On craint d'en voir jaillir du sang!

   — Oui, mais ils ont joué leur tête.
— Je le sais; et le sort les livre et te les doit!
  C'est ton gage, c'est ta conquête;
  Prends, ô peuple! use de ton droit.
Mais alors jette au vent l'honneur de ta victoire;
Ne demande plus rien à l'Europe, à la gloire,
  Plus rien à la postérité!
En donnant cette joie à ta libre colère,
Va-t'en; tu t'es payé toi-même ton salaire :
  Du sang, au lieu de liberté!

Songe au passé, songe à l'aurore
De ce jour orageux levé sur nos berceaux;
Son ombre te rougit encore
Du reflet pourpré des ruisseaux!
Il t'a fallu dix ans de fortune et de gloire
Pour effacer l'horreur de deux pages d'histoire.
Songe à l'Europe qui te suit
Et qui dans le sentier que ton pied fort lui creuse
Voit marcher tantôt sombre et tantôt lumineuse
Ta colonne qui la conduit!

Veux-tu que sa liberté feinte
Du carnage civique arbore aussi la faux?
Et que partout sa main soit teinte
De la fange des échafauds?
Veux-tu que le drapeau qui la porte aux deux mondes,
Veux-tu que les degrés du trône que tu fondes,
Pour piédestal aient un remords?
Et que ton Roi, fermant sa main pleine de grâces,
Ne puisse à son réveil descendre sur tes places,
Sans entendre hurler la mort?

Aux jours de fer de tes annales[4]
Quels dieux n'ont pas été fabriqués par tes mains?
Des divinités infernales
Reçurent l'encens des humains!
Tu dressas des autels à la terreur publique,
À la peur, à la mort, Dieux de ta République;
Ton grand prêtre fut ton bourreau!
De tous ces dieux vengeurs qu'adora ta démence,
Tu n'en oublias qu'un, ô peuple! la Clémence!
Essayons d'un culte nouveau.

Le jour qu'oubliant ta colère,
Comme un lutteur grandi qui sent son bras plus fort,
De l'héroïsme populaire

Tu feras le dernier effort;
Le jour où tu diras : Je triomphe et pardonne!...
Ta vertu montera plus haut que ta colonne
        Au-dessus des exploits humains;
Dans des temples voués à ta miséricorde
Ton génie unira la force et la concorde,
        Et les siècles battront des mains!

        « Peuple, diront-ils, ouvre une ère
» Que dans ses rêves seuls l'humanité tenta,
        » Proscris des codes de la terre
        » La mort que le crime inventa!
» Remplis de ta vertu l'histoire qui la nie,
» Réponds par tant de gloire à tant de calomnie!
        » Laisse la pitié respirer!
» Jette à tes ennemis des lois plus magnanimes,
» Ou si tu veux punir, inflige à tes victimes
        » Le supplice de t'admirer!

        » Quitte enfin la sanglante ornière
» Où se traîne le char des révolutions,
        » Que ta halte soit la dernière
        » Dans ce désert des nations;
» Que le genre humain dise en bénissant tes pages :
» C'est ici que la France a de ses lois sauvages
        » Fermé le livre ensanglanté;
» C'est ici qu'un grand peuple, au jour de la justice,
» Dans la balance humaine, au lieu d'un vil supplice,
        » Jeta sa magnanimité[5]. »

        Mais le jour où le long des fleuves
Tu reviendras, les yeux baissés sur tes chemins,
        Suivi, maudit par quatre veuves,
        Et par des groupes d'orphelins,
De ton morne triomphe en vain cherchant la fête,
Les passants se diront, en détournant la tête :

Marchons, ce n'est rien de nouveau!
C'est, après la victoire, un peuple qui se venge;
Le siècle en a menti; jamais l'homme ne change :
Toujours, ou victime, ou bourreau!

II

À NÉMÉSIS*

Non, sous quelque drapeau que le barde se range,
La muse sert sa gloire et non ses passions!
Non, je n'ai pas coupé les ailes de cet ange
Pour l'atteler hurlant au char des factions!
Non, je n'ai point couvert du masque populaire
Son front resplendissant des feux du saint parvis,
Ni pour fouetter et mordre, irritant sa colère,
        Changé ma muse en Némésis!

D'implacables serpents je ne l'ai point coiffée[1];
Je ne l'ai pas menée une verge à la main,
Injuriant la gloire avec le luth d'Orphée,
Jeter des noms en proie au vulgaire inhumain.
Prostituant ses vers aux clameurs de la rue,
Je n'ai pas arraché la prêtresse au saint lieu;

---

* Le numéro de la *Némésis* du 3 juillet 1831 contient une satire aussi injuste qu'amère contre M. de Lamartine. On lui reproche l'usage le plus légitime des droits du citoyen, l'honorable candidature qu'il a acceptée dans le Nord et dans le Var; on semble lui interdire de prononcer le nom d'une liberté qu'il a aimée et chantée avant ses accusateurs. On lui reproche aussi d'avoir reçu de ses libraires le prix de ses ouvrages. Poète attaqué par un poète, il a cru devoir lui répondre dans sa langue, et il a écrit cette ode dans la chaleur de la lutte, le jour même de l'élection.

À ses profanateurs je ne l'ai pas vendue,
    Comme Sion vendit son Dieu!

Non, non : je l'ai conduite au fond des solitudes,
Comme un amant jaloux d'une chaste beauté;
J'ai gardé ses beaux pieds des atteintes trop rudes
Dont la terre eût blessé leur tendre nudité;
J'ai couronné son front d'étoiles immortelles,
J'ai parfumé mon cœur pour lui faire un séjour,
Et je n'ai rien laissé s'abriter sous ses ailes
    Que la prière et que l'amour!

L'or pur que sous mes pas semait sa main prospère[2]
N'a point payé la vigne ou le champ du potier[3];
Il n'a point engraissé les sillons de mon père
Ni les coffres jaloux d'un avide héritier :
Elle sait où du ciel ce divin denier tombe.
Tu peux sans le ternir me reprocher cet or!
D'autres bouches un jour te diront sur ma tombe
    Où fut enfoui mon trésor.

Je n'ai rien demandé que des chants à sa lyre,
Des soupirs pour une ombre et des hymnes pour Dieu,
Puis, quand l'âge est venu m'enlever son délire,
J'ai dit à cette autre âme un trop précoce adieu :
« Quitte un cœur que le poids de la patrie accable!
Fuis nos villes de boue et notre âge de bruit!
Quand l'eau pure des lacs se mêle avec le sable,
    Le cygne remonte et s'enfuit. »

Honte à qui peut chanter pendant que Rome brûle,
S'il n'a l'âme et la lyre et les yeux de Néron,
Pendant que l'incendie en fleuve ardent circule
Des temples aux palais, du Cirque au Panthéon!
Honte à qui peut chanter pendant que chaque femme
Sur le front de ses fils voit la mort ondoyer,

Que chaque citoyen regarde si la flamme
                Dévore déjà son foyer!

Honte à qui peut chanter pendant que les sicaires
En secouant leur torche aiguisent leurs poignards,
Jettent les dieux proscrits aux rires populaires,
Ou traînent aux égouts les bustes des Césars!
C'est l'heure de combattre avec l'arme qui reste;
C'est l'heure de monter au rostre ensanglanté,
Et de défendre au moins de la voix et du geste
                Rome, les dieux, la liberté!

La liberté! ce mot dans ma bouche t'outrage[4]?
Tu crois qu'un sang d'ilote est assez pur pour moi,
Et que Dieu de ses dons fit un digne partage,
L'esclavage pour nous, la liberté pour toi?
Tu crois que de Séjan le dédaigneux sourire
Est un prix assez noble aux cœurs tels que le mien,
Que le ciel m'a jeté la bassesse et la lyre,
                À toi l'âme du citoyen?

Tu crois que ce saint nom qui fait vibrer la terre,
Cet éternel soupir des généreux mortels,
Entre Caton et toi doit rester un mystère;
Que la liberté monte à ses premiers autels[5]?
Tu crois qu'elle rougit du chrétien qui l'épouse,
Et que nous adorons notre honte et nos fers
Si nous n'adorons pas ta liberté jalouse
                Sur l'autel d'airain que tu sers?

Détrompe-toi, poète, et permets-nous d'être hommes!
Nos mères nous ont faits tous du même limon,
La terre qui vous porte est la terre où nous sommes,
Les fibres de nos cœurs vibrent au même son!
Patrie et liberté, gloire, vertu, courage,
Quel pacte de ces biens m'a donc déshérité?

Quel jour ai-je vendu ma part de l'héritage,
    Ésaü de la liberté?

Va, n'attends pas de moi que je la sacrifie
Ni devant vos dédains ni devant le trépas!
Ton Dieu n'est pas le mien, et je m'en glorifie :
J'en adore un plus grand qui ne te maudit pas!
La liberté que j'aime est née avec notre âme,
Le jour où le plus juste a bravé le plus fort,
Le jour où Jehovah dit au fils de la femme :
    « Choisis, des fers ou de la mort[6]! »

Que ces tyrans divers, dont la vertu se joue,
Selon l'heure et les lieux s'appellent peuple ou roi,
Déshonorent la pourpre ou salissent la boue,
La honte qui les flatte est la même pour moi!
Qu'importe sous quel pied se courbe un front d'esclave!
Le joug, d'or ou de fer, n'en est pas moins honteux!
Des rois tu l'affrontas, des tribuns je le brave :
    Qui fut moins libre de nous deux?

Fais-nous ton Dieu plus beau, si tu veux qu'on l'adore;
Ouvre un plus large seuil à ses cultes divers!
Repousse du parvis que leur pied déshonore
La vengeance et l'injure aux portes des enfers!
Écarte ces faux dieux de l'autel populaire,
Pour que le suppliant n'y soit pas insulté!
Sois la lyre vivante, et non pas le Cerbère
    Du temple de la Liberté!

Un jour, de nobles pleurs laveront ce délire;
Et ta main, étouffant le son qu'elle a tiré,
Plus juste arrachera des cordes de ta lyre
La corde injurieuse où la haine a vibré!
Mais moi j'aurai vidé la coupe d'amertume
Sans que ma lèvre même en garde un souvenir;

Car mon âme est un feu qui brûle et qui parfume
    Ce qu'on jette pour la ternir.

III

LES RÉVOLUTIONS

I

Quand l'Arabe altéré, dont le puits n'a plus d'onde,
A plié le matin sa tente vagabonde
Et suspendu la source aux flancs de ses chameaux,
Il salue en partant la citerne tarie,
Et, sans se retourner, va chercher la patrie
    Où le désert cache ses eaux.

Que lui fait qu'au couchant le vent de feu se lève
Et, comme un océan qui laboure la grève,
Comble derrière lui l'ornière de ses pas,
Suspende la montagne où courait la vallée,
Ou sème en flots durcis la dune amoncelée?
    Il marche, et ne repasse pas.

Mais vous, peuples assis de l'Occident stupide,
Hommes pétrifiés dans votre orgueil timide,
Partout où le hasard sème vos tourbillons
Vous germez comme un gland sur vos sombres collines,
Vous poussez dans le roc vos stériles racines,
    Vous végétez sur vos sillons!

Vous taillez le granit, vous entassez les briques,
Vous fondez tours, cités, trônes ou républiques :
Vous appelez le temps, qui ne répond qu'à Dieu;
Et, comme si des jours ce Dieu vous eût fait maître,

Vous dites à la race humaine encore à naître :
   « Vis, meurs, immuable en ce lieu!

« Recrépis le vieux mur écroulé sur ta race,
Garde que de tes pieds l'empreinte ne s'efface,
Passe à d'autres le joug que d'autres t'ont jeté!
Sitôt qu'un passé mort te retire son ombre,
Dis que le doigt de Dieu se sèche, et que le nombre
   Des jours, des soleils, est compté! »

En vain la mort vous suit et décime sa proie;
En vain le Temps, qui rit de vos Babels, les broie,
Sous son pas éternel insectes endormis;
En vain ce laboureur irrité les renverse,
Ou, secouant le pied, les sème et les disperse
   Comme des palais de fourmis;

Vous les rebâtissez toujours, toujours de même!
Toujours dans votre esprit vous lancez anathème
À qui les touchera dans la postérité;
Et toujours en traçant ces précaires demeures,
Hommes aux mains de neige et qui fondez aux heures,
   Vous parlez d'immortalité!

Et qu'un siècle chancelle ou qu'une pierre tombe,
Que Socrate vous jette un secret de sa tombe,
Que le Christ lègue au monde un ciel dans son adieu :
Vous vengez par le fer le mensonge qui règne,
Et chaque vérité nouvelle ici-bas saigne
   Du sang d'un prophète ou d'un Dieu!

De vos yeux assoupis vous aimez les écailles :
Semblables au guerrier armé pour les batailles
Mais qui dort enivré de ses songes épais,
Si quelque voix soudaine éclate à votre oreille,

Vous frappez, vous tuez celui qui vous réveille,
    Car vous voulez dormir en paix!

Mais ce n'est pas ainsi que le Dieu qui vous somme
Entend la destinée et les phases de l'homme;
Ce n'est pas le chemin que son doigt vous écrit!
En vain le cœur vous manque et votre pied se lasse :
Dans l'œuvre du Très-Haut le repos n'a pas place;
    Son esprit n'est pas votre esprit!

« Marche! » Sa voix le dit à la nature entière.
Ce n'est pas pour croupir sur ces champs de lumière
Que le soleil s'allume et s'éteint dans ses mains!
Dans cette œuvre de vie où son âme palpite,
Tout respire, tout croît, tout grandit, tout gravite :
    Les cieux, les astres, les humains!

L'œuvre toujours finie et toujours commencée
Manifeste à jamais l'éternelle pensée :
Chaque halte pour Dieu n'est qu'un point de départ.
Gravissant l'infini qui toujours le domine,
Plus il s'élève, et plus la volonté divine
    S'élargit avec son regard!

Il ne s'arrête pas pour mesurer l'espace,
Son pied ne revient pas sur sa brûlante trace,
Il ne revoit jamais ce qu'il vit en créant;
Semblable au faible enfant qui lit et balbutie,
Il ne dit pas deux fois la parole de vie :
    Son verbe court sur le néant!

Il court, et la nature à ce Verbe qui vole
Le suit en chancelant de parole en parole :
Jamais, jamais demain ce qu'elle est aujourd'hui!
Et la création, toujours, toujours nouvelle,
Monte éternellement la symbolique échelle
    Que Jacob rêva devant lui[1]!

Et rien ne redescend à sa forme première :
Ce qui fut glace et nuit devient flamme et lumière;
Dans les flancs du rocher le métal devient or;
En perle au fond des mers le lit des flots se change;
L'éther en s'allumant devient astre, et la fange
      Devient homme, et fermente encor!

Puis un souffle d'en haut se lève; et toute chose
Change, tombe, périt, fuit, meurt, se décompose,
Comme au coup de sifflet des décorations;
Jéhovah d'un regard lève et brise sa tente,
Et les camps des soleils suspendent dans l'attente
      Leurs saintes évolutions.

Les globes calcinés volent en étincelles,
Les étoiles des nuits éteignent leurs prunelles,
La comète s'échappe et brise ses essieux,
Elle lance en éclats la machine céleste,
Et de mille univers, en un souffle, il ne reste
      Qu'un charbon fumant dans les cieux!

Et vous, qui ne pouvez défendre un pied de grève,
Dérober une feuille au souffle qui l'enlève,
Prolonger d'un rayon ces orbes éclatants,
Ni dans son sablier, qui coule intarissable,
Ralentir d'un moment, d'un jour, d'un grain de sable,
      La chute éternelle du temps;

Sous vos pieds chancelants si quelque caillou roule,
Si quelque peuple meurt, si quelque trône croule,
Si l'aile d'un vieux siècle emporte ses débris,
Si de votre alphabet quelque lettre s'efface,
Si d'un insecte à l'autre un brin de paille passe,
      Le ciel s'ébranle de vos cris!

II

Regardez donc, race insensée,
Les pas des générations!
Toute la route n'est tracée
Que des débris des nations :
Trônes, autels, temples, portiques,
Peuples, royaumes, républiques,
Sont la poussière du chemin;
Et l'histoire, écho de la tombe,
N'est que le bruit de ce qui tombe
Sur la route du genre humain.

Plus vous descendez dans les âges,
Plus ce bruit s'élève en croissant,
Comme en approchant des rivages
Que bat le flot retentissant.
Voyez passer l'esprit de l'homme,
De Thèbe et de Memphis[2] à Rome,
Voyageur terrible en tout lieu,
Partout brisant ce qu'il élève,
Partout, de la torche ou du glaive,
Faisant place à l'esprit de Dieu!

Il passe au milieu des tempêtes
Par les foudres du Sinaï,
Par les verges de ses prophètes,
Par les temples d'Adonaï[3]!
Foulant ses jougs, brisant ses maîtres,
Il change ses rois pour ses prêtres,
Change ses prêtres pour des rois;
Puis, broyant palais, tabernacles,
Il sème ces débris d'oracles
Avec les débris de ses lois!

Déployant ses ailes rapides,
Il plonge au désert de Memnon[4];
Le voilà sous les Pyramides,
Le voici sur le Parthénon :
Là, cachant aux regards de l'homme
Les fondements du pouvoir, comme
Ceux d'un temple mystérieux;
Là, jetant au vent populaire,
Comme le grain criblé sur l'aire,
Les lois, les dogmes et les dieux!

Las de cet assaut de parole,
Il guide Alexandre au combat;
L'aigle sanglant du Capitole
Sur le monde à son doigt s'abat :
L'univers n'est plus qu'un empire.
Mais déjà l'esprit se retire;
Et les peuples, poussant un cri,
Comme un avide essaim d'esclaves
Dont on a brisé les entraves,
Se sauvent avec un débri.

Levez-vous, Gaule et Germanie,
L'heure de la vengeance est là!
Des ruines, c'est le génie
Qui prend les rênes d'Attila!
Lois, forum, dieux, faisceaux, tout croule;
Dans l'ornière de sang tout roule,
Tout s'éteint, tout fume. Il fait nuit,
Il fait nuit, pour que l'ombre encore
Fasse mieux éclater l'aurore
Du jour* où son doigt vous conduit!

* Le christianisme.

L'homme se tourne à cette flamme,
Et revit en la regardant :
Charlemagne en fait la grande âme
Dont il anime l'Occident.
Il meurt : son colosse d'empire
En lambeaux vivants se déchire,
Comme un vaste et pesant manteau
Fait pour les robustes épaules
Qui portaient le Rhin et les Gaules;
Et l'esprit reprend son marteau!

De ces nations mutilées
Cent peuples naissent sous ses pas,
Races barbares et mêlées
Que leur mère ne connaît pas;
Les uns indomptés et farouches,
Les autres rongeant dans leurs bouches
Les mors des tyrans ou des dieux :
Mais l'esprit, par diverses routes,
À son tour leur assigne à toutes
Un rendez-vous mystérieux.

Pour les pousser où Dieu les mène,
L'esprit humain prend cent détours,
Et revêt chaque forme humaine
Selon les hommes et les jours.
Ici, conquérant, il balaie
Les vieux peuples comme l'ivraie;
Là, sublime navigateur,
L'instinct d'une immense conquête
Lui fait chercher dans la tempête
Un monde à travers l'équateur.

Tantôt il coule la pensée
En bronze palpable et vivant,
Et la parole retracée

Court et brise comme le vent;
Tantôt, pour mettre un siècle en poudre,
Il éclate comme la foudre
Dans un mot de feu : Liberté!
Puis, dégoûté de son ouvrage,
D'un mot qui tonne davantage⁵
Il réveille l'humanité!

Et tout se fond, croule et chancelle;
Et, comme un flot du flot chassé,
Le temps sur le temps s'amoncelle,
Et le présent sur le passé!
Et sur ce sable où tout s'enfonce,
Quoi donc, ô mortels, vous annonce
L'immuable que vous cherchez?
Je ne vois que poussière et lutte,
Je n'entends que l'immense chute
Du temps qui tombe et dit : « Marchez! »

III

Marchez! l'humanité ne vit pas d'une idée!
Elle éteint chaque soir celle qui l'a guidée,
Elle en allume une autre à l'immortel flambeau :
Comme ces morts vêtus de leur parure immonde,
Les générations emportent de ce monde
     Leurs vêtements dans le tombeau.

Là, c'est leurs dieux; ici, les mœurs de leurs ancêtres,
Le glaive des tyrans, l'amulette des prêtres,
Vieux lambeaux, vils haillons de cultes ou de lois :
Et quand après mille ans dans leurs caveaux on fouille,
On est surpris de voir la risible dépouille
     De ce qui fut l'homme autrefois.

Robes, toges, turbans, tunique, pourpre, bure,
Sceptres, glaives, faisceaux, haches, houlette, armure,
Symboles vermoulus fondent sous votre main,
Tour à tour au plus fort, au plus fourbe, au plus digne,
Et vous vous demandez vainement sous quel signe
    Monte ou baisse le genre humain.

Sous le vôtre, ô chrétiens! L'homme en qui Dieu
                        [travaille
Change éternellement de formes et de taille :
Géant de l'avenir, à grandir destiné,
Il use en vieillissant ses vieux vêtements, comme
Des membres élargis font éclater sur l'homme
    Les langes où l'enfant est né.

L'humanité n'est pas le bœuf à courte haleine
Qui creuse à pas égaux son sillon dans la plaine
Et revient ruminer sur un sillon pareil :
C'est l'aigle rajeuni qui change son plumage,
Et qui monte affronter, de nuage en nuage,
    De plus hauts rayons du soleil.

Enfants de six mille ans qu'un peu de bruit étonne,
Ne vous troublez donc pas d'un mot nouveau qui
                       [tonne,
D'un empire éboulé, d'un siècle qui s'en va!
Que vous font les débris qui jonchent la carrière?
Regardez en avant, et non pas en arrière :
    Le courant roule à Jéhova!

Que dans vos cœurs étroits vos espérances vagues
Ne croulent pas sans cesse avec toutes les vagues :
Ces flots vous porteront, hommes de peu de foi[6]!
Qu'importent bruit et vent, poussière et décadence,
Pourvu qu'au-dessus d'eux la haute Providence
    Déroule l'éternelle loi!

Vos siècles page à page épellent l'Évangile :
Vous n'y lisiez qu'un mot, et vous en lirez mille;
Vos enfants plus hardis y liront plus avant!
Ce livre est comme ceux des sibylles antiques,
Dont l'augure trouvait les feuillets prophétiques
      Siècle à siècle arrachés au vent.

Dans la foudre et l'éclair votre Verbe aussi vole :
Montez à sa lueur, courez à sa parole,
Attendez sans effroi l'heure lente à venir,
Vous, enfants de celui qui, l'annonçant d'avance,
Du sommet d'une croix vit briller l'espérance
      Sur l'horizon de l'avenir!

Cet oracle sanglant chaque jour se révèle;
L'esprit, en renversant, élève et renouvelle.
Passagers ballottés dans vos siècles flottants,
Vous croyez reculer sur l'océan des âges,
Et vous vous remontrez, après mille naufrages,
      Plus loin sur la route des temps!

Ainsi quand le vaisseau qui vogue entre deux mondes
A perdu tout rivage, et ne voit que les ondes
S'élever et crouler comme deux sombres murs;
Quand le maître[7] a brouillé les nœuds nombreux qu'il
                                 [file,
Sur la plaine sans borne il se croit immobile
      Entre deux abîmes obscurs.

« C'est toujours, se dit-il dans son cœur plein de doute,
Même onde que je vois, même bruit que j'écoute;
Le flot que j'ai franchi revient pour me bercer;
À les compter en vain mon esprit se consume,
C'est toujours de la vague, et toujours de l'écume :
      Les jours flottent sans avancer! »

Et les jours et les flots semblent ainsi renaître,
Trop pareils pour que l'œil puisse les reconnaître,
Et le regard trompé s'use en les regardant;
Et l'homme, que toujours leur ressemblance abuse,
Les brouille, les confond, les gourmande et t'accuse,
   Seigneur!... Ils marchent cependant!

Et quand sur cette mer, las de chercher sa route,
Du firmament splendide il explore la voûte,
Des astres inconnus s'y lèvent à ses yeux;
Et, moins triste, aux parfums qui soufflent des rivages,
Au jour tiède et doré qui glisse des cordages,
   Il sent qu'il a changé de cieux.

Nous donc[8], si le sol tremble au vieux toit de nos
           [pères,
Ensevelissons-nous sous des cendres si chères,
Tombons enveloppés de ces sacrés linceuls!
Mais ne ressemblons pas à ces rois d'Assyrie[9]
Qui traînaient au tombeau femmes, enfants, patrie,
   Et ne savaient pas mourir seuls;

Qui jetaient au bûcher, avant que d'y descendre,
Famille, amis, coursiers, trésors réduits en cendre,
Espoir ou souvenirs de leurs jours plus heureux,
Et, livrant leur empire et leurs dieux à la flamme,
Auraient voulu qu'aussi l'univers n'eût qu'une âme,
   Pour que tout mourût avec eux!

Poésies diverses

VOYAGE EN ORIENT

GETHSÉMANI

OU

LA MORT DE JULIA

Je fus dès la mamelle un homme de douleur;
Mon cœur, au lieu de sang, ne roule que des larmes,
Ou plutôt, de ces pleurs Dieu m'a ravi les charmes,
Il a pétrifié les larmes dans mon cœur;
L'amertume est mon miel, la tristesse est ma joie;
Un instinct fraternel m'attache à tout cercueil,
Nul chemin ne m'arrête, à moins que je n'y voie
      Quelque ruine ou quelque deuil!

Si je vois des champs verts qu'un ciel pur entretienne,
De doux vallons s'ouvrant pour embrasser la mer,
Je passe, et je me dis avec un rire amer :
Place pour le bonheur, hélas! et non la mienne!
Mon esprit n'a d'écho qu'où l'on entend gémir,
Partout où l'on pleura mon âme a sa patrie,
Une terre de cendre et de larmes pétrie
      Est le lit où j'aime à dormir.

Demandez-vous pourquoi? je ne pourrais le dire;
De cet abîme amer je remuerais les flots,
Ma bouche, pour parler n'aurait que des sanglots,
Mais déchirez ce cœur si vous voulez y lire.
La mort dans chaque fibre a plongé le couteau,
Ses battements ne sont que lentes agonies,

Il n'est plein que de morts comme des gémonies;
   Toute mon âme est un tombeau!

Or, quand je fus aux bords où le Christ voulut naître,
Je ne demandai pas les lieux sanctifiés
Où les pauvres jetaient les palmes sous ses pieds,
Où le Verbe à sa voix se faisait reconnaître,
Où l'Hosanna courait sur ses pas triomphants,
Où sa main, qu'arrosaient les pleurs des saintes femmes,
Essuyant de son front la sueur et les flammes,
   Caressait les petits enfants;

Conduisez-moi, mon père, à la place où l'on pleure!
À ce jardin funèbre où l'homme de salut,
Abandonné du père, et des hommes, voulut
Suer le sang et l'eau qu'on sue avant qu'on meure;
Laissez-moi seul, allez, j'y veux sentir aussi
Ce qu'il tient de douleur dans une heure infinie.
Homme de désespoir, mon culte est l'agonie,
   Mon autel à moi, c'est ici!

Il est aux pieds poudreux du jardin des Olives,
Sous l'ombre des remparts d'où s'écroula Sion,
Un lieu d'où le soleil écarte tout rayon,
Où le Cédron tari filtre entre ses deux rives;
Josaphat en sépulcre y creuse ses coteaux;
Au lieu d'herbe, la terre y germe des ruines,
Et des vieux troncs minés les traînantes racines
   Fendent les pierres des tombeaux.

Là, s'ouvre entre deux rocs la grotte ténébreuse
Où l'homme de douleur vint savourer la mort,
Quand réveillant trois fois l'amitié qui s'endort,
Il dit à ses amis : Veillez, l'heure est affreuse!
La lèvre, en frémissant, croit encore étancher
Sur le pavé sanglant les gouttes du calice,

Et la moite sueur du fatal sacrifice
    Sue encore aux flancs du rocher.

Le front dans mes deux mains, je m'assis sur la
Pensant à ce qu'avait pensé ce front divin,   [pierre
Et repassant en moi, de leur source à leur fin,
Ces larmes dont le cours a creusé ma carrière;
Je repris mes fardeaux et je les soulevai,
Je comptai mes douleurs mort à mort, vie à vie,
Puis, dans un songe enfin mon âme fut ravie.
    Quel rêve, grand Dieu! je rêvai!

J'avais laissé non loin, sous l'aile maternelle,
Ma fille, mon enfant, mon souci, mon trésor;
Son front à chaque été s'accomplissait encor;
Mais son âme avait l'âge où le ciel les rappelle,
Son image de l'œil ne pouvait s'effacer,
Partout à son rayon sa trace était suivie,
Et sans se retourner pour me porter envie,
    Nul père ne la vit passer.

C'était le seul débris de ma longue tempête,
Seul fruit de tant de fleurs, seul vestige d'amour,
Une larme au départ, un baiser au retour,
Pour mes foyers errants une éternelle fête;
C'était sur ma fenêtre un rayon de soleil,
Un oiseau gazouillant qui buvait sur ma bouche,
Un souffle harmonieux la nuit près de ma couche,
    Une caresse à mon réveil!

C'était plus; de ma mère, hélas! c'était l'image,
Son regard par ses yeux semblait me revenir,
Par elle mon passé renaissait avenir,
Mon bonheur n'avait fait que changer de visage.
Sa voix était l'écho de dix ans de bonheur,
Son pas dans la maison remplissait l'air de charmes,

Son regard dans mes yeux faisait monter les larmes,
  Son sourire éclairait mon cœur.

Son front se nuançait à ma moindre pensée;
Toujours son bel œil bleu réfléchissait le mien;
Je voyais mes soucis teindre et mouiller le sien,
Comme dans une eau claire une ombre est retracée.
Mais tout ce qui montait de son cœur était doux,
Et sa lèvre jamais n'avait un pli sévère
Qu'en joignant ses deux mains dans les mains de sa
   Pour prier Dieu sur ses genoux! [mère

Je rêvais qu'en ces lieux je l'avais amenée,
Et que je la tenais belle sur mon genou,
L'un de mes bras portant ses pieds, l'autre son cou,
Ma tête sur son front tendrement inclinée;
Ce front se renversant sur le bras paternel,
Secouait l'or bruni de ses tresses soyeuses,
Ses dents blanches brillaient sous ses lèvres rieuses
   Qu'entrouvrait leur rire éternel!

Pour me darder son cœur et pour puiser mon âme,
Toujours vers moi, toujours ses regards se levaient,
Et dans le doux rayon dont mes yeux la couvraient,
Dieu seul peut mesurer ce qu'il brillait de flamme,
Mes lèvres ne savaient d'amour où se poser,
Elle les appelait comme un enfant qui joue,
Et les faisait flotter de sa bouche à sa joue
   Qu'elle dérobait au baiser!

Et je disais à Dieu dans ce cœur qu'elle enivre :
Mon Dieu! tant que ces yeux luiront autour de moi,
Je n'aurai que des chants et des grâces pour toi,
Dans cette vie en fleurs c'est assez de revivre,
Va! donne-lui ma part de tes dons les plus doux,
Effeuille sous mes pas ses jours en espérance,

Prépare-lui sa couche, entrouvre-lui d'avance
　　Les bras enchaînés d'un époux!

Et tout en m'enivrant de joie et de prière,
Mes regards et mon cœur ne s'apercevaient pas
Que ce front devenait plus pesant sur mon bras,
Que ces pieds me glaçaient les mains, comme la pierre,
Julia! Julia! d'où vient que tu pâlis?
Pourquoi ce front mouillé, cette couleur qui change?
Parle-moi! souris-moi! Pas de ces jeux, mon ange!
　　　Rouvre-moi ces yeux où je lis!

Mais le bleu du trépas cernait sa lèvre rose,
Le sourire y mourait à peine commencé,
Son souffle raccourci devenait plus pressé,
Comme les battements d'une aile qui se pose;
L'oreille sur son cœur j'attendais ses élans,
Et quand le dernier souffle eut enlevé son âme,
Mon cœur mourut en moi comme un fruit que la
　　　Porte mort et froid dans ses flancs!   [femme

Et sur mes bras raidis, portant plus que ma vie,
Tel qu'un homme qui marche après le coup mortel,
Je me levai debout, je marchai vers l'autel
Et j'étendis l'enfant sur la pierre attiédie,
Et ma lèvre à ses yeux fermés vint se coller,
Et ce front déjà marbre était tout tiède encore,
Comme la place au nid d'où l'oiseau d'une aurore
　　　Vient à peine de s'envoler!

Et je sentis ainsi, dans une heure éternelle,
Passer des mers d'angoisse et des siècles d'horreur,
Et la douleur combla la place où fut mon cœur,
Et je dis à mon Dieu : Mon Dieu! je n'avais qu'elle!
Tous mes amours s'étaient noyés dans cet amour,

Elle avait remplacé ceux que la mort retranche,
C'était l'unique fruit demeuré sur la branche
   Après les vents d'un mauvais jour.

C'était le seul anneau de ma chaîne brisée,
Le seul coin pur et bleu dans tout mon horizon,
Pour que son nom sonnât plus doux dans la maison,
D'un nom mélodieux nous l'avions baptisée.
C'était mon univers, mon mouvement, mon bruit,
La voix qui m'enchantait dans toutes mes demeures,
Le charme ou le souci de mes yeux, de mes heures,
   Mon matin, mon soir et ma nuit;

Le miroir où mon cœur s'aimait dans son image,
Le plus pur de mes jours sur ce front arrêté,
Un rayon permanent de ma félicité,
Tous les dons rassemblés, Seigneur, sur un visage;
Doux fardeau qu'à mon cou sa mère suspendait,
Yeux où brillaient mes yeux, âme à mon sein ravie,
   Ciel vivant qui me regardait!

Eh bien! prends! assouvis, implacable justice,
D'agonie et de mort ce besoin immortel;
Moi-même, je l'étends sur ton funèbre autel;
Si je l'ai tout vidé, brise enfin mon calice!
Ma fille! mon enfant! mon souffle! la voilà!
La voilà! j'ai coupé seulement ces deux tresses
Dont elle m'enchantait hier dans ses caresses,
   Et je n'ai gardé que cela!...

Un sanglot m'étouffa, je m'éveillai; la pierre
Suintait sous mon corps d'une sueur de sang;
Ma main froide glaçait mon front en y passant;
L'horreur avait gelé deux pleurs sous ma paupière;
Je m'enfuis; l'aigle au nid est moins prompt à courir.
Des sanglots étouffés sortaient de ma demeure,

L'amour seul suspendait pour moi sa dernière heure,
        Elle m'attendait pour mourir!

Maintenant, tout est mort dans ma maison aride,
Deux yeux toujours pleurant sont toujours devant
                                        [moi;
Je vais sans savoir où, j'attends sans savoir quoi;
Mes bras s'ouvrent à rien et se ferment à vide.
Tous mes jours et mes nuits sont de même couleur,
La prière en mon sein avec l'espoir est morte,
Mais c'est Dieu qui t'écrase; ô mon âme! sois forte,
        Baise sa main sous la douleur!

JOCELYN

LES LABOUREURS

Au hameau de Valneige, 16 mai 1801.

Quelquefois dès l'aurore, après le sacrifice,
Ma bible sous mon bras, quand le ciel est propice,
Je quitte mon église et mes murs jusqu'au soir,
Et je vais par les champs m'égarer ou m'asseoir,
Sans guide, sans chemin, marchant à l'aventure,
Comme un livre au hasard feuilletant la nature;
Mais partout recueilli; car j'y trouve en tout lieu
Quelque fragment écrit du vaste nom de Dieu.
Oh! qui peut lire ainsi les pages du grand livre
Ne doit ni se lasser ni se plaindre de vivre!
    La tiède attraction des rayons d'un ciel chaud
Sur les monts ce matin m'avait mené plus haut,
J'atteignis le sommet d'une rude colline
Qu'un lac baigne à sa base et qu'un glacier

                        [domine,
Et dont les flancs boisés, aux penchants adoucis,
Sont tachés de sapins par des prés éclaircis.
Tout en haut seulement des bouquets circulaires
De châtaigniers croulants, de chênes séculaires,
Découpant sur le ciel leurs dômes dentelés,
Imitent les vieux murs des donjons crénelés,
Rendent le ciel plus bleu par leur contraste sombre,

Et couvrent à leurs pieds quelques champs de leur
[ombre.
On voit en se penchant luire entre leurs rameaux
Le lac dont les rayons font scintiller les eaux,
Et glisser sous le vent la barque à l'aile blanche,
Comme une aile d'oiseau passant de branche en
[branche;
Mais plus près, leurs longs bras sur l'abîme penchés,
Et de l'humide nuit goutte à goutte étanchés,
Laissaient pendre leur feuille et pleuvoir leur rosée
Sur une étroite enceinte au levant exposée,
Et que d'autres troncs noirs enfermaient dans leur
[sein,
Comme un lac de culture en son étroit bassin;
J'y pouvais, adossé le coude à leurs racines,
Tout voir, sans être vu, jusqu'au fond des ravines.
    Déjà, tout près de moi, j'entendais par moments
Monter des pas, des voix et des mugissements :
C'était le paysan de la haute chaumine
Qui venait labourer son morceau de colline,
Avec son soc plaintif traîné par ses bœufs blancs,
Et son mulet portant sa femme et ses enfants;
Et je pus, en lisant ma bible ou la nature,
Voir tout le jour la scène et l'écrire à mesure;
Sous mon crayon distrait le feuillet devint noir.
Oh! nature, on t'adore encor dans ton miroir.

    Laissant souffler ses bœufs, le jeune homme
[s'appuie
Debout, au tronc d'un chêne, et de sa main essuie
La sueur du sentier sur son front mâle et doux,
La femme et les enfants tout petits, à genoux,
Devant les bœufs privés baissant leur corne à terre,
Leur cassent des rejets de frêne et de fougère
Et jettent devant eux en verdoyants monceaux
Les feuilles que leurs mains émondent des
[rameaux;

Ils ruminent en paix, pendant que l'ombre obscure,
Sous le soleil montant, se replie à mesure,
Et, laissant de la glèbe attiédir la froideur,
Vient mourir et border les pieds du laboureur.
Il rattache le joug, sous la forte courroie,
Aux cornes qu'en pesant sa main robuste ploie;
Les enfants vont cueillir des rameaux découpés,
Des gouttes de rosée encore tout trempés,
Au joug avec la feuille en verts festons les nouent,
Que sur leurs fronts voilés les fiers taureaux
                          [secouent,
Pour que leur flanc qui bat et leur poitrail
                          [poudreux
Portent sous le soleil un peu d'ombre avec eux;
Au joug de bois poli le timon s'équilibre,
Sous l'essieu gémissant le soc se dresse et vibre,
L'homme saisit le manche, et sous le coin
                          [tranchant
Pour ouvrir le sillon le guide au bout du champ.

    Ô travail, sainte loi du monde,
    Ton mystère va s'accomplir;
    Pour rendre la glèbe féconde,
    De sueur il faut l'amollir!
    L'homme, enfant et fruit de la terre,
    Ouvre les flancs de cette mère
    Qui germe les fruits et les fleurs;
    Comme l'enfant mord la mamelle,
    Pour que le lait monte et ruisselle
    Du sein de sa nourrice en pleurs!

  La terre, qui se fend sous le soc qu'elle aiguise,
En tronçons palpitants s'amoncelle et se brise;
Et tout en s'entrouvrant fume comme une chair
Qui se fend et palpite et fume sous le fer.
En deux monceaux poudreux les ailes la renversent.

Ses racines à nu, ses herbes se dispersent;
Ses reptiles, ses vers, par le soc déterrés,
Se tordent sur son sein en tronçons torturés;
L'homme les foule aux pieds et, secouant le manche,
Enfonce plus avant le glaive qui les tranche;
Le timon plonge et tremble et déchire ses doigts;
La femme parle aux bœufs du geste et de la voix;
Les animaux, courbés sur leur jarret qui plie,
Pèsent de tout leur front sur le joug qui les lie,
Comme un cœur généreux leurs flancs battent
[d'ardeur;
Ils font bondir le sol jusqu'en sa profondeur.
L'homme presse ses pas, la femme suit à peine;
Tous au bout du sillon arrivent hors d'haleine,
Ils s'arrêtent; le bœuf rumine, et les enfants
Chassent avec la main les mouches de leurs flancs.

Il est ouvert, il fume encore
Sur le sol, ce profond dessin!
Ô terre! tu vis tout éclore
Du premier sillon de ton sein;
Il fut un Éden sans culture,
Mais il semble que la nature,
Cherchant à l'homme un aiguillon,
Ait enfoui pour lui sous terre
Sa destinée et son mystère
Cachés dans son premier sillon!

Oh! le premier jour où la plaine,
S'entrouvrant sous sa forte main
But la sainte sueur humaine
Et reçut en dépôt le grain;
Pour voir la noble créature
Aider Dieu, servir la nature,
Le ciel ouvert roula son pli,
Les fibres du sol palpitèrent
Et les anges surpris chantèrent
Le second prodige accompli!

Et les hommes ravis lièrent
Au timon les bœufs accouplés,
Et les coteaux multiplièrent
Les grands peuples comme les blés,
Et les villes, ruches trop pleines,
Débordèrent au sein des plaines,
Et les vaisseaux, grands alcyons,
Comme à leurs nids les hirondelles,
Portèrent sur leurs larges ailes
Leur nourriture aux nations!

Et pour consacrer l'héritage
Du champ labouré par leurs mains,
Les bornes firent le partage
De la terre entre les humains,
Et l'homme, à tous les droits propice,
Trouva dans son cœur la justice
Et grava son code en tout lieu,
Et pour consacrer ses lois même,
S'élevant à la loi suprême,
Chercha le juge et trouva Dieu!

Et la famille, enracinée
Sur le coteau qu'elle a planté,
Refleurit d'année en année,
Collective immortalité!
Et sous sa tutelle chérie
Naquit l'amour de la patrie,
Gland de peuple au soleil germé!
Semence de force et de gloire
Qui n'est que la sainte mémoire
Du champ par ses pères semé!

Et les temples de l'invisible
Sortirent des flancs du rocher,
Et par une échelle insensible

L'homme de Dieu put s'approcher,
Et les prières qui soupirent,
Et les vertus qu'elles inspirent,
Coulèrent du cœur des mortels,
Dieu dans l'homme admira sa gloire
Et pour en garder la mémoire
Reçut l'épi sur ses autels!

Un moment suspendu, les voilà qui reprennent
Un sillon parallèle, et sans fin vont et viennent
D'un bout du champ à l'autre, ainsi qu'un
                                    [tisserand,
Dont la main, tout le jour sur son métier courant,
Jette et retire à soi le lin qui se dévide,
Et joint le fil au fil sur sa trame rapide.
La sonore vallée est pleine de leurs voix;
Le merle bleu s'enfuit en sifflant dans les bois,
Et du chêne à ce bruit les feuilles ébranlées
Laissent tomber sur eux les gouttes distillées.
  Cependant le soleil darde à nu, le grillon
Semble crier de feu sur le dos du sillon.
Je vois flotter, courir sur la glèbe embrasée
L'atmosphère palpable où nage la rosée
Qui rejaillit du sol et qui bout dans le jour,
Comme une haleine en feu de la gueule d'un four;
Des bœufs vers le sillon le joug plus lourd
                                    [s'affaisse;
L'homme passe la main sur son front, sa voix
                                    [baisse;
Le soc glissant vacille entre ses doigts nerveux;
La sueur, de la femme imbibe les cheveux;
Ils arrêtent le char à moitié de sa course;
Sur les flancs d'une roche ils vont lécher la source,
Et, la lèvre collée au granit humecté,
Savourent sa fraîcheur et son humidité.

Oh! qu'ils boivent dans cette goutte
L'oubli des pas qu'il faut marcher!
Seigneur, que chacun sur sa route
Trouve son eau dans le rocher!
Que ta grâce les désaltère!
Tous ceux qui marchent sur la terre
Ont soif à quelque heure du jour;
Fais à leur lèvre desséchée
Jaillir de ta source cachée
La goutte de paix et d'amour!

Ah! tous ont cette eau de leur âme :
Aux uns c'est un sort triomphant;
À ceux-ci le cœur d'une femme;
À ceux-là le front d'un enfant!
À d'autres l'amitié secrète;
Ou les extases du poète;
Chaque ruche d'homme a son miel.
Ah! livre à leur soif assouvie
Cette eau des sources de la vie!
Mais ma source à moi n'est qu'au ciel.

L'eau d'ici-bas n'a qu'amertume
Aux lèvres qui burent l'amour,
Et de la soif qui me consume
L'onde n'est pas dans ce séjour;
Elle n'est que dans ma pensée
Vers mon Dieu sans cesse élancée;
Dans quelques sanglots de ma voix;
Dans ma douceur à la souffrance;
Et ma goutte à moi d'espérance,
C'est dans mes pleurs que je la bois!

Mais le milieu du jour au repas les rappelle;
Ils couchent sur le sol le fer; l'homme dételle
Du joug tiède et fumant les bœufs, qui vont en
                                              [paix

Se coucher loin du soc sous un feuillage épais;
La mère et les enfants, qu'un peu d'ombre rassemble,
Sur l'herbe, autour du père, assis, rompent ensemble
Et se passent entre eux de la main à la main
Les fruits, les œufs durcis, le laitage et le pain;
Et le chien, regardant le visage du père,
Suit d'un œil confiant les miettes qu'il espère.
Le repas achevé, la mère, du berceau
Qui repose couché dans un sillon nouveau,
Tire un bel enfant nu qui tend ses mains vers elle,
L'enlève et, suspendu, l'emporte à sa mamelle,
L'endort en le berçant du sein sur ses genoux,
Et s'endort elle-même, un bras sur son époux.
Et sous le poids du jour la famille sommeille
Sur la couche de terre, et le chien seul les veille;
Et les anges de Dieu d'en haut peuvent les voir,
Et les songes du ciel sur leurs têtes pleuvoir!

    Oh! dormez sous le vert nuage
    De feuilles qui couvrent ce nid,
    Homme, femme, enfants leur image,
    Que la loi d'amour réunit!
    Ô famille, abrégé du monde,
    Instinct qui charme et qui féconde
    Les fils de l'homme en ce bas lieu,
    N'est-ce pas toi qui nous rappelle
    Cette parenté fraternelle
    Des enfants dont le père est Dieu?

    Foyer d'amour où cette flamme
    Qui circule dans l'univers
    Joint le cœur au cœur, l'âme à l'âme,
    Enchaîne les sexes divers,
    Tu resserres et tu relies
    Les générations, les vies,

Dans ton mystérieux lien;
Et l'amour, qui du ciel émane,
Des voluptés culte profane,
Devient vertu s'il est le tien!

Dieu te garde et te sanctifie :
L'homme te confie à la loi,
Et la nature purifie
Ce qui serait impur sans toi!
Sous le toit saint qui te rassemble
Les regards, les sommeils ensemble,
Ne souillent plus ta chasteté,
Et, sans qu'aucun limon s'y mêle,
La source humaine renouvelle
Les torrents de l'humanité.

Ils ont quitté leur arbre et repris leur journée,
Du matin au couchant l'ombre déjà tournée
S'allonge au pied du chêne et sur eux va pleuvoir,
Le lac moins éclatant se ride au vent du soir,
De l'autre bord du champ le sillon se rapproche;
Mais quel son a vibré dans les feuilles? la cloche,
Comme un soupir des eaux qui s'élève du bord,
Répand dans l'air ému l'imperceptible accord,
Et par des mains d'enfants au hameau balancée
Vient donner de si loin son coup à la pensée;
C'est l'angélus qui tinte, et rappelle en tout lieu
Que le matin des jours et le soir sont à Dieu;
À ce pieux appel le laboureur s'arrête,
Il se tourne au clocher, il découvre sa tête,
Joint ses robustes mains d'où tombe l'aiguillon,
Élève un peu son âme au-dessus du sillon,
Tandis que les enfants, à genoux sur la terre,
Joignent leurs petits doigts dans les mains de leur
                                        [mère.

Prière! ô voix surnaturelle
Qui nous précipite à genoux,
Instinct du ciel qui nous rappelle
Que la patrie est loin de nous,
Vent qui souffle sur l'âme humaine
Et de la paupière trop pleine
Fait déborder l'eau de ses pleurs,
Comme un vent qui par intervalles
Fait pleuvoir les eaux virginales
Du calice incliné des fleurs!

Sans toi que serait cette fange?
Un monceau d'un impur limon
Où l'homme après la brute mange
Les herbes qu'il tond du sillon?
Mais par toi son aile cassée
Soulève encore sa pensée
Pour respirer au vrai séjour,
La désaltérer dans sa course,
Et lui faire boire à sa source
L'eau de la vie et de l'amour!

Le cœur des mères te soupire,
L'air sonore roule ta voix,
La lèvre d'enfant te respire,
L'oiseau t'écoute aux bords des bois;
Tu sors de toute la nature
Comme un mystérieux murmure
Dont les anges savent le sens;
Et ce qui souffre, et ce qui crie,
Et ce qui chante, et ce qui prie,
N'est qu'un cantique aux mille accents.

Ô saint murmure des prières,
Fais aussi dans mon cœur trop plein,
Comme des ondes sur des pierres,

Chanter mes peines dans mon sein,
Que le faible bruit de ma vie
En extase intime ravie
S'élève en aspirations,
Et fais que ce cœur que tu brises,
Instrument des célestes brises,
Éclate en bénédictions.

Un travail est fini, l'autre aussitôt commence;
Voilà partout la terre ouverte à la semence;
Aux corbeilles de jonc puisant à pleine main
En nuage poudreux la femme épand le grain;
Les enfants, enfonçant les pas dans son ornière,
Sur sa trace, en jouant, ramassent la poussière
Que de leur main étroite ils laissent retomber
Et que les passereaux viennent leur dérober.
Le froment répandu, l'homme attelle la herse,
Le sillon raboteux la cahote et la berce;
En groupe sur ce char les enfants réunis
Effacent sous leur poids les sillons aplanis;
Le jour tombe, et le soir sur les herbes s'essuie;
Et les vents chauds d'automne amèneront la pluie;
Et les neiges d'hiver sous leur tiède tapis
Couvriront d'un manteau le duvet des épis;
Et les soleils dorés en jauniront les herbes,
Et les filles des champs viendront nouer les gerbes,
Et tressant sur leurs fronts les bluets, les pavots,
Iront danser en chœur autour des tas nouveaux;
Et la meule broiera le froment sous les pierres;
Et choisissant la fleur, la femme des chaumières,
Levée avant le jour pour battre le levain,
De ses petits enfants aura pétri le pain;
Et les oiseaux du ciel, le chien, le misérable,
Ramasseront en paix les miettes de la table;
Et tous béniront Dieu dont les fécondes mains
Au festin de la terre appellent les humains!

C'est ainsi que ta providence
Sème et cueille l'humanité,
Seigneur, cette noble semence
Qui germe pour l'éternité.
Ah! sur les sillons de la vie
Que ce pur froment fructifie!
Dans les vallons de ses douleurs,
Ô Dieu, verse-lui ta rosée,
Que l'argile fertilisée
Germe des hommes et des fleurs.

LA CHUTE D'UN ANGE

CHŒUR DES CÈDRES DU LIBAN

Saint! saint! saint! le Seigneur qu'adore la colline!
Derrière ses soleils, d'ici nous le voyons;
Quand le souffle embaumé de la nuit nous incline,
Comme d'humbles roseaux sous sa main nous plions!
Mais pourquoi plions-nous? C'est que nous le prions!
C'est qu'un intime instinct de la vertu divine
Fait frissonner nos troncs du dôme à la racine,
Comme un vent du courroux qui rougit leur narine,
   Et qui ronfle dans leur poitrine,
Fait ondoyer les crins sur les cous des lions.

  Glissez, glissez, brises errantes,
  Changez en cordes murmurantes
  La feuille et la fibre des bois!
  Nous sommes l'instrument sonore
  Où le nom que la lune adore
  À tous moments meurt pour éclore
  Sous nos frémissantes parois.
  Venez, des nuits tièdes haleines;
  Tombez du ciel, montez des plaines,
  Dans nos branches du grand nom pleines
  Passez, repassez mille fois!
  Si vous cherchez qui le proclame,
  Laissez là l'éclair et la flamme!

Laissez là la mer et la lame!
Et nous, n'avons-nous pas une âme
Dont chaque feuille est une voix?

Tu le sais, ciel des nuits, à qui parlent nos cimes;
Vous, rochers que nos pieds sondent jusqu'aux abîmes
Pour y chercher la sève et les sucs nourrissants;
Soleil dont nous buvons les dards éblouissants;
Vous le savez, ô nuits dont nos feuilles avides
Pompent les frais baisers et les perles humides,
        Dites si nous avons des sens!
Des sens! dont n'est douée aucune créature :
Qui s'emparent d'ici de toute la nature,
Qui respirent sans lèvre et contemplent sans yeux,
Qui sentent les saisons avant qu'elles éclosent,
Des sens qui palpent l'air et qui le décomposent,
D'une immortelle vie agents mystérieux!

Et pour qui donc seraient ces siècles d'existence?
Et pour qui donc seraient l'âme et l'intelligence?
        Est-ce donc pour l'arbuste nain?
        Est-ce pour l'insecte et l'atome,
        Ou pour l'homme, léger fantôme,
        Qui sèche à mes pieds comme un chaume,
        Qui dit la terre son royaume,
Et disparaît du jour avant que de mon dôme
Ma feuille de ses pas ait jonché le chemin?
Car les siècles pour nous c'est hier et demain!!!

        Oh! gloire à toi, père des choses!
        Dis quel doigt terrible tu poses
        Sur le plus faible des ressorts,
        Pour que notre fragile pomme,
        Qu'écraserait le pied de l'homme,
        Renferme en soi nos vastes corps!

Pour que de ce cône fragile
Végétant dans un peu d'argile
S'élancent ces hardis piliers
Dont les gigantesques étages
Portent les ombres par nuages,
Et les feuillages par milliers!

Et quel puissant levain de vie
Dans la sève, goutte de pluie
Que boirait le bec d'un oiseau,
Pour que ses ondes toujours pleines
Se multipliant dans nos veines,
En désaltèrent les réseaux!

Pour que cette source éternelle
Dans tous les ruisseaux renouvelle
Ce torrent que rien n'interrompt,
Et de la crête à la racine
Verdisse l'immense colline
Qui végète dans un seul tronc!

Dites quel jour des jours nos racines sont nées,
Rochers qui nous servez de base et d'aliment!
De nos dômes flottants montagnes couronnées,
Qui vivez innombrablement;
Soleils éteints du firmament,
Étoiles de la nuit par Dieu disséminées,
Parlez, savez-vous le moment?
Si l'on ouvrait nos troncs, plus durs qu'un diamant,
On trouverait des cents et des milliers d'années
Écrites dans le cœur de nos fibres veinées,
Comme aux fibres d'un élément!

Aigles qui passez sur nos têtes,
Allez dire aux vents déchaînés
Que nous défions leurs tempêtes

Avec nos mâts enracinés.
Qu'ils montent, ces tyrans de l'onde,
Que leur aile s'ameute et gronde
Pour assaillir nos bras nerveux!
Allons! leurs plus fougueux vertiges
Ne feront que bercer nos tiges
Et que siffler dans nos cheveux!

Fils du rocher, nés de nous-même,
Sa main divine nous planta;
Nous sommes le vert diadème
Qu'aux sommets d'Éden il jeta.
Quand ondoiera l'eau du déluge,
Nos flancs creux seront le refuge
De la race entière d'Adam,
Et les enfants du patriarche
Dans nos bois tailleront l'arche
Du Dieu nomade d'Abraham!

C'est nous, quand les tribus captives
Auront vu les hauteurs d'Hermon,
Qui couvrirons de nos solives
L'arche immense de Salomon;
Si, plus tard, un Verbe fait homme
D'un nom plus saint adore et nomme
Son père du haut d'une croix,
Autels de ce grand sacrifice,
De l'instrument de son supplice
Nos rameaux fourniront le bois.

En mémoire de ces prodiges,
Des hommes inclinant leurs fronts
Viendront adorer nos vestiges,
Coller leurs lèvres à nos troncs.
Les saints, les poètes, les sages
Écouteront dans nos feuillages

Des bruits pareils aux grandes eaux,
Et sous nos ombres prophétiques
Formeront leurs plus beaux cantiques
Des murmures de nos rameaux.

Glissez comme une main sur la harpe qui vibre
Glisse de corde en corde, arrachant à la fois
À chaque corde une âme, à chaque âme une voix!
Glissez, brises des nuits, et que de chaque fibre
Un saint tressaillement jaillisse sous vos doigts!
Que vos ailes frôlant les feuilles de nos voûtes,
Que des larmes du ciel les résonnantes gouttes,
Que les gazouillements du bulbul dans son nid,
Que les balancements de la mer dans son lit,

L'eau qui filtre, l'herbe qui plie,
La sève qui découle en pluie,
La brute qui hurle ou qui crie,
Tous ces bruits de force et de vie
Que le silence multiplie,

Et ce bruissement du monde végétal
Qui palpite à nos pieds du brin d'herbe au métal,

Que ces voix qu'un grand chœur rassemble
Dans cet air où notre ombre tremble
S'élèvent et chantent ensemble

Celui qui les a faits, celui qui les entend,
Celui dont le regard à leurs besoins s'étend :
Dieu, Dieu, Dieu, mer sans bords qui contient tout en
Foyer dont chaque vie est la pâle étincelle,   [elle.
Bloc dont chaque existence est une humble parcelle,

Qu'il vive sa vie éternelle,
Complète, immense, universelle;
Qu'il vive à jamais renaissant
Avant la nature, après elle;
Qu'il vive et qu'il se renouvelle,

Et que chaque soupir de l'heure qu'il rappelle
Remonte à lui d'où tout descend!!!

XXV

UTOPIE

À Monsieur Bouchard*.

« Enfant des mers, ne vois-tu rien là-bas? »

Frère! ce que je vois, oserai-je le dire?
Pour notre âge avancé, raisonner c'est prédire;
Il ne faut pas gravir un foudroyant sommet,
Voir sécher ou fleurir la verge du prophète,
Des cornes du bélier diviniser sa tête,
Ni passer sur la flamme au vent de la tempête
      Le pont d'acier de Mahomet[2].

Il faut plonger ses sens dans le grand sens du monde;
Qu'avec l'esprit des temps notre esprit s'y confonde!
En palper chaque artère et chaque battement,
Avec l'humanité s'unir par chaque pore,
Comme un fruit qu'en ses flancs la mère porte encore,
Qui vivant de sa vie éprouve avant d'éclore
      Ses plus obscurs tressaillements!

Oh! qu'il a tressailli, ce sein de notre mère!
Depuis que nous vivons, nous son germe éphémère,
Nous, parcelle sans poids de sa vaste unité,

---

* M. Bouchard, jeune poète de grande espérance et de haute
philosophie, avait adressé à l'auteur une ode sur l'avenir politique[1] du
monde dont chaque strophe finissait par ce vers :

    Enfant des mers, ne vois-tu rien là-bas?

Quelle main créatrice a touché ses entrailles?
De quel enfantement, ô Dieu! tu la travailles!
Et toi, race d'Adam, de quels coups tu tressailles
     Aux efforts de l'humanité!

Est-ce un stérile amour de sa décrépitude?
Un monstrueux hymen qu'accouple l'habitude?
Embryon avorté du doute et du néant!
Est-ce un germe fécond de jeunesse éternelle
Que pour éclore à temps l'amour couvait en elle,
Et qui doit en naissant suspendre à sa mamelle
     L'homme Dieu d'un monde géant?

Frère du même lait, que veux-tu que je dise?
Que suis-je à ses destins pour que je les prédise?
Moi qui sais sourdement que son sein a gémi!
Moi qui ne vois de jour que celui qu'elle allume,
Moi qu'un atome ombrage et qu'un éclair consume,
Et qui sens seulement au frisson de ma plume
     Que l'onde où je nage a frémi!

Écoute, cependant! Il est dans la nature
Je ne sais quelle voix sourde, profonde, obscure,
Et qui révèle à tous ce que nul n'a conçu.
Instinct mystérieux d'une âme collective,
Qui pressent la lumière avant que l'aube arrive,
Lit au livre infini sans que le doigt écrive,
     Et prophétise à son insu!

C'est l'aveugle penchant des vagues oppressées
Qui reviennent sans fin, de leur lit élancées,
Battre le roc miné de leur flux écumant,
C'est la force du poids qui dans le corps gravite,
La sourde impulsion des astres dans l'orbite,
Ou sur l'axe de fer l'aiguille qui palpite
     Vers les pôles où dort l'aimant!

C'est l'éternel soupir qu'on appelle chimère,
Cette aspiration qui prouve une atmosphère,
Ce dégoût du connu! cette soif du nouveau
Qui semblent condamner la race qui se lève
À faire un marchepied de ce que l'autre achève,
Jusqu'à ce qu'au niveau des astres qu'elle rêve
      Son monde ait porté son niveau!

Il se trompe, dis-tu? Quoi donc! se trompe-t-elle
L'eau qui se précipite où sa pente l'appelle?
Se trompe-t-il le sein qui bat pour respirer?
L'air qui veut s'élever, le poids qui veut descendre?
Le feu qui veut brûler tant que tout n'est pas cendre?
Et l'esprit que Dieu fit sans bornes pour comprendre,
      Et sans bornes pour espérer?

Élargissez, mortels, vos âmes rétrécies!
Ô siècles, vos besoins ce sont vos prophéties!
Votre cri de Dieu même est l'infaillible voix!
Quel mouvement sans but agite la nature?
Le possible est un mot qui grandit à mesure,
Et le temps qui s'enfuit vers la race future
      A déjà fait ce que je vois...

    La mer dont les flots sont les âges,
    Dont les bords sont l'éternité,
    Voit fourmiller sur ses rivages
    Une innombrable humanité!
    Ce n'est plus la race grossière
    Marchant, les yeux vers la poussière,
    Disputant l'herbe aux moucherons,
    C'est une noble et sainte engeance
    Où tout porte l'intelligence
    Ainsi qu'un diadème aux fronts.

    Semblables aux troupeaux serviles
    Sur leurs pailles d'infections,

Ils ne vivent pas dans des villes,
Ces étables des nations;
Sur les collines et les plaines,
L'été, comme des ruches pleines,
Les essaims en groupe pareil,
Sans que l'un à l'autre l'envie,
Chacun a son arpent de vie
Et sa large place au soleil.

Les éléments de la nature,
Par l'esprit enfin surmontés,
Lui prodiguant la nourriture
Sous l'effort qui les a domptés,
Les nobles sueurs de sa joue
Ne vont plus détremper la boue
Que sa main doit ensemencer,
La sainte loi du labeur change,
Son esprit a vaincu la fange,
Et son travail est de penser.

Il pense, et de l'intelligence
Les prodiges multipliés
Lui font de distance en distance
Fouler l'impossible à ses pieds.
Nul ne sait combien de lumière
Peut contenir notre paupière,
Ni ce que de Dieu tient la main,
Ni combien de mondes d'idées,
L'une de l'autre dévidées,
Peut contenir l'esprit humain.

Elle a balayé tous les doutes
Celle qu'en feux le ciel écrit,
Celle qui les éclaire toutes :
L'homme adore et croit en esprit.
Minarets, pagodes et dômes

Sont écroulés sur leurs fantômes,
Et l'homme, de ces dieux vainqueur,
Sous tous ces temples en poussière,
N'a ramassé que la prière,
Pour la transvaser dans son cœur!

Un seul culte enchaîne le monde,
Que vivifie un seul amour :
Son dogme où la lumière abonde,
N'est qu'un évangile au grand jour;
Sa foi, sans ombre et sans emblème,
Astre éternel que Dieu lui-même
Fait grandir sur notre horizon,
N'est que l'image immense et pure
Que le miroir de la nature
Fait rayonner dans la raison[3].

C'est le verbe pur du Calvaire,
Non tel qu'en terrestres accents
L'écho lointain du sanctuaire
En laissa fuir le divin sens,
Mais, tel qu'en ses veilles divines
Le front du couronné d'épines
S'illuminait d'un jour soudain;
Ciel incarné dans la parole,
Dieu dont chaque homme est le symbole,
Le songe du Christ au jardin!...

Cette loi qui dit à tous : Frère
A brisé ces divisions
Qui séparaient les fils du père
En royaumes et nations.
Semblable au métal de Corinthe
Qui, perdant la forme et l'empreinte
Du sol ou du rocher natal
Quand sa lave fut refroidie,

Au creuset du grand incendie
Fut fondu dans un seul métal!

Votre tête est découronnée,
Rois, césars, tyrans, dieux mortels
À qui la terre prosternée
Dressait des trônes pour autels.
Quand l'égalité fut bannie
L'homme inventa la tyrannie
Pour qu'un seul exprimât ses droits,
Mais au jour de Dieu qui se lève
Le sceptre tombe sur le glaive,
Nul n'est esclave, et tous sont rois!...

La guerre, ce grand suicide,
Ce meurtre impie à mille bras,
Ne féconde plus d'homicide
Ces sillons de cadavres gras.
Leur soif des morts est assouvie;
Sève de pourpre de la vie,
L'homme a sacré le sang humain,
Il sait que Dieu compte ses gouttes
Et vengeur les retrouve toutes
Ou dans la veine... ou sur la main!

Et nul n'absout ou ne condamne,
Mais chacun porte dans un cœur
Dont la conscience est l'organe,
La loi, le juge et le vengeur.
La loi, de rature en rature
A si bien écrit la nature,
Dont la révolte enfin s'est tu,
Que semblable à la Providence,
Elle a trouvé la concordance
Des instincts et de la vertu.

Avec les erreurs et les vices
S'engendrant éternellement,
Toutes les passions factices
Sont mortes faute d'aliment.
Pour élargir son héritage
L'homme ne met plus en otage
Ses services contre de l'or;
Serviteur libre et volontaire,
Une demande est son salaire,
Et le bienfait est son trésor.

L'égoïsme, étroite pensée
Qui hait tout pour n'adorer qu'un,
Maudit son erreur insensée,
Et jouit du bonheur commun;
Au lieu de resserrer son âme,
L'homme immense en étend la trame
Aussi loin que l'humanité,
Et sûr de grandir avec elle
Répand sa vie universelle
Dans l'indivisible unité!
. . . .
. . . .

« Oh! dis-tu, si ton âme a vu toutes ces choses,
Si l'humanité marche à ces apothéoses,
Comment languir si loin? comment croupir si bas?
Comment rentrant au cœur sa colère indignée,
Suivre dans ses sillons la brute résignée
Et ne pas soulever la hache et la cognée
      Pour lui faire presser ses pas?

Honte à nous! honte à toi, faible et timide athlète!
Allume au ciel ta torche! — Ami, dit le poète,
Nul ne peut retenir, ni presser les instants;

13

Dieu, qui dans ses trésors, les puise en abondance,
Pour ses desseins cachés les presse ou les condense;
Les hâter c'est vouloir hâter sa Providence :
    Les pas de Dieu sont ceux du temps!

Eh! que sert de courir dans la marche sans terme?
Le premier, le dernier, qu'on l'ouvre ou qu'on la
                                [ferme,
La mort nous trouve tous et toujours en chemin!
Le paresseux s'assied, l'impatient devance,
Le sage sur la route où le siècle s'avance,
Marche avec la colonne au but qu'il voit d'avance,
    Au pas réglé du genre humain!

Il est dans les accès des fièvres politiques
Deux natures sans paix de cœurs antipathiques;
Ceux-là dans le roulis, niant le mouvement,
Pour végétation prenant la pourriture,
À l'immobilité condamnant la nature,
Et mesurant haineux à leur courte ceinture
    Son gigantesque accroissement!

Ceux-ci voyant plus loin sur un pied qui se dresse,
Buvant la vérité jusqu'à l'ardente ivresse,
Mêlant au jour divin l'éclair des passions,
Voudraient pouvoir ravir l'étincelle à la foudre
Et que le monde entier fût un monceau de poudre
Pour faire d'un seul coup tout éclater en poudre,
    Lois, autels, trônes, nations!

Nous, amis! qui plus haut fondons nos confiances,
Marchons au but certain sans ces impatiences,
La colère consume et n'illumine pas;
La chaste vérité n'engendre pas la haine;
Si quelque vil débris barre la voie humaine,

Écartons de la main l'obstacle qui la gêne,
    Sans fouler un pied sous nos pas!

Dieu saura bien sans nous accomplir sa pensée,
Son front dort-il jamais sur l'œuvre commencée?
Homme! quand il attend, pourquoi t'agites-tu?
Quel trait s'est émoussé sur le but qu'il ajuste?
N'étendons pas le Temps sur le lit de Procuste!
La résignation est la force du juste!
    La patience est sa vertu!

Ne devançons donc pas le lever des idées,
Ne nous irritons pas des heures retardées,
Ne nous enfermons pas dans l'orgueil de nos lois!
Du poids de son fardeau, si l'humanité plie,
Prêtons à son rocher notre épaule meurtrie,
Servons l'humanité, le siècle, la patrie :
    Vivre en tout c'est vivre cent fois!

C'est vivre en Dieu, c'est vivre avec l'immense vie
Qu'avec l'être et les temps sa vertu multiplie,
Rayonnement lointain de sa divinité!
C'est tout porter en soi comme l'âme suprême,
Qui sent dans ce qui vit et vit dans ce qu'elle aime,
Et d'un seul point du temps c'est se fondre soi-même
    Dans l'universelle unité!

Ainsi quand le navire aux épaisses murailles
Qui porte un peuple entier, bercé dans ses entrailles,
Sillonne au point du jour l'océan sans chemin,
L'astronome chargé d'orienter la voile
Monte au sommet des mâts où palpite la toile,
Et promenant ses yeux de la vague à l'étoile,
    Se dit : Nous serons là demain!

Puis quand il a tracé sa route sur la hune
Et de ses compagnons présagé la fortune,
Voyant dans sa pensée un rivage surgir,
Il descend sur le pont où l'équipage roule,
Met la main au cordage et lutte avec la houle;
Il faut se séparer, pour penser, de la foule,
Et s'y confondre pour agir!

Saint-Point, 21 et 22 août 1837.

LA MARSEILLAISE DE LA PAIX

RÉPONSE À M. BECKER, AUTEUR DU « RHIN ALLE-
MAND »

Dédiée à M. Dargaud, auteur de « Georges' ».

Roule libre et superbe entre tes larges rives,
Rhin, Nil de l'Occident, coupe des nations!
Et des peuples assis qui boivent tes eaux vives
Emporte les défis et les ambitions!

Il ne tachera plus le cristal de ton onde,
Le sang rouge du Franc, le sang bleu du Germain;
Ils ne crouleront plus sous le caisson qui gronde,
Ces ponts qu'un peuple à l'autre étend comme une
[main!
Les bombes et l'obus, arc-en-ciel des batailles,
Ne viendront plus s'éteindre en sifflant sur tes
[bords;
L'enfant ne verra plus, du haut de tes murailles,
Flotter ces poitrails blonds qui perdent leurs
[entrailles,
Ni sortir des flots ces bras morts!

Roule libre et limpide, en répétant l'image
De tes vieux forts verdis sous leurs lierres épais,
Qui froncent tes rochers, comme un dernier nuage
Fronce encor les sourcils sur un visage en paix.

Ces navires vivants dont la vapeur est l'âme
Déploieront sur ton cours la crinière du feu;
L'écume à coups pressés jaillira sous la rame;
La fumée en courant léchera ton ciel bleu.
Le chant des passagers, que ton doux roulis berce,
Des sept langues d'Europe étourdira tes flots,
Les uns tendant leurs mains avides de commerce,
Les autres allant voir, aux monts où Dieu te verse,
     Dans quel nid le fleuve est éclos.

Roule libre et béni! Ce Dieu qui fond la voûte
Où la main d'un enfant pourrait te contenir
Ne grossit pas ainsi ta merveilleuse goutte
Pour diviser ses fils, mais pour les réunir!

Pourquoi nous disputer la montagne ou la plaine?
Notre tente est légère, un vent va l'enlever;
La table où nous rompons le pain est encor pleine,
Que la mort, par nos noms, nous dit de nous lever!
Quand le sillon finit, le soc le multiplie;
Aucun œil du soleil ne tarit les rayons;
Sous le flot des épis la terre inculte plie :
Le linceul, pour couvrir la race ensevelie,
     Manque-t-il donc aux nations?

Roule libre et splendide à travers nos ruines,
Fleuve d'Arminius, du Gaulois, du Germain!
Charlemagne et César, campés sur tes collines,
T'ont bu sans t'épuiser dans le creux de leur main.

Et pourquoi nous haïr, et mettre entre les races
Ces bornes ou ces eaux qu'abhorre l'œil de Dieu?
De frontières au ciel voyons-nous quelques traces?
Sa voûte a-t-elle un mur, une borne, un milieu?
Nations, mot pompeux pour dire barbarie,
L'amour s'arrête-t-il où s'arrêtent vos pas?

Déchirez ces drapeaux; une autre voix vous crie :
« L'égoïsme et la haine ont seuls une patrie;
     La fraternité n'en a pas! »

Roule libre et royal entre nous tous, ô fleuve!
Et ne t'informe pas, dans ton cours fécondant,
Si ceux que ton flot porte ou que ton urne abreuve
Regardent sur tes bords l'aurore ou l'occident.

Ce ne sont plus des mers, des degrés, des rivières,
Qui bornent l'héritage entre l'humanité :
Les bornes des esprits sont leurs seules frontières;
Le monde en s'éclairant s'élève à l'unité.
Ma patrie est partout où rayonne la France,
Où son génie éclate aux regards éblouis!
Chacun est du climat de son intelligence :
Je suis concitoyen de toute âme qui pense :
     La vérité, c'est mon pays!

Roule libre et paisible entre ces fortes races
Dont ton flot frémissant trempa l'âme et l'acier,
Et que leur vieux courroux, dans le lit que tu
                              [traces,
Fonde au soleil du siècle avec l'eau du glacier!

Vivent les nobles fils de la grave Allemagne!
Le sang-froid de leurs fronts couvre un foyer
                              [ardent;
Chevaliers tombés rois des mains de Charlemagne,
Leurs chefs sont les Nestors des conseils
                              [d'Occident.
Leur langue a les grands plis du manteau d'une
                              [reine,
La pensée y descend dans un vague profond;
Leur cœur sûr est semblable au puits de la sirène,
Où tout ce que l'on jette, amour, bienfait ou haine,
     Ne remonte jamais du fond.

Roule libre et fidèle entre tes nobles arches,
Ô fleuve féodal, calme mais indompté!
Verdis le sceptre aimé de tes rois patriarches :
Le joug que l'on choisit est encor liberté!

Et vivent ces essaims de la ruche de France,
Avant-garde de Dieu, qui devancent ses pas!
Comme des voyageurs qui vivent d'espérance,
Ils vont semant la terre, et ne moissonnent pas...
Le sol qu'ils ont touché germe fécond et libre;
Ils sauvent sans salaire, ils blessent sans remord :
Fiers enfants, de leur cœur l'impatiente fibre
Est la corde de l'arc où toujours leur main vibre
          Pour lancer l'idée ou la mort!

Roule libre, et bénis ces deux sangs dans ta course;
Souviens-toi pour eux tous de la main d'où tu sors;
L'aigle et le fier taureau boivent l'onde à ta source;
Que l'homme approche l'homme, et qu'il boive aux
                              [deux bords!

Amis, voyez là-bas! — La terre est grande et plane!
L'Orient délaissé s'y déroule au soleil;
L'espace y lasse en vain la lente caravane,
La solitude y dort son immense sommeil!
Là, des peuples taris ont laissé leurs lits vides;
Là, d'empires poudreux les sillons sont couverts :
Là, comme un stylet d'or, l'ombre des Pyramides
Mesure l'heure morte à des sables livides
          Sur le cadran nu des déserts!

Roule libre à ces mers où va mourir l'Euphrate,
Des artères du globe enlace le réseau;
Rends l'herbe et la toison à cette glèbe ingrate :
Que l'homme soit un peuple, et les fleuves une
                              [eau!

Débordement armé des nations trop pleines,
Au souffle de l'aurore envolés les premiers,
Jetons les blonds essaims des familles humaines[2]
Autour des nœuds du cèdre et du tronc des
                                        [palmiers!
Allons, comme Joseph, comme ses onze frères,
Vers les limons du Nil que labourait Apis,
Trouvant de leurs sillons les moissons trop légères,
S'en allèrent jadis aux terres étrangères
          Et revinrent courbés d'épis!

Roule libre, et descends des Alpes étoilées
L'arbre pyramidal pour nous tailler nos mâts,
Et le chanvre et le lin de tes grasses vallées;
Tes sapins sont les ponts qui joignent les climats.

Allons-y, mais sans perdre un frère dans la
                                        [marche,
Sans vendre à l'oppresseur un peuple gémissant,
Sans montrer au retour aux yeux du patriarche,
Au lieu d'un fils qu'il aime, une robe de sang[1]!
Rapportons-en le blé, l'or, la laine et la soie,
Avec la liberté, fruit qui germe en tout lieu;
Et tissons de repos, d'alliance et de joie
L'étendard sympathique où le monde déploie
          L'unité, ce blason de Dieu!

Roule libre, et grossis tes ondes printanières,
Pour écumer d'ivresse autour de tes roseaux;
Et que les sept couleurs qui teignent nos
                                        [bannières,
Arc-en-ciel de la paix, serpentent dans tes eaux!

                    Saint-Point, 28 mai 1841.

SUR L'IMAGE DU CHRIST

ÉCRASANT LE MAL

Tu l'as mal écrasé, Christ, ce reptile immonde[1]
Que toute vérité trouve sur son chemin!
De ses hideux replis il enlace le monde,
Et son dard profond reste aux flancs du genre
                                            [humain.

Tu nous avais promis que l'horrible vipère
Ne renouerait jamais ses livides tronçons,
Que l'homme serait fils, que le Dieu serait père,
Et que tu paierais seul les terrestres rançons.

Deux mille ans sont passés, et l'homme attend encore :
Ah! remonte à ton Père, ange de l'avenir,
Et dis-lui que le soir a remplacé l'aurore,
Et que le don céleste est trop lent à venir.

UN NOM

Florence, 1818.

Il est un nom caché dans l'ombre de mon âme,
Que j'y lis nuit et jour et qu'aucun œil n'y voit,
Comme un anneau perdu que la main d'une femme
Dans l'abîme des mers laissa glisser du doigt.

Dans l'arche de mon cœur, qui pour lui seul s'entrouvre,
Il dort enseveli sous une clef d'airain;
De mystère et de peur mon amour le recouvre,
Comme après une fête on referme un écrin.

Si vous le demandez, ma lèvre est sans réponse.
Mais, tel qu'un talisman formé d'un mot secret,
Quand seul avec l'écho ma bouche le prononce,
Ma nuit s'ouvre, et dans l'âme un être m'apparaît.

En jour éblouissant l'ombre se transfigure;
Des rayons, échappés par les fentes des cieux,
Colorent de pudeur une blanche figure
Sur qui l'ange ébloui n'ose lever les yeux.

C'est une vierge enfant, et qui grandit encore;
Il pleut sur ce matin des beautés et des jours;
De pensée en pensée on voit son âme éclore,
Comme son corps charmant de contours en contours.

Un éblouissement de jeunesse et de grâce
Fascine le regard où son charme est resté.
Quand elle fait un pas, on dirait que l'espace
S'éclaire et s'agrandit pour tant de majesté.

Dans ses cheveux bronzés jamais le vent ne joue.
Dérobant un regard qu'une boucle interrompt,
Ils serpentent collés au marbre de sa joue,
Jetant l'ombre pensive aux secrets de son front.

Son teint calme, et veiné des taches de l'opale,
Comme s'il frissonnait avant la passion,
Nuance sa fraîcheur des moires d'un lis pâle,
Où la bouche a laissé sa moite impression.

Sérieuse en naissant jusque dans son sourire,
Elle aborde la vie avec recueillement;
Son cœur, profond et lourd chaque fois qu'il respire,
Soulève avec son sein un poids de sentiment.

Soutenant sur sa main sa tête renversée,
Et fronçant les sourcils qui couvrent son œil noir,
Elle semble lancer l'éclair de sa pensée
Jusqu'à des horizons qu'aucun œil ne peut voir.

Comme au sein de ces nuits sans brumes et sans
                                              [voiles,
Où dans leur profondeur l'œil surprend les cieux nus,
Dans ses beaux yeux d'enfant, firmament plein
                                              [d'étoiles,
Je vois poindre et nager des astres inconnus.

Des splendeurs de cette âme un reflet me traverse;
Il transforme en Éden ce morne et froid séjour.
Le flot mort de mon sang s'accélère, et je berce
Des mondes de bonheur sur ces vagues d'amour.

— Oh! dites-nous ce nom, ce nom qui fait qu'on
                                              [aime;
Qui laisse sur la lèvre une saveur de miel!
— Non, je ne le dis pas sur la terre à moi-même;
Je l'emporte au tombeau pour m'embellir le ciel.

AU COMTE D'ORSAY

Quand le bronze, écumant dans ton moule d'argile,
Léguera par ta main mon image fragile[1]
À l'œil indifférent des hommes qui naîtront,
Et que, passant leurs doigts dans ces tempes ridées
Comme un lit dévasté du torrent des idées,
Pleins de doute, ils diront entre eux : « De qui ce
[front?

« Est-ce un soldat debout frappé pour la patrie?
Un poète qui chante, un pontife qui prie?
Un orateur qui parle aux flots séditieux?
Est-ce un tribun de paix soulevé par la houle,
Offrant, le cœur gonflé, sa poitrine à la foule,
Pour que la liberté remontât pure aux cieux?

« Car dans ce pied qui lutte et dans ce front qui
[vibre,
Dans ces lèvres de feu qu'entrouvre un souffle libre,
Dans ce cœur qui bondit, dans ce geste serein,
Dans cette arche du flanc que l'extase soulève,
Dans ce bras qui commande et dans cet œil qui rêve,
Phidias a pétri sept âmes dans l'airain! »

Sept âmes, Phidias! et je n'en ai plus une!
De tout ce qui vécut je subis la fortune,

Arme cent fois brisée entre les mains du temps,
Je sème de tronçons ma route vers la tombe,
Et le siècle hébété dit : « Voyez comme tombe
À moitié du combat chacun des combattants!

« Celui-là chanta Dieu, les idoles le tuent!
Au mépris des petits les grands le prostituent.
Notre sang, disent-ils, pourquoi l'épargnas-tu?
Nous en aurions taché la griffe populaire!...
Et le lion couché lui dit avec colère :
Pourquoi m'as-tu calmé? ma force est ma vertu! »

Va, brise, ô Phidias, ta dangereuse épreuve;
Jettes-en les débris dans le feu, dans le fleuve,
De peur qu'un faible cœur, de doute confondu,
Ne dise en contemplant ces affronts sur ma joue :
« Laissons aller le monde à son courant de boue »,
Et que, faute d'un cœur, un siècle soit perdu!

Oui, brise, ô Phidias!... Dérobe ce visage
À la postérité, qui ballotte une image
De l'Olympe à l'égout, de la gloire à l'oubli;
Au pilori du temps n'expose pas mon ombre!
Je suis las des soleils, laisse mon urne à l'ombre :
Le bonheur de la mort, c'est d'être enseveli.

Que la feuille d'hiver au vent des nuits semée,
Que du coteau natal l'argile encore aimée,
Couvrent vite mon front moulé sous son linceul!
Je ne veux de vos bruits qu'un souffle dans la brise,
Un nom inachevé dans un cœur qui se brise!
J'ai vécu pour la foule, et je veux dormir seul.

POÈMES DU COURS FAMILIER
DE LITTÉRATURE

À MADAME VICTOR HUGO,

Le jour où cet époux, comme un vendangeur ivre,
Dans son humble maison t'entraîna par la main,
Je m'assis à la table où Dieu vous menait vivre,
Et le vin de l'ivresse arrosa notre pain.

La nature servait cette amoureuse agape;
Tout était miel et lait, fleurs, feuillages et fruits,
Et l'anneau nuptial s'échangeait sur la nappe,
Premier chaînon doré de la chaîne des nuits!

Psyché de cette cène où s'éveilla ton âme,
Tes yeux noirs regardaient avec étonnement,
Sur le front de l'époux tout transpercé de flamme,
Je ne sais quel rayon d'un plus pur élément :

C'était l'ardent brasier qui consume la vie,
Qui fait la flamme ailleurs, le charbon ici-bas!
Et tu te demandais, incertaine et ravie :
Est-ce une âme? Est-ce un feu?... Mais tu ne tremblais
                                                    [pas.

Et la nuit s'écoulait dans ces chastes délires,
Et l'amour sous la table entrelaçait vos doigts,
Et les passants surpris entendaient ces deux lyres,
Dont l'une chante encore et dont l'autre est sans
                                                    [voix...

Et quand du dernier vin la coupe fut vidée,
J'effeuillai dans mon verre un bouton de jasmin;
Puis je sentis mon cœur mordu par une idée,
Et je sortis d'hier en redoutant demain!

. . . .
. . . .
. . . .
. . . .

Et maintenant je viens, convive sans couronne,
Redemander ma place à la table de deuil;
Il est nuit, et j'entends sous les souffles d'automne
Le stupide Océan hurler contre un écueil!

N'importe; asseyons-nous! Il est fier, tu fus tendre!
— Que vas-tu nous servir, ô femme de douleurs?
Où brûlèrent deux cœurs, il reste un peu de cendre :
Trempons-la d'une larme! — Et c'est le pain des
[pleurs!

5 juin 1856.

LE DÉSERT,

OU

L'IMMATÉRIALITÉ DE DIEU

MÉDITATION POÉTIQUE

I

Il est nuit... Qui respire?... Ah! c'est la longue haleine,
La respiration nocturne de la plaine!
Elle semble, ô désert! craindre de t'éveiller.

Accoudé sur ce sable, immuable oreiller,
J'écoute, en retenant l'haleine intérieure,
La brise du dehors, qui passe, chante et pleure;
Langue sans mots de l'air, dont seul je sais le sens,
Dont aucun verbe humain n'explique les accents,
Mais que tant d'autres nuits sous l'étoile passées
M'ont appris, dès l'enfance, à traduire en pensées.
Oui, je comprends, ô vent! ta confidence aux nuits :
Tu n'as pas de secret pour mon âme, depuis
Tes hurlements d'hiver dans le mât qui se brise,
Jusqu'à la demi-voix de l'impalpable brise
Qui sème, en imitant des bruissements d'eau,
L'écume du granit en grains sur mon manteau.

. . . .

Quel charme de sentir la voile palpitante
Incliner, redresser le piquet de ma tente,
En donnant aux sillons qui nous creusent nos lits
D'une mer aux longs flots l'insensible roulis!
Nulle autre voix que toi, voix d'en haut descendue,
Ne parle à ce désert muet sous l'étendue.
Qui donc en oserait troubler le grand repos?
Pour nos balbutiements aurait-il des échos?
Non; le tonnerre et toi, quand ton *simoun* y vole,
Vous avez seuls le droit d'y prendre la parole,
Et le lion, peut-être, aux narines de feu,
Et Job, lion humain, quand il rugit à Dieu!...

. . . .

Comme on voit l'infini dans son miroir, l'espace!
À cette heure où, d'un ciel poli comme une glace,
Sur l'horizon doré la lune au plein contour
De son disque rougi réverbère un faux jour,
Je vois à sa lueur, d'assises en assises,
Monter du noir Liban les cimes indécises,
D'où l'étoile, émergeant des bords jusqu'au milieu,
Semble un cygne baigné dans les jardins de Dieu.

II

Sur l'océan de sable où navigue la lune,
Mon œil partout ailleurs flotte de dune en dune;
Le sol, mal aplani sous ses vastes niveaux,
Imite les grands flux et les reflux des eaux.
À peine la poussière, en vague amoncelée,
Y trace-t-elle en creux le lit d'une vallée,
Où le soir, comme un sel que le bouc vient lécher,
La caravane boit la sueur du rocher.
L'œil, trompé par l'aspect au faux jour des étoiles,
Croit que, si le navire, ouvrant ici ses voiles,
Cinglait sur l'élément où la gazelle a fui,
Ces flots pétrifiés s'amolliraient sous lui,
Et donneraient aux mâts courbés sur leurs sillages
Des lames du désert les sublimes tangages!

. . . .

Mais le chameau pensif, au roulis de son dos,
Navire intelligent, berce seul sur ces flots;
Dieu le fit, ô désert! pour arpenter ta face,
Lent comme un jour qui vient après un jour qui passe,
Patient comme un but qui ne s'approche pas,
Long comme un infini traversé pas à pas,
Prudent comme la soif quarante jours trompée,
Qui mesure la goutte à sa langue trempée;
Nu comme l'indigent, sobre comme la faim,
Ensanglantant sa bouche aux ronces du chemin;
Sûr comme un serviteur, humble comme un esclave,
Déposant son fardeau pour chausser son entrave,
Trouvant le poids léger, l'homme bon, le frein doux,
Et pour grandir l'enfant pliant ses deux genoux!

. . . .

III

Les miens, couchés en file au fond de la ravine,
Ruminent sourdement l'herbe morte ou l'épine;
Leurs longs cous sur le sol rampent comme un
                                    [serpent;
Aux flancs maigres de lait leur petit se suspend,
Et, s'épuisant d'amour, la plaintive chamelle
Les lèche en leur livrant le suc de sa mamelle.
Semblables à l'escadre à l'ancre dans un port,
Dont l'antenne pliée attend le vent qui dort,
Ils attendent soumis qu'au réveil de la plaine
Le chant du chamelier leur cadence leur peine,
Arrivant chaque soir pour repartir demain,
Et comme nous, mortels, mourant tous en chemin!

. . . .

IV

D'une bande de feu l'horizon se colore,
L'obscurité renvoie un reflet à l'aurore;
Sous cette pourpre d'air, qui pleut du firmament,
Le sable s'illumine en mer de diamant.
Hâtons-nous!... replions, après ce léger somme,
La tente d'une nuit semblable aux jours de l'homme,
Et sur cet océan qui recouvre les pas,
Recommençons la route où l'on n'arrive pas!

Eh! ne vaut-elle pas celles où l'on arrive?
Car, en quelque climat que l'homme marche ou vive,
Au but de ses désirs, pensé, voulu, rêvé,
Depuis qu'on est parti qui donc est arrivé?...

. . . .

Sans doute le désert, comme toute la terre,
Est rude aux pieds meurtris du marcheur solitaire,
Qui plante au jour le jour la tente de Jacob,
Ou qui creuse en son cœur les abîmes de Job!
Entre l'Arabe et nous le sort tient l'équilibre;
Nos malheurs sont égaux... mais son malheur est
[libre!

Des deux séjours humains, la tente ou la maison,
L'un est un pan du ciel, l'autre un pan de prison;
Aux pierres du foyer l'homme des murs s'enchaîne,
Il prend dans ses sillons racine comme un chêne :
L'homme dont le désert est la vaste cité
N'a d'ombre que la sienne en son immensité.
La tyrannie en vain se fatigue à l'y suivre.
Être seul, c'est régner; être libre, c'est vivre.
Par la faim et la soif il achète ses biens;
Il sait que nos trésors ne sont que des liens.
Sur les flancs calcinés de cette arène avare
Le pain est graveleux, l'eau tiède, l'ombre rare;
Mais, fier de s'y tracer un sentier non frayé,
Il regarde son ciel et dit : Je l'ai payé!...

Sous un soleil de plomb la terre ici fondue
Pour unique ornement n'a que son étendue;
On n'y voit point bleuir, jusqu'au fond d'un ciel noir,
Ces neiges où nos yeux montent avec le soir;
On n'y voit pas au loin serpenter dans les plaines
Ces artères des eaux d'où divergent les veines
Qui portent aux vallons par les moissons dorés
L'ondoiement des épis ou la graisse des prés;
On n'y voit pas blanchir, couchés dans l'herbe molle,
Ces gras troupeaux que l'homme à ses festins immole;
On n'y voit pas les mers dans leur bassin changeant
Franger les noirs écueils d'une écume d'argent,
Ni les sombres forêts à l'ondoyante robe
Vêtir de leur velours la nudité du globe,

Ni le pinceau divers que tient chaque saison
Des couleurs de l'année y peindre l'horizon;
On n'y voit pas enfin, près du grand lit des fleuves,
Des vieux murs des cités sortir des cités neuves,
Dont la vaste ceinture éclate chaque nuit
Comme celle d'un sein qui porte un double fruit!
Mers humaines d'où monte avec des bruits de houles
L'innombrable rumeur du grand roulis des foules!

. . . .

V

Rien de ces vêtements, dont notre globe est vert,
N'y revêt sous ses pas la lèpre du désert;
De ses flancs décharnés la nudité sans germe
Laisse les os du globe en percer l'épiderme;
Et l'homme, sur ce sol d'où l'oiseau même a fui,
Y charge l'animal d'y mendier pour lui!
Plier avant le jour la tente solitaire,
Rassembler le troupeau qui lèche à nu la terre;
Autour du puits creusé par l'errante tribu
Faire boire l'esclave où la jument a bu;
Aux flancs de l'animal, qui s'agenouille et brame,
Suspendre à poids égaux les enfants et la femme;
Voguer jusqu'à la nuit sur ces vagues sans bords,
En laissant le coursier brouter à jeun son mors;
Boire à la fin du jour, pour toute nourriture,
Le lait que la chamelle à votre soif mesure,
Ou des fruits du dattier ronger les maigres os;
Recommencer sans fin des haltes sans repos
Pour épargner la source où la lèvre s'étanche;
Partir et repartir jusqu'à la barbe blanche...
Dans des milliers de jours, à tous vos jours pareils,
Ne mesurer le temps qu'au nombre des soleils;
Puis de ses os blanchis, sur l'herbe des savanes,

Tracer après sa mort la route aux caravanes...
Voilà l'homme!... Et cet homme a ses félicités!
Ah! c'est que le désert est vide des cités;
C'est qu'en voguant au large, au gré des solitudes,
On y respire un air vierge des multitudes!
C'est que l'esprit y plane indépendant du lieu;
C'est que l'homme est plus homme et Dieu même plus
Moi-même, de mon âme y déposant la rouille,   [Dieu.
Je sens que j'y grandis de ce que j'y dépouille,
Et que mon esprit, libre et clair comme les cieux,
Y prend la solitude et la grandeur des lieux!

VI

Tel que le nageur nu, qui plonge dans les ondes,
Dépose au bord des mers ses vêtements immondes,
Et, changeant de nature en changeant d'élément,
Retrempe sa vigueur dans le flot écumant,
Il ne se souvient plus, sur ces lames énormes,
Des tissus dont la maille emprisonnait ses formes;
Des sandales de cuir, entraves de ses pieds,
De la ceinture étroite où ses flancs sont liés,
Des uniformes plis, des couleurs convenues
Du manteau rejeté de ses épaules nues;
Il nage, et, jusqu'au ciel par la vague emporté,
Il jette à l'Océan son cri de liberté!...
Demandez-lui s'il pense, immergé dans l'eau vive,
Ce qu'il pensait naguère accroupi sur la rive!
Non, ce n'est plus en lui l'homme de ses habits,
C'est l'homme de l'air vierge et de tous les pays.
En quittant le rivage, il recouvre son âme :
Roi de sa volonté, libre comme la lame!...

. . . .

VII

Le désert donne à l'homme un affranchissement
Tout pareil à celui de ce fier élément;
À chaque pas qu'il fait sur sa route plus large,
D'un de ses poids d'esprit l'espace le décharge;
Il soulève en marchant, à chaque station,
Les serviles anneaux de l'imitation;
Il sème, en s'échappant de cette Égypte humaine,
Avec chaque habitude, un débris de sa chaîne...
. . . .
Ces murs de servitude, en marbre édifiés,
Ces balbeks tout remplis de dieux pétrifiés,
Pagodes, minarets, panthéons, acropoles,
N'y chargent pas le sol du poids de leurs coupoles;
La foi n'y parle pas les langues de Babel;
L'homme n'y porte pas, comme une autre Rachel,
Cachés sous son chameau, dans les plis de sa robe,
Les dieux de sa tribu que le voleur dérobe!
L'espace ouvre l'esprit à l'immatériel.
Quand Moïse au désert pensait pour Israël,
À ceux qui portaient Dieu, de Memphis en Judée,
L'arche ne pesait pas... car Dieu n'est qu'une idée!

. . . .

VIII

Et j'ai vogué déjà, depuis soixante jours,
Vers ce vague horizon qui recule toujours;
Et mon âme, oubliant ses pas dans sa carrière,
Sans espoir en avant, sans espoir en arrière,
Respirant à plein souffle un air illimité,
De son isolement se fait sa volupté.
La liberté d'esprit, c'est ma terre promise!

Marcher seul affranchit, penser seul divinise!...
. . . .
La lune, cette nuit, visitait le désert;
D'un brouillard sablonneux son disque recouvert
Par le vent du *simoun*, qui soulève la brume,
De l'océan de sable en transperçant l'écume,
Rougissait comme un fer de la forge tiré;
Le sol lui renvoyait ce feu réverbéré;
D'une pourpre de sang l'atmosphère était teinte,
La poussière brûlait, cendre au pied mal éteinte;
Ma tente, aux coups du vent, sur mon front s'écroula,
Ma bouche sans haleine au sable se colla;
Je crus qu'un pas de Dieu faisait trembler la terre,
Et, pensant l'entrevoir à travers le mystère,
Je dis au tourbillon : « Ô Très-Haut! si c'est toi,
Comme autrefois à Job, en chair apparais-moi! »
. . . .

IX

Mais son esprit en moi répondit : « Fils du doute,
Dis donc à l'Océan d'apparaître à la goutte!
Dis à l'éternité d'apparaître au moment!
Dis au soleil voilé par l'éblouissement
D'apparaître en clin d'œil à la pâle étincelle
Que le ver lumineux ou le caillou recèle!
Dis à l'immensité, qui ne me contient pas,
D'apparaître à l'espace inscrit dans tes deux pas!

« Et par quel mot pour toi veux-tu que je me
                                    [nomme?
Et par quel sens veux-tu que j'apparaisse à l'homme?
Est-ce à l'œil, ou l'oreille, ou la bouche, ou la main?
Qu'est-il en toi de Dieu? Qu'est-il en moi d'humain?
L'œil n'est qu'un faux cristal voilé d'une paupière
Qu'un éclair éblouit, qu'aveugle une poussière;

L'oreille, qu'un tympan sur un nerf étendu,
Que frappe un son charnel par l'esprit entendu,
La bouche, qu'un conduit par où le ver de terre
De la terre et de l'eau vit ou se désaltère;
La main, qu'un muscle adroit, doué d'un tact subtil;
Mais quand il ne tient pas, ce muscle, que sait-il?...
Peux-tu voir l'invisible ou palper l'impalpable?
Fouler aux pieds l'esprit comme l'herbe ou le sable?
Saisir l'âme? embrasser l'idée avec les bras?
Ou respirer Celui qui ne s'aspire pas?

« Suis-je opaque, ô mortels! pour vous donner une
Éternelle unité, suis-je un produit du nombre?   [ombre?
Suis-je un lieu pour paraître à l'œil étroit ou court?
Suis-je un son pour frapper sur l'oreille du sourd?
Quelle forme de toi n'avilit ma nature?
Qui ne devient petit quand c'est toi qui mesure?...
. . . .

« Dans quel espace enfin des abîmes des cieux
Voudrais-tu que ma gloire apparût à tes yeux?
Est-ce sur cette terre où dans la nuit tu rampes?
Terre, dernier degré de ces milliers de rampes
Qui toujours finissant recommencent toujours,
Et dont le calcul même est trop long pour tes jours?
Petit charbon tombé d'un foyer de comète
Que sa rotation arrondit en planète,
Qui du choc imprimé continue à flotter,
Que mon œil oublierait aux confins de l'éther
Si, des sables de feu dont je sème ma nue,
Un seul grain de poussière échappait à ma vue?

« Est-ce dans mes soleils? ou dans quelque autre feu
De ces foyers du ciel, dont le grand doigt de Dieu
Pourrait seul mesurer le diamètre immense?

Mais, quelque grand qu'il soit, il finit, il commence.
On calculerait donc mon orbite inconnue?
Celui qui contient tout serait donc contenu?
Les pointes du compas, inscrites sur ma face,
Pourraient donc en s'ouvrant mesurer ma surface?
Un espace des cieux, par d'autres limité,
Emprisonnerait donc ma propre immensité?
L'astre où j'apparaîtrais, par un honteux contraste,
Serait plus Dieu que moi, car il serait plus vaste?
Et le doigt insolent d'un vil calculateur
Comme un nombre oserait chiffrer son Créateur?...
Du jour où de l'Éden la clarté s'éteignit,
L'antiquité menteuse en songe me peignit;
Chaque peuple à son tour, idolâtre d'emblème,
Me fit semblable à lui pour s'adorer lui-même.

  « Le Gange le premier, fleuve ivre de pavots,
Où les songes sacrés roulent avec les flots,
De mon être intangible en voulant palper l'ombre,
De ma sainte unité multiplia le nombre,
De ma métamorphose éblouit ses autels,
Fit diverger l'encens sur mille dieux mortels;
De l'éléphant lui-même adorant les épaules,
Lui fit porter sur rien le monde et ses deux pôles,
Éleva ses tréteaux dans le temple indien,
Transforma l'éternel en vil comédien,
Qui, changeant à sa voix de rôle et de figure,
Jouait le Créateur devant sa créature!
La Perse, rougissant de cet ignoble jeu,
Avec plus de respect m'incarna dans le feu;
Pontife du soleil, le pieux Zoroastre
Pour me faire éclater me revêtit d'un astre.

  « Chacun me confondit avec son élément :
La Chine astronomique avec le firmament;
L'Égypte moissonneuse avec la terre immonde

Que le *dieu-Nil* arrose et le *dieu-bœuf* féconde;
La Grèce maritime avec l'onde ou l'éther
Que gourmandait pour moi Neptune ou Jupiter,
Et, se forgeant un ciel aussi vain qu'elle-même,
Dans la Divinité ne vit qu'un grand poème!

« Mais le temps soufflera sur ce qu'ils ont rêvé,
Et sur ces sombres nuits mon astre s'est levé.

. . . .

X

. . . .

« Insectes bourdonnants, assembleurs de nuages,
Vous prendrez-vous toujours au piège des images?
Me croyez-vous semblable aux dieux de vos tribus?
J'apparais à l'esprit, mais par mes attributs!
C'est dans l'entendement que vous me verrez luire,
Tout œil me rétrécit qui croit me reproduire.
Ne mesurez jamais votre espace et le mien,
Si je n'étais pas tout je ne serais plus rien!

« Non, ce second chaos qu'un panthéiste adore,
Où dans l'immensité Dieu même s'évapore,
D'éléments confondus pêle-mêle brutal
Où le bien n'est plus bien, où le mal n'est plus mal;
Mais ce tout, *centre-Dieu* de l'âme universelle,
Subsistant dans son œuvre et subsistant sans elle :
Beauté, puissance, amour, intelligence et loi,
Et n'enfantant de lui que pour jouir de soi!...
Voilà la seule forme où je puis t'apparaître!
Je ne suis pas un être, ô mon fils! Je suis l'Être!
Plonge dans ma hauteur et dans ma profondeur,
Et conclus ma sagesse en pensant ma grandeur!

Tu creuseras en vain le ciel, la mer, la terre,
Pour m'y trouver un nom; je n'en ai qu'un...
                                        [MYSTÈRE.
. . . .

— Ô Mystère! lui dis-je, eh bien! sois donc ma foi...
Mystère, ô saint rapport du Créateur à moi!
Plus tes gouffres sont noirs, moins ils me sont
J'en relève mon front ébloui de ténèbres!   [funèbres;
Quand l'astre à l'horizon retire sa splendeur,
L'immensité de l'ombre atteste sa grandeur!
À cette obscurité notre foi se mesure,
Plus l'objet est divin, plus l'image est obscure.
Je renonce à chercher des yeux, des mains, des bras,
Et je dis : C'est bien toi, car je ne te vois pas! »

XI

Ainsi dans son silence et dans sa solitude,
Le désert me parlait mieux que la multitude.
Ô désert! ô grand vide où l'écho vient du ciel!
Parle à l'esprit humain, cet immense Israël!
Et moi, puissé-je, au bout de l'uniforme plaine
Où j'ai suivi longtemps la caravane humaine,
Sans trouver dans le sable élevé sur ses pas
Celui qui l'enveloppe et qu'elle ne voit pas,
Puissé-je, avant le soir, las des *Babels* du doute,
Laisser mes compagnons serpenter dans leur route,
M'asseoir au puits de Job, le front dans mes deux
Fermer enfin l'oreille à tous verbes humains,   [mains,
Dans ce morne désert converser face à face
Avec l'éternité, la puissance et l'espace :
Trois prophètes muets, silences pleins de foi,
Qui ne sont pas tes noms, Seigneur! mais qui sont toi,
Évidences d'esprit qui parlent sans paroles,

Qui ne te taillent pas dans le bloc des idoles,
Mais qui font luire au fond de nos obscurités
Ta substance elle-même en trois vives clartés.
Père et mère à toi seul, et seul né sans ancêtre,
D'où sort sans t'épuiser la mer sans fond de l'Être,
Et dans qui rentre en toi jamais moins, toujours plus,
L'Être au flux éternel, à l'éternel reflux!
. . . .

Et puissé-je, semblable à l'homme plein d'audace
Qui parla devant toi, mais à qui tu fis grâce,
De ton ombre couvert comme de mon linceul,
Mourir seul au désert dans la foi du GRAND SEUL!

LA VIGNE ET LA MAISON

PSALMODIES DE L'ÂME

DIALOGUE ENTRE MON ÂME ET MOI

MOI

Quel fardeau te pèse, ô mon âme!
Sur ce vieux lit des jours par l'ennui retourné,
Comme un fruit de douleurs qui pèse aux flancs de
Impatient de naître et pleurant d'être né?   [femme
La nuit tombe, ô mon âme! un peu de veille encore!
Ce coucher d'un soleil est d'un autre l'aurore.
Vois comme avec tes sens s'écroule ta prison!
Vois comme aux premiers vents de la précoce

                                        [automne
Sur les bords de l'étang où le roseau frissonne,
S'envole brin à brin le duvet du chardon!
Vois comme de mon front la couronne est fragile!
Vois comme cet oiseau dont le nid est la tuile

Nous suit pour emporter à son frileux asile
Nos cheveux blancs pareils à la toison que file
La vieille femme assise au seuil de sa maison!

Dans un lointain qui fuit ma jeunesse recule,
Ma sève refroidie avec lenteur circule,
L'arbre quitte sa feuille et va nouer son fruit :
Ne presse pas ces jours qu'un autre doigt calcule,
Bénis plutôt ce Dieu qui place un crépuscule
Entre les bruits du soir et la paix de la nuit!
Moi qui par des concerts saluait ta naissance,
Moi qui te réveillai neuve à cette existence
Avec des chants de fête et des chants d'espérance,
Moi qui fis de ton cœur chanter chaque soupir,
Veux-tu que, remontant ma harpe qui sommeille,
Comme un David assis près d'un Saül qui veille,
     Je chante encor pour t'assoupir?

L'ÂME

Non! Depuis qu'en ces lieux le temps m'oublia seule,
La terre m'apparaît vieille comme une aïeule
Qui pleure ses enfants sous ses robes de deuil.
Je n'aime des longs jours que l'heure des ténèbres,
Je n'écoute des chants que ces strophes funèbres
Que sanglote le prêtre en menant un cercueil.

MOI

Pourtant le soir qui tombe a des langueurs sereines
Que la fin donne à tout, aux bonheurs comme aux
Le linceul même est tiède au cœur enseveli :   [peines;
On a vidé ses yeux de ses dernières larmes,
L'âme à son désespoir trouve de tristes charmes,
Et des bonheurs perdus se sauve dans l'oubli.

Cette heure a pour nos sens des impressions douces
Comme des pas muets qui marchent sur des mousses :
C'est l'amère douceur du baiser des adieux.
De l'air plus transparent le cristal est limpide,
Des mots vaporisés l'azur vague et liquide
      S'y fond avec l'azur des cieux.

Je ne sais quel lointain y baigne toute chose,
Ainsi que le regard l'oreille s'y repose,
On entend dans l'éther glisser le moindre vol;
C'est le pied de l'oiseau sur le rameau qui penche,
Ou la chute d'un fruit détaché de la branche
      Qui tombe du poids sur le sol.

Aux premières lueurs de l'aurore frileuse,
On voit flotter ces fils dont la vierge fileuse
D'arbre en arbre au verger a tissé le réseau :
Blanche toison de l'air que la brume encor mouille,
Qui traîne sur nos pas, comme de la quenouille
      Un fil traîne après le fuseau.

Aux précaires tiédeurs de la trompeuse automne,
Dans l'oblique rayon le moucheron foisonne,
Prêt à mourir d'un souffle à son premier frisson;
Et sur le seuil désert de la ruche engourdie,
Quelque abeille en retard, qui sort et qui mendie,
      Rentre lourde de miel dans sa chaude prison.

Viens, reconnais la place où ta vie était neuve,
N'as-tu point de douceur, dis-moi, pauvre âme veuve,
À remuer ici la cendre des jours morts?
À revoir ton arbuste et ta demeure vide,
Comme l'insecte ailé revoit sa chrysalide,
      Balayure qui fut son corps?

      Moi, le triste instinct m'y ramène :
      Rien n'a changé là que le temps;

Des lieux où notre œil se promène,
Rien n'a fui que les habitants.

Suis-moi du cœur pour voir encore,
Sur la pente douce au midi,
La vigne qui nous fit éclore
Ramper sur le roc attiédi.

Contemple la maison de pierre,
Dont nos pas usèrent le seuil :
Vois-la se vêtir de son lierre
Comme d'un vêtement de deuil.

Écoute le cri des vendanges
Qui monte du pressoir voisin,
Vois les sentiers rocheux des granges
Rougis par le sang du raisin.

Regarde au pied du toit qui croule :
Voilà, près du figuier séché,
Le cep vivace qui s'enroule
À l'angle du mur ébréché!

L'hiver noircit sa rude écorce;
Autour du banc rongé du ver,
Il contourne sa branche torse
Comme un serpent frappé du fer.

Autrefois, ses pampres sans nombre
S'entrelaçaient autour du puits,
Père et mère goûtaient son ombre,
Enfants, oiseaux, rongeaient ses fruits.

Il grimpait jusqu'à la fenêtre,
Il s'arrondissait en arceau;
Il semble encor nous reconnaître
Comme un chien gardien d'un berceau.

Sur cette mousse des allées
Où rougit son pampre vermeil,
Un bouquet de feuilles gelées
Nous abrite encor du soleil.

Vives glaneuses de novembre,
Les grives, sur la grappe en deuil,
Ont oublié ces beaux grains d'ambre
Qu'enfant nous convoitions de l'œil.

Le rayon du soir la transperce
Comme un albâtre oriental,
Et le sucre d'or qu'elle verse
Y pend en larmes de cristal.

Sous ce cep de vigne qui t'aime,
Ô mon âme! ne crois-tu pas
Te retrouver enfin toi-même,
Malgré l'absence et le trépas?

N'a-t-il pas pour toi le délice
Du brasier tiède et réchauffant
Qu'allume une vieille nourrice
Au foyer qui nous vit enfant?

Ou l'impression qui console
L'agneau tondu hors de saison,
Quand il sent sur sa laine folle
Repousser sa chaude toison?

L'ÂME

Que me fait le coteau, le toit, la vigne aride?
Que me ferait le ciel, si le ciel était vide?
Je ne vois en ces lieux que ceux qui n'y sont pas!

Pourquoi ramènes-tu mes regrets sur leur trace?
Des bonheurs disparus se rappeler la place,
C'est rouvrir des cercueils pour revoir des trépas!

I

Le mur est gris, la tuile est rousse,
L'hiver a rongé le ciment;
Des pierres disjointes la mousse
Verdit l'humide fondement;
Les gouttières, que rien n'essuie,
Laissent, en rigoles de suie,
S'égoutter le ciel pluvieux,
Traçant sur la vide demeure
Ces noirs sillons par où l'on pleure,
Que les veuves ont sous les yeux;

La porte où file l'araignée,
Qui n'entend plus le doux accueil,
Reste immobile et dédaignée
Et ne tourne plus sur son seuil;
Les volets que le moineau souille,
Détachés de leurs gonds de rouille,
Battent nuit et jour le granit;
Les vitraux brisés par les grêles
Livrent aux vieilles hirondelles
Un libre passage à leur nid!

Leur gazouillement sur les dalles
Couvertes de duvets flottants
Est la seule voix de ces salles
Pleines des silences du temps.
De la solitaire demeure
Une ombre lourde d'heure en heure
Se détache sur le gazon;

Et cette ombre, couchée et morte,
Est la seule chose qui sorte
Tout le jour de cette maison!

II

Efface ce séjour, ô Dieu! de ma paupière,
Ou rends-le-moi semblable à celui d'autrefois,
Quand la maison vibrait comme un grand cœur de
                                        [pierre
De tous ces cœurs joyeux qui battaient sous ses toits.

À l'heure où la rosée au soleil s'évapore
Tous ces volets fermés s'ouvraient à sa chaleur,
Pour y laisser entrer, avec la tiède aurore,
Les nocturnes parfums de nos vignes en fleur.

On eût dit que ces murs respiraient comme un être
Des pampres réjouis la jeune exhalaison;
La vie apparaissait rose, à chaque fenêtre,
Sous les beaux traits d'enfants nichés dans la maison.

Leurs blonds cheveux, épars au vent de la montagne,
Les filles se passant leurs deux mains sur les yeux,
Jetaient des cris de joie à l'écho des montagnes,
Ou sur leurs seins naissants croisaient leurs doigts
                                        [pieux.
La mère, de sa couche à ces doux bruits levée,
Sur ces fronts inégaux se penchait tour à tour,
Comme la poule heureuse assemble sa couvée,
Leur apprenant les mots qui bénissent le jour.

Moins de balbutiements sortent du nid sonore,
Quand, au rayon d'été qui vient la réveiller,
L'hirondelle au plafond qui les abrite encore,
À ses petits sans plume apprend à gazouiller.

Et les bruits du foyer que l'aube fait renaître,
Les pas des serviteurs sur les degrés de bois,
Les aboiements du chien qui voit sortir son maître,
Le mendiant plaintif qui fait pleurer sa voix,

Montaient avec le jour; et, dans les intervalles,
Sous les doigts de quinze ans répétant leur leçon,
Les claviers résonnaient ainsi que des cigales
Qui font tinter l'oreille au temps de la moisson!

III

Puis ces bruits d'année en année
Baissèrent d'une vie, hélas! et d'une voix,
Une fenêtre en deuil, à l'ombre condamnée,
Se ferma sous le bord des toits.

Printemps après printemps de belles fiancées[1]
Suivirent de chers ravisseurs,
Et, par la mère en pleurs sur le seuil embrassées,
Partirent en baisant leurs sœurs.

Puis sortit un matin pour le champ où l'on pleure
Le cercueil tardif de l'aïeul[2],
Puis un autre, et puis deux[3], et puis dans la demeure
Un vieillard[4] morne resta seul!

Puis la maison glissa sur la pente rapide
Où le temps entasse les jours;
Puis la porte à jamais se ferma sur le vide,
Et l'ortie envahit les cours!...

IV

. . . .
. . . .

Ô famille! ô mystère! ô cœur de la nature!
Où l'amour dilaté dans toute créature
Se resserre en foyer pour couver des berceaux,
Goutte de sang puisée à l'artère du monde
Qui court de cœur en cœur toujours chaude et
Et qui se ramifie en éternels ruisseaux!   [féconde,

Chaleur du sein de mère où Dieu nous fit éclore,
Qui du duvet natal nous enveloppe encore
Quand le vent d'hiver siffle à la place des lits,
Arrière-goût du lait dont la femme nous sèvre,
Qui même en tarissant nous embaume la lèvre;
Étreinte de deux bras par l'amour amollis!

Premier rayon du ciel vu dans des yeux de femmes,
Premier foyer d'une âme où s'allument nos âmes,
Premiers bruits de baisers au cœur retentissants!
Adieux, retours, départs pour de lointaines rives,
Mémoire qui revient pendant les nuits pensives
À ce foyer des cœurs, univers des absents!

. . . .

      Ah! que tout fils dise anathème
      À l'insensé qui vous blasphème!
      Rêveur du groupe universel,
      Qu'il embrasse, au lieu de sa mère,
      Sa froide et stoïque chimère
      Qui n'a ni cœur, ni lait, ni sel!

      Du foyer proscrit volontaire,
      Qu'il cherche en vain sur cette terre

Un père au visage attendri;
Que tout foyer lui soit de glace,
Et qu'il change à jamais de place
Sans qu'aucun lieu lui jette un cri!

Envieux du champ de famille,
Que, pareil au frelon qui pille
L'humble ruche adossée au mur,
Il maudisse la loi divine
Qui donne un sol à la racine
Pour multiplier le fruit mûr!

Que sur l'herbe des cimetières
Il foule, indifférent, les pierres
Sans savoir laquelle prier!
Qu'il réponde au nom qui le nomme
Sans savoir s'il est né d'un homme
Ou s'il est fils d'un meurtrier!...

V

Dieu! qui révèle aux cœurs mieux qu'à l'intelligence!
Resserre autour de nous, faits de joie et de pleurs,
Ces groupes rétrécis où de ta providence
Dans la chaleur du sang nous sentons les chaleurs;

Où, sous la porte bien close,
La jeune nichée éclose
Des saintetés de l'amour
Passe du lait de la mère
Au pain savoureux qu'un père
Pétrit des sueurs du jour;

Où ces beaux fronts de famille,
Penchés sur l'âtre et l'aiguille,

Prolongent leurs soirs pieux :
Ô soirs! ô douces veillées
Dont les images mouillées
Flottent dans l'eau de nos yeux!

Oui, je vous revois tous, et toutes, âmes mortes!
Ô chers essaims groupés aux fenêtres, aux portes!
Les bras tendus vers vous, je crois vous ressaisir,
Comme on croit dans les eaux embrasser des visages
Dont le miroir trompeur réfléchit les images,
Mais glace le baiser aux lèvres du désir.

Toi qui fis la mémoire, est-ce pour qu'on oublie?...
Non, c'est pour rendre au temps à la fin tous ses
Pour faire confluer, là-bas, en un seul cours,   [jours,
Le passé, l'avenir, ces deux moitiés de vie
Dont l'une dit jamais et l'autre dit toujours.
Ce passé, doux Éden dont notre âme est sortie,
De notre éternité ne fait-il pas partie?
Où le temps a cessé tout n'est-il pas présent?
Dans l'immuable sein qui contiendra nos âmes
Ne rejoindrons-nous pas tout ce que nous aimâmes
          Au foyer qui n'a plus d'absent?

Toi qui formas ces nids rembourrés de tendresses
Où la nichée humaine est chaude de caresses,
          Est-ce pour en faire un cercueil?
N'as-tu pas dans un pan de tes globes sans nombre
Une pente au soleil, une vallée à l'ombre
          Pour y rebâtir ce doux seuil?

Non plus grand, non plus beau, mais pareil, mais le
                                        [même,
Où l'instinct serre un cœur contre les cœurs qu'il
                                        [aime,
Où le chaume et la tuile abritent tout l'essaim,
Où le père gouverne, où la mère aime et prie,

Où dans ses petits-fils l'aïeule est réjouie
        De voir multiplier son sein!

Toi qui permets, ô père! aux pauvres hirondelles
De fuir sous d'autres cieux la saison des frimas,
N'as-tu donc pas aussi pour tes petits sans ailes
D'autres toits préparés dans tes divins climats?
Ô douce Providence! ô mère de famille
Dont l'immense foyer de tant d'enfants fourmille,
Et qui les vois pleurer souriante au milieu,
Souviens-toi, cœur du ciel, que la terre est ta fille
        Et que l'homme est parent de Dieu!

MOI

Pendant que l'âme oubliait l'heure
Si courte dans cette saison,
L'ombre de la chère demeure
S'allongeait sur le froid gazon;
Mais de cette ombre sur la mousse
L'impression funèbre et douce
Me consolait d'y pleurer seul :
Il me semblait qu'une main d'ange
De mon berceau prenait un lange
Pour m'en faire un sacré linceul!

ŒUVRE POSTHUME

LES VOILES

Quand j'étais jeune et fier et que j'ouvrais mes ailes,
Les ailes de mon âme à tous les vents des mers,
Les voiles emportaient ma pensée avec elles,
Et mes rêves flottaient sur tous les flots amers.

Je voyais dans ce vague où l'horizon se noie
Surgir tout verdoyants de pampre et de jasmin
Des continents de vie et des îles de joie
Où la gloire et l'amour m'appelaient de la main.

J'enviais chaque nef qui blanchissait l'écume,
Heureuse d'aspirer au rivage inconnu,
Et maintenant, assis au bord du cap qui fume,
J'ai traversé ces flots et j'en suis revenu.

Et j'aime encor ces mers autrefois tant aimées,
Non plus comme le champ de mes rêves chéris,
Mais comme un champ de mort où mes ailes semées
De moi-même partout me montrent les débris.

Cet écueil me brisa, ce bord surgit funeste,
Ma fortune sombra dans ce calme trompeur;
La foudre ici sur moi tomba de l'arc céleste
Et chacun de ces flots roule un peu de mon cœur.

Ischia, 1844, septembre.

DOSSIER

VIE DE LAMARTINE
1790-1869

1790 *7 janvier :* Pierre de Lamartine épouse Alix des Roys.
13 mars : Naissance de Mary-Ann-Eliza-Birch.
21 octobre : Naissance d'Alphonse-Marie-Louis de Lamartine, à Mâcon où il vivra jusqu'en 1797.

1797 *Automne :* Pierre de Lamartine et les siens s'établissent à Milly.

1801 *2 mars :* Alphonse entre à l'institution Puppier, à Lyon.

1802 *9 décembre :* Il s'enfuit de la pension Puppier où il est ramené par la gendarmerie; il y achève l'année scolaire.

1803 *27 octobre :* Il entre au collège des Pères de la Foi (ex-Jésuites), à Belley. Il y suivra les classes de troisième, seconde, rhétorique et philosophie.

1808 *Septembre-octobre :* À Bienassis, chez son ami Guichard, il découvre les philosophes du XVIIIᵉ siècle.

1809 *Janvier-mars :* Séjour à Lyon.
Décembre : Idylle avec « Lucy L*** » (Mlle Pascal).

1810 *Janvier-mai :* Études et plaisirs à Lyon.
Décembre : Intrigue avec Henriette Pommier.

1811 *1ᵉʳ juillet :* Départ pour l'Italie.
Novembre : Séjour à Rome.
30 novembre : Arrivée à Naples où il séjourne jusqu'en avril 1812. Liaison avec « Graziella ».

1812 *Mai :* Retour à Milly dont Lamartine est nommé maire.
Août : Séjour à Paris.

1813 *1er mars :* Naissance de Léon de Pierreclau, fils de Lamartine et de Nina de Pierreclau.
Avril-septembre : Séjour à Paris.
1er octobre-20 novembre : À Milly, Lamartine écrit *Médée,* tragédie.

1814 *Janvier :* Les Alliés à Mâcon.
Juillet-novembre : Lamartine garde du corps à Beauvais et aux Tuileries.
Novembre : Retour à Milly, en congé.

1815 *7 janvier :* Lamartine lit à l'Académie de Mâcon une *Élégie* sur la mort de Parny.
Mars-juin : Les Cent-Jours. Lamartine en Suisse et en Savoie.
Août : Il reprend son service de garde du corps.
1er novembre : il démissionne, puis regagne Milly.

1816 *Juin :* Lamartine annonce qu'il va publier « quatre petits livres d'élégies ».
6-26 octobre : Aux eaux d'Aix, rencontre de Julie Charles.

1817 *Janvier-mai :* Séjour à Paris, où Lamartine fréquente le salon de Mme Charles; il reprend *Saül,* tragédie qu'il achèvera en 1818.
Août-septembre : Il attend en vain Mme Charles à Aix *(Le Lac).*
25 décembre : À Milly, il apprend la mort de Julie, survenue à Paris, le 18 décembre.

1818 *18 octobre :* Talma refuse de présenter *Saül* à la Comédie-Française.

1819 *15 février :* Après le mariage de sa sœur Césarine, où il a été présenté à Miss Birch, Lamartine part pour Paris.
Février-juin : Liaison avec Léna de Larche.
Août-septembre : À Aix, Lamartine revoit Marianne Birch dont il demande la main.
Décembre : Retour à Paris.

1820 *Janvier-mars :* Maladie et conversion de Lamartine.
11 mars : Mise en vente des *Méditations poétiques.*
27 mars : Lamartine nommé attaché d'ambassade à Naples.
6 juin : À Chambéry, Lamartine épouse Marianne-Éliza Birch.

Juillet : Arrivée à Naples.
Septembre-octobre : Ischia.

1821 *20 janvier :* Lamartine quitte Naples. Première concep-
tion des *Visions.*
15 février : À Rome, naissance du petit Alphonse de
Lamartine.

1822 *14 mai :* À Mâcon, naissance de Julia de Lamartine.
Juillet-octobre : Séjour en Angleterre.
4 novembre : À Paris, mort du petit Alphonse.
28 décembre : Neuvième édition des *Méditations poéti-
ques.*

1823 *20 septembre :* La Mort de Socrate.
27 septembre : Nouvelles Méditations poétiques.

1824 *Février :* Mort de Césarine de Vignet, sœur de Lamar-
tine.
19 avril : Mort de Byron, à Missolonghi.
Août : Mort de Suzanne de Montherot, sœur de Lamar-
tine.
4 décembre : Échec de Lamartine à l'Académie françai-
se.

1825 *14 mai : Le Dernier Chant du pèlerinage d'Harold.*
3 juillet : Lamartine nommé secrétaire de légation à
Florence.
2 octobre : Arrivée à Florence.

1826 *Mai-juillet :* Congé en France.
15 octobre : Lamartine chargé d'affaires de France en
Toscane.

1828 *24 août :* Lamartine quitte Florence, en congé de dispo-
nibilité.

1829 *Juin :* Séjour à Paris. Rencontre de Chateaubriand,
Hugo. Lamartine se lie avec Sainte-Beuve.
5 novembre : Élection à l'Académie française.
16 novembre : Mort de la mère de Lamartine.

1830 *1er avril :* Lamartine reçu à l'Académie par Cuvier.
15 juin : Harmonies poétiques et religieuses.
15 septembre : Lamartine démissionne et abandonne la
carrière diplomatique.
15 décembre : Publication de l'ode *Contre la peine de
mort.*

1831 *4 mars :* Mort de Mrs Birch, belle-mère de Lamartine.
Mai-juin : Séjour en Angleterre.
6 juillet : Triple échec à la députation, à Bergues, Toulon et Mâcon.
20 juillet : Dans *L'Avenir, À Némésis.*

1832 *21 janvier :* *Les Révolutions* (dans le *Livre des Cent-et-Un*).
10 juillet : Lamartine s'embarque à Marseille sur l'*Alceste.*
6 septembre : Arrivée à Beyrouth.
20 octobre : Visite au Saint-Sépulcre.
7 décembre : À Beyrouth, mort de Julia.

1833 *7 janvier :* Lamartine élu député de Bergues.
18 octobre : Retour à Mâcon.
23 décembre : Lamartine prend séance à la Chambre.

1834 *15 mars :* *Des destinées de la poésie* paraissent dans la *Revue des Deux Mondes.*

1835 *6 avril :* *Voyage en Orient.*

1836 *22 février :* *Jocelyn.*
22 septembre : À Rome, mise à l'Index du *Voyage en Orient* et de *Jocelyn.*

1837 *4 novembre :* Lamartine élu député de Bergues et de Mâcon.

1838 *12 janvier :* Lamartine opte pour Mâcon-ville.
9 mai : *La Chute d'un Ange.*
27 août : À Rome, mise à l'Index de *La Chute d'un Ange.*

1839 *23 mars :* *Recueillements poétiques.*

1840 *30 août :* Mort de Pierre de Lamartine, père du poète.
Août-septembre : Quatre articles de Lamartine sur *La Question d'Orient, la Guerre et le Ministère* (contre la politique de Thiers).

1841 *7 avril :* Mort d'Aymon de Virieu.
1er juin : Dans la *Revue des Deux Mondes, La Marseillaise de la paix.*
26 juillet : Mort de Léon de Pierreclau.
28 décembre : Échec à la présidence de la Chambre.

1842 *3 juin :* Guizot offre une ambassade à Lamartine.
      10 juillet : Lamartine réélu député de Mâcon.

1843 *27 janvier :* À la Chambre, discours de rupture avec le
      régime.
      Été : Graves soucis d'argent. Lamartine envisage d'aban-
      donner la politique. Il commence à rédiger les *Giron-
      dins.*

1844 *Août-octobre :* Lamartine voyage en Italie avec
      Marianne et ses nièces Cessiat.
      À Ischia, il commence à rédiger les *Confidences.*

1846 *Juin :* Dernière intervention de Lamartine à la tribune de
      la Chambre où il ne reparaîtra que le 29 janvier
      1848.
      2 août : Réélu député de Mâcon.

1847 *17 mars-19 juin : Histoire des Girondins.*

1848 *24 février :* Lamartine chef effectif du Gouvernement
      provisoire.
      23 avril : Lamartine élu de dix départements avec
      1 600 000 voix.
      10 décembre : Aux élections à la présidence de la
      République, Lamartine obtient 17 910 voix.

1849 *2 janvier :* Les *Confidences* commencent à paraître dans
      La Presse.
      20 janvier : Raphaël.
      Avril : Premier numéro du *Conseiller du peuple.*
      13 mai : Lamartine battu aux élections législatives à
      Mâcon.
      8 juillet : Lamartine, élu député du Loiret et de Saône-
      et-Loire, opte pour le Loiret.
      14 juillet : Histoire de la Révolution de 1848.
      7 novembre : Premier volume de l'Édition des Souscrip-
      teurs.

1850 *6 avril :* Première de *Toussaint Louverture,* à la Porte
      Saint-Martin.
      4 mai : Dernier volume de l'Édition des Souscripteurs.
      21 juin-6 août : Voyage en Turquie.
      10 novembre : Dans *La Presse, Au Comte d'Orsay.*

1851 *26 avril :* En librairie, *Geneviève* (publiée en 1850 dans
      Le Conseiller du Peuple).

3 mai : Le Tailleur de pierres de Saint-Point.
31 mai : Nouvelles Confidences.
19 juillet : Premier volume de l'*Histoire de la Restauration* (8 volumes jusqu'en 1853).
Le *Nouveau voyage en Orient* paraît dans *Les Foyers du Peuple.*
2 décembre : Coup d'État qui met fin au *Conseiller du Peuple.*

1852 *20 mars :* Première livraison du *Civilisateur* (qui paraîtra jusqu'à la fin de 1854).
Dans *Le Siècle, Histoire des Constituants.*

1853 *26 novembre :* Les Visions.

1854 *15 avril : Lectures pour tous* (anthologie de Lamartine par lui-même).
Septembre : Histoire de la Turquie (jusqu'en août 1855).

1855 *Histoire de la Russie.*

1856 *Mars :* Première livraison du *Cours familier de littérature* (qui paraîtra mensuellement jusqu'en 1869).

1857 *Mars : La Vigne et la Maison,* dans le *Cours familier* (XVᵉ Entretien).

1858 « La souscription de l'injure. »

1860 *18 décembre :* Vente de Milly.

1863 *21 mai :* Mort de Marianne de Lamartine.

1867 *11 avril :* Le Corps législatif vote une « récompense nationale » à Lamartine.
Septembre : Mariage de Lamartine avec Valentine de Cessiat?

1869 *28 février :* Mort de Lamartine à Paris.

Dans les années qui suivent, paraissent plusieurs œuvres posthumes : *Mémoires inédits* (1870), *Manuscrit de ma Mère* (1871), *Poésies inédites* (1873), *Correspondance* (1873-1875).

NOTICES ET NOTES

Méditations poétiques

Mises en vente le 11 mars 1820, les *Méditations poétiques*, mince volume d'à peine cent vingt pages, comprenaient vingt-quatre poèmes. Dès la seconde édition, lancée au début d'avril, Lamartine ajoutait au recueil original deux « méditations » : *La Retraite* et *Le Génie*. Attestant le succès de l'œuvre, cinq autres éditions suivirent, de mai 1820 au début de 1821. Lamartine, semble-t-il, n'en revit aucune. Le 19 janvier 1822, la *Bibliographie de la France* annonçait une « huitième édition ». Ainsi la diffusion avait été plus lente en 1821. Il était temps de relancer le recueil, ce que fit Lamartine en préparant une neuvième édition qui parut à la fin de décembre 1822; cette fois, quatre pièces nouvelles enrichissaient une œuvre dont le contenu et l'ordonnance n'avaient plus changé depuis avril 1820 : *À Elvire, Ode, La Naissance du duc de Bordeaux* et *Philosophie*. Beaucoup plus tard enfin, en 1849, onze autres pièces vinrent porter à quarante et un le total des « Premières Méditations » dans l'Édition des Souscripteurs.

Quelles pièces un éditeur de 1981 doit-il donc grouper sous le titre de *Méditations poétiques?* Il se trouve en présence d'un domaine aux frontières mouvantes. Sa liberté est pourtant bornée par deux partis extrêmes : adopter le groupement de 1849, qui traduit manifestement une volonté de l'auteur; ou bien distinguer très nettement les apports des éditions successives. La première méthode altérerait gravement la physionomie du recueil qui a fait la gloire de Lamartine, en y mêlant des pièces écrites à des dates fort éloignées et dans des conditions très différentes de celles où naquirent les *Méditations*. L'autre méthode, la plus scrupuleuse, convient assurément à un travail historique et critique, mais certains scrupules ne sont-ils pas ici excessifs?

Séparer par exemple l'originale de la seconde édition, sous le prétexte, avancé par Lanson, que le premier recueil est « celui qui établit la réputation du poëte », c'est oublier non seulement que bien des lecteurs de 1820 ne connurent Lamartine qu'à travers la deuxième édition ou celles qui la suivirent au cours de cette même année, mais surtout que les deux pièces ajoutées en avril — un mois à peine après l'originale — datant l'une de 1817, l'autre de 1819, sont les contemporaines du *Lac* et de *L'Automne*. Deux des additions de la neuvième édition sont, elles aussi, antérieures à 1820. Seules l'*Ode sur le duc de Bordeaux* et *Philosophie* ont été écrites après la publication de l'originale. Les séparera-t-on des autres *Méditations?* Ce serait aller contre la volonté de Lamartine lui-même lorsqu'il prépara cette neuvième édition. Celle-ci au surplus respecte l'architecture de 1820.

Nous avons donc adopté l'ordonnance de cette neuvième édition — à cause de sa fidélité au dessein originel et parce qu'à deux exceptions près, elle constitue encore ce choix de ses premiers essais poétiques que le poëte avait voulu offrir au public. Quant au texte, si nous avons suivi également cette édition qui rectifie heureusement des inadvertances de 1820, nous ne nous sommes pas interdit de contrôler et au besoin de rectifier à notre tour les leçons de 1823, grâce aux données de l'originale et du manuscrit. Dans tous les cas où la volonté de l'auteur n'apparaissait pas nettement dans les variantes postérieures à l'originale, toutes les fois aussi où il ne s'agissait pas d'évidentes erreurs typographiques ayant échappé à l'attention de Lamartine ou de ses correcteurs, notre principe a été la fidélité à l'originale.

P. 21

1. Début d'un vers de Virgile, *Bucoliques*, III, 60 : « Commençons par Jupiter. »

P. 23   I. L'ISOLEMENT

Achevé à Milly en août 1818, *L'Isolement*, primitivement dédié à Virieu, faisait partie des « deux ou trois » méditations dont Didot fit un tirage limité en avril 1819.

P. 25   II. L'HOMME

Composé en septembre-octobre 1819.

P. 33   III. A ELVIRE

Composée peut-être dès 1814, la pièce est adressée à l'Elvire napolitaine que plus tard Lamartine nommera *Graziella*. Elle appartenait au recueil d'élégies que Lamartine avait écrites en émule de Parny — qu'il faut reconnaître sans doute sous l'invocation « ô maître de la lyre! » du v. 18.

1. Cynthie, Laure, Éléonore ont inspiré Properce, Pétrarque et le Tasse. Mais Éléonore est aussi le nom de la jeune fille chantée par Parny.

P. 35   IV. LE SOIR

Le Soir fut écrit à Montculot, vraisemblablement à la fin du printemps de 1819.

P. 37   V. L'IMMORTALITÉ

L'Immortalité fut composée à l'automne de 1817, quelques semaines avant la mort de Julie Charles. Une première rédaction, intitulée *Méditation. À Julie,* commençait ainsi :

> Le soleil de nos jours pâlit dès son aurore,
> *Ô ma chère Julie!*

Elle présentait une conclusion assez différente du texte publié :

> Est-ce pour le néant que les êtres sont nés?
> *Non, cet être parfait, suprême intelligence,*
> *À des êtres sans but n'eût pas donné naissance;*
> *Non, ce but est caché, mais il doit s'accomplir,*
> *Et ce qui peut aimer n'est pas né pour mourir!*
> *— Et cependant, jeté dans les déserts du monde,*
> *L'homme, pour s'éclairer dans cette nuit profonde,*
> *N'a qu'un jour incertain, qu'un flambeau vacillant*
> *Qui perce à peine l'ombre et meurt au moindre vent.*
> *Et, tel qu'aux sombres bords l'ombre des Danaïdes*
> *S'efforce de remplir des urnes toujours vides,*
> *Poussé par son esprit, tourmenté par son cœur,*
> *L'un cherche la lumière, et l'autre le bonheur;*
> *L'un sans cesse entouré de nuages funèbres,*
> *Creusant autour de soi ne trouve que ténèbres,*
> *Et, suivant vainement la lueur qui le fuit,*
> *De la nuit échappé, retombe dans la nuit;*
> *L'autre, altéré d'amour, enivré d'espérance,*

Vers un but fugitif incessamment s'élance;
Toujours prêt de l'atteindre et toujours abusé,
Sur lui-même à la fin il retombe épuisé.
Ainsi, l'homme flottant de misère en misère
Du berceau vers la tombe achève la carrière,
Et, du temps ou du sort jouet infortuné,
Descendant au tombeau, dit : Pourquoi suis-je né?
— Pourquoi? pour mériter, pour expier peut-être.
Et puisque tu naquis, il était bon de naître!

P. 41   VI. LE VALLON

Sur le même carnet où figure *L'Immortalité*, des esquisses de ce poème donnent trois stances complètes :

La Pensée en ces lieux, plus lente et plus limpide,
Respirant par degrés la paix de ce séjour,
Dort comme un lac d'azur qu'aucun souffle ne ride
Et qui ne réfléchit que le ciel et le jour.

Mon cœur est en repos, mon âme est en silence,
La voix des passions expire en arrivant,
Comme ces sons lointains qu'affaiblit la distance,
À l'oreille incertaine apportés par le vent.

Le jour où je la vis, nos regards s'entendirent.
L'âme comprend un geste, un regard, un soupir!
Sans nous être parlé, nos cœurs se confondirent,
Je sentis qu'il fallait ou parler ou mourir.

Conçue à Aix un « 8 août » et vouée au souvenir de Julie, cette ébauche s'est combinée avec une pièce sur la « Vallée Férouillat », inspirée par un séjour de Lamartine au Grand-Lemps chez Virieu. Dans *Le Vallon,* composé sans doute pendant l'été de 1819, le poète, au moins au début, semble parler au nom de son ami Virieu.

P. 44   VII. LE DÉSESPOIR

Conçue en juillet 1818, achevée en mai 1819, cette *Ode au malheur* (titre des manuscrits) était originellement dédiée à Virieu.

1. Avant de se tuer à Utique, Caton, selon Plutarque, relut le *Phédon.* Brutus se suicida, quatre ans plus tard, après sa défaite à Philippes. Rousseau associe déjà ces deux exemples dans un passage de l'*Émile,* IV, dont Lamartine peut se souvenir ici.

P. 48 VIII. LA PROVIDENCE À L'HOMME

Achevée à Montculot le 26 mai 1819, *La Providence* répond au *Désespoir*. Cette réponse, Lamartine l'a « faite [...] à contrecœur » (à Saint-Mauris, 27 mai 1819), pour pouvoir placer *Le Désespoir* parmi ses *Méditations*.

P. 52 IX. SOUVENIR

Écrit à Montculot, sans doute en mai-juin 1819.

P. 54 X. ODE

Composée chez Virieu au Grand-Lemps en septembre-octobre 1817, cette *Ode aux Français* est, sur le manuscrit, dédiée « À J.C. » (À Julie Charles).

1. Horace, *Odes*, III, 6, 1 : « Innocent, tu expieras les fautes de tes aînés. »

P. 59 XI. L'ENTHOUSIASME

Les deux premières strophes de l'*Ode aux Français*, composées à l'automne de 1817, ont fourni le début de ce poème. Tout le reste est de 1819.

1. « Pour aimer » Léna de Larche, ainsi que le suggère H. Guillemin ?

P. 62 XII. LA RETRAITE

Composé pendant l'été de 1819.

1. M. de Châtillon qui avait reçu Lamartine dans son château, au bord du lac du Bourget.

2. M. de Châtillon « avait écrit un poème intitulé *Mon lac et mon château* ». (*Commentaire.*)

P. 64 XIII. LE LAC

Une première rédaction comprenait deux strophes supprimées dans les *Méditations* :

« Il coule, et nous passons! »

Elle se tut : nos cœurs, nos yeux se rencontrèrent;
Des mots entrecoupés se perdaient dans les airs;
Et dans un long transport nos âmes s'envolèrent
  Dans un autre univers.

Nous ne pûmes parler : nos âmes affaiblies
Succombaient sous le poids de leur félicité;

> *Nos cœurs battaient ensemble, et nos bouches unies*
> *Disaient : Éternité.*

Juste ciel! se peut-il [...]

L'*Ode au lac de Bourget* (titre du manuscrit), conçue le 29 août 1817, fut achevée en septembre 1817, à Aix, où Lamartine avait en vain attendu Julie Charles.

P. 66   XIV. LA GLOIRE

Première publication, sous le titre de *Stances, À un poète portugais exilé*, en 1818 dans les *Obras completas* de Filinto Elysio (pseudonyme de Francisco Manoel do Nascimento), t. V., p. 6. Le 19 décembre 1817, Lamartine avait lu ce poème à l'académie de Mâcon.

1. Homère.

P. 69 XV. ODE SUR LA NAISSANCE DU DUC DE BORDEAUX

Survenue le 29 septembre 1820, la naissance du fils posthume du duc de Berry fut connue au début d'octobre à Naples où Lamartine était attaché d'ambassade. Dès le 20 novembre 1820, le poète avait achevé une première version de son *Ode*.

1. Les Mages venus de l'Orient pour adorer Jésus enfant. Cf. strophe précédente.
2. Astyanax, fils d'Hector et d'Andromaque.
3. Cette strophe et la suivante sont la reprise presque intégrale de deux strophes de l'*Ode aux Français* de 1817.

P. 73   XVI. LA PRIÈRE

Commencée peut-être dès juillet 1819, *La Prière* était achevée le 20 octobre de la même année.

P. 76   XVII. INVOCATION

La composition se place sans doute en septembre 1817 à Aix.

P. 77   XVIII. LA FOI

Poème achevé peu avant le 11 août 1818.

P. 82   XIX. LE GÉNIE

De ce poème, on possède une mise au net manuscrite datée d'« Aix en Savoye, 2 septembre 1817 ».

1. « L'écroulement [du monde] frappera [le juste] sans l'effrayer » (Horace, *Odes*, III, 3, 8).

2. Allusion à l'ouvrage de Bonald sur la *Législation primitive* (1802).

P. 86   XX. PHILOSOPHIE

La pièce figure dans une lettre d'envoi au marquis de La Maisonfort, ministre de France à Florence, dont Lamartine aspirait à devenir le collaborateur. Datée de Milly, 5 novembre 1821, cette lettre indique que le poème y fut terminé la veille. Lamartine l'avait commencé pendant l'été à Aix.

1. La Maisonfort rimait avec aisance et répondit en vers à l'épître de Lamartine.

P. 90   XXI. LE GOLFE DE BAYA

Composé en 1813.

1. Note ajoutée à partir de la seconde édition. Lamartine, craignant de choquer les Napolitains chez qui il se rendait en mission diplomatique, voulait qu'on entendît par « indignes Césars » Napoléon et Murat, roi de Naples.

P. 93   XXII. LE TEMPLE

La composition date soit de la fin de l'automne 1816, soit du printemps et de l'été 1817.

P. 95   XXIII. CHANTS LYRIQUES DE SAÜL

Ces *chants* groupent les fragments suivants de *Saül,* III, 5 : 1000-1012, 1015-1036, 1039-1070, 1081-1117. Selon le *Commentaire*, « cette méditation est tirée des chœurs » de la tragédie. En réalité, c'est Michol, fille de Saül, qui parle. Les répliques de son père sont ici remplacées par des lignes de points.

P. 99   XXIV. HYMNE AU SOLEIL

La pièce date de l'été 1815.

P. 101   XXV. ADIEU

Un manuscrit de ce poème est daté de « Paris, 19 août 1815 ». « Revenant de la Suisse après les Cent-Jours » *(Commentaire)*, Lamartine s'était arrêté à Bissy, chez le comte de Maistre, oncle de son ami Vignet.

P. 103   XXVI. LA SEMAINE SAINTE À LA ROCHE-GUYON

La pièce fut imprimée en 1819 dans la plaquette Didot. À La Roche-Guyon, chez son ami Rohan, Lamartine avait passé la semaine sainte (6-11 avril) de 1819. Dès le 13, il mentionne dans une lettre les « stances » que lui a inspirées ce séjour.

Nouvelles méditations poétiques

Présentant en 1820 les *Méditations*, Genoude promettait « d'en donner incessamment un second livre ». Les lecteurs qui prirent au sérieux l'annonce mise au dos de la septième édition purent, dès janvier 1821, croire que ce « second livre » était « sous presse ». Annonce d'éditeur... En fait, deux années devaient s'écouler avant que Lamartine signât avec Urbain Canel un traité aux termes duquel il recevait « 14 000 francs comptant » pour un volume « livrable et payable cet été », précisait-il à Virieu le 15 février 1823. Dans la même lettre, cet aveu : « Ayant vendu mon livre, il a bien fallu le faire. »

Certes, le poète avait travaillé depuis le printemps de 1820. À Naples ou de Naples étaient nés des poèmes qui forment le cycle de « la troisième Elvire », Marianne, l'épouse tendrement aimée (*Chant d'amour, Ischia*, l'*odula* des *Préludes*). Certes la mort de M. Charles, en avril 1823, allait rendre Lamartine plus libre de clore par *Le Crucifix*, esquissé depuis longtemps, le cycle de la seconde Elvire. Il avait encore célébré une *Sagesse* assez épicurienne, conçu une *Ode à Bonaparte*, écrit *L'Inspiration* (titre primitif de *L'Esprit de Dieu*). Mais en rassemblant et réunissant tout cela à Saint-Point, en mai 1823, il n'atteignait pas le total promis à Canel. Pour l'atteindre, il allait puiser, largement, dans les élégies de sa jeunesse (*Tristesse, À El****, par exemple) et dans les grands projets abandonnés : l'épopée de *Clovis* (*L'Ange*), la tragédie de *Saül*.

Ainsi est né ce recueil : dans la hâte de livrer en temps voulu un volume imprudemment vendu, dans l'impatience aussi de s'arrêter à ces bagatelles alors qu'on se sent appelé à de plus hauts travaux. « Je n'ai plus que mon poème en tête », écrit Lamartine le 6 août; mais il s'agit des *Visions*, et non de ces

Nouvelles Méditations que la *Bibliographie de la France* annoncera le 27 septembre. Quoi d'étonnant si le recueil ne possède pas même l'unité, déjà assez lâche, des premières *Méditations?* Il groupe des poèmes de tous les genres, écrits en des moments bien différents, de 1815 à 1823 : ici chante le jeune « érotique », là pleure l'amant de Julie, ailleurs s'exprime le chrétien. « Le ton est désuni », note Vigny dans une lettre à Hugo où il proclame son admiration pour quelques poèmes — *Les Préludes, Bonaparte, Chant d'amour* — de ce recueil si inégal. Est-ce parce qu'il reconnaissait le bien-fondé de tels reproches que Lamartine, entre la première et la seconde édition « revue et corrigée » (*Bibliographie de la France,* 27 décembre 1823), opéra de menues rectifications, censura le *Chant d'amour* et remania le classement des pièces? Séparer *La Sagesse* du *Crucifix* pour la rapprocher de *Sapho,* grouper les poèmes bibliques de *L'Ange* et de *L'Ombre de Samuel,* n'était-ce pas atténuer certaines disparates de l'originale? Cet ordre nouveau demeura inchangé à travers les éditions qui suivirent la seconde. Tout au plus, à partir de 1825 (4ᵉ éd.), Lamartine ajouta-t-il une puis plusieurs pièces à la suite des vingt-six de 1823, dont la disposition ne bougea plus.

L'ordre de la seconde édition semblerait donc s'imposer. Nous lui avons préféré pourtant celui de l'originale qui correspond à un dessein réfléchi : cette édition s'ouvre sur *L'Esprit de Dieu* où Lamartine médite sur l'inspiration poétique; elle s'achève sur ses *Adieux à la poésie.* Cette belle et satisfaisante architecture s'effondre si on substitue, comme le fera Lamartine, *Le Passé* à *L'Esprit de Dieu.* Voici encore un cas où le hasard n'est pas seul en cause : quand *Bonaparte* passe du troisième au septième rang, comment oublier que Lamartine a déjà, *in extremis* — le manuscrit le prouve —, voulu racheter l'audace de son sujet par une strophe nettement royaliste? On peut supposer qu'en préparant sa seconde édition, il craint encore que, malgré cette précaution, le recueil ne semble dominé par ce grand souvenir. Si l'on comprend le scrupule du royaliste, on estimera aujourd'hui que le thème et la beauté de cette ode méritaient la place d'honneur que le poète lui avait d'abord donnée. Il serait assurément naïf de chercher à chaque rang des justifications. Du moins avons-nous assez de raisons pour choisir l'ordre de l'originale.

Pour le texte lui-même l'hésitation n'est guère permise : si les éditions II et suivantes apportent quelques amendements, ceux-ci importent moins que la suppression de strophes entières. Nous reproduisons donc le texte, seul intégral, de la première édition. Nos rares rectifications concernent des erreurs typographiques; qu'elles aient ou non été corrigées par la suite, il suffit que la leçon choisie soit conforme à la volonté du poète, attestée par le manuscrit ou les corrections ultérieures.

P. 123

1. « Muses, tout est plein de Jupiter! » Fin du vers de Virgile (*Bucoliques,* III, 60) dont le début formait l'épigraphe des *Méditations poétiques.*

P. 125   I. L'ESPRIT DE DIEU

Commencé dès l'été ou l'automne de 1821. Mis au net à Mâcon en 1822. Dédié à Louis de Vignet.

1. Erreur de Lamartine pour Laban chez qui Jacob, son gendre, fut en effet « berger ». « Laban » remplace « Jéthro » à partir de la quatrième édition.

2. Cf. *Genèse,* XXXII, 25-33.

P. 128   II. SAPHO

Texte de 1816 d'après le *Commentaire,*ou de 1819, selon une conjecture de Fernand Letessier.

P. 134   III. BONAPARTE

Napoléon était mort le 5 mai 1821. Lamartine a raconté *(Commentaire)* comment il aurait appris cette nouvelle à Aix quelques semaines plus tard. En février 1822, il lit avec admiration l'ode de Manzoni, *Il Cinque Maio :* « Je voudrais l'avoir faite » (à Virieu, 26 février). L'année suivante, à Saint-Point, il écrit *Le Tombeau d'un guerrier. Ode* qu'il achève le 24 juin. Le manuscrit ne comporte pas la strophe « Ah! si rendant ce sceptre... ». Sans doute le poème reçut-il sa forme définitive pendant l'été « aux eaux » d'Aix, où Lamartine avait annoncé le 22 juin à Virieu qu'il l'emportait « à écrire ».

1. Manuscrit : « Depuis ce nom sacré ». Lamartine a donc songé d'abord à Jésus-Christ.

2. Commentant en 1849 cette ode qu'on avait « trouvée quelquefois trop sévère », alors qu'il s'était toujours jugé « trop indulgent », Lamartine annonce une correction des deux derniers vers :

> Et vous, *peuples, sachez le vain prix du* génie
> *Qui ne fonde pas des* vertus!...

On donne cette pénible variante, non pour son intérêt littéraire, mais comme preuve de la méfiance durable de Lamartine envers l'idôlatrie napoléonienne : le républicain de cinquante-neuf ans n'a pas renié les sévérités du royaliste de trente-deux.

P. 140   IV. LES ÉTOILES

Écrit, selon le *Commentaire,* en « été » à Montculot; probablement à la fin du printemps 1819. On n'a pu identifier la dédicataire.

P. 145   V. LE PAPILLON

Écrit à Saint-Point en mai 1823.

P. 145   VI. LE PASSÉ

Ébauchée en août 1821, cette « odula » fut reprise, semble-t-il, en février 1822 et achevée en janvier 1823. Dédié à Aymon de Virieu. Confident de l'amour pour Julie Charles, il resta jusqu'à sa mort lié très étroitement à Lamartine.

P. 152   VII. TRISTESSE

Ce poème serait, selon le *Commentaire,* inspiré par le souvenir de « Graziella ». F. Letessier le date approximativement de 1815.

P. 153   VIII. LA SOLITUDE

Pièce inspirée, selon le *Commentaire*, par le spectacle des Alpes et du Léman vus « du sommet du mont Jura ».

Un manuscrit permet de dater le poème des premiers mois de 1822, mais la dernière partie peut être plus ancienne.

P. 157   IX. ISCHIA

Ébauché au début d'octobre 1820 (le 9 octobre, d'Ischia, Lamartine envoie à Virieu « des stances toutes fraîches »), le poème fut repris et, semble-t-il, achevé à Mâcon en février 1822 (où Lamartine communique à son ami le passage : « Viens, l'amoureux silence [...] par intervalle expire »).

1. La femme de Lamartine, Mary-Ann-*Eliza*, inspiratrice de ce poème.

P. 161   X. LA BRANCHE D'AMANDIER

Conçues à Rome au printemps de 1821, ces strophes furent offertes, dans la deuxième quinzaine de juin 1821, à Mme Léontine de Genoude.

P. 162   XI. À EL***

Malgré le *Commentaire* qui renvoie à *Raphaël,* il faut dater
cette « élégie » de 1815, date qu'indique le manuscrit. Lamartine
a revu le texte à la fin du printemps ou au début de l'été de
1823 : il l'a retrouvé alors dans les « élégies » de sa jeunesse, du
temps où Parny était son maître.

P. 163   XII. ÉLÉGIE

Pièce sans doute contemporaine de la précédente.

P. 164   XIII. LE POÈTE MOURANT

Le Poète (titre primitif) fut écrit à Saint-Point en 1823.
1. Entre cette strophe et la dernière, le manuscrit de la
Bibliothèque nationale donne celle-ci :

> *Aux cendres des pasteurs que ma cendre mêlée*
> *Repose obscurément dans la sombre vallée*
> *Plantez la croix de bois fragile souvenir*
> *En voyant s'y poser les blanches tourterelles*
> *Vous direz : C'est d'ici qu'un cygne aux chastes ailes*
> *   A pris son vol vers l'avenir!*

P. 170   XIV. L'ANGE

Fragment du *Clovis,* épopée dont Lamartine conçut le projet
en 1813, qu'il reprit en 1818-1819, avant de l'abandonner tout à
fait.

P. 176   XV. CONSOLATION

Écrit, selon Lanson, entre *L'Automne* et le mariage de
Lamartine, ce poème développe en effet le thème de l'espoir
retrouvé indiqué dans l'avant-dernière strophe de *L'Automne*
(ajoutée en 1819).

P. 178   XVI. LES PRÉLUDES

La genèse de cette « sonate de poésie » *(Commentaire)* est
complexe. Les quatre thèmes principaux ont d'abord été
développés en des poèmes distincts, à des dates diverses :
a) Le thème de la guerre inspire un récit de bataille
(v. 159-274) tiré du *Clovis* que Lamartine abandonne vers
juin 1819.
b) Le thème bucolique inspire en 1821 des « vers virgiliens »
(à Virieu, 5 août 1821) emplis du souvenir de Milly. Ce sont eux
qu'on retrouve ici (300-371).
c) À une date incertaine (début de 1822?), Lamartine

compose une « méditation 7ᵉ » intitulée *Tristesse* où l'on reconnaît les v. 102-113 des *Préludes*.

d) Enfin, il dédie « à Marianna, pour le 1ᵉʳ janvier 1823 » une « odula » amoureuse qu'il transportera presque intégralement dans *Les Préludes* (v. 21-85), en atténuant seulement quelques vers trop brûlants.

En préparant son recueil, Lamartine a l'idée de composer avec tous ces fragments des *Chants* (titre maintenu jusque sur l'épreuve) que lui aurait dictés un « esprit capricieux ». Il écrit alors, en 1823, les divers raccords qu'impose ce nouveau dessein.

1. Dédié à Victor Hugo, à partir de la seconde édition.

2. Cette périphrase « noble » désigne les canons. Le passage est extrait du songe prophétique où Clovis voit « *éclore* devant ses yeux » « l'ombre de l'avenir » (*L'Ange,* fin).

P. 190 XVII. L'APPARITION DE L'OMBRE DE SAMUEL À SAÜL

Ce fragment comprend les scènes 2 et 3 de l'acte II de *Saül*.

P. 197   XVIII. STANCES

Le *Commentaire* n'aide nullement à dater ce poème; le manuscrit non plus.

P. 198   XIX. LA LIBERTÉ, OU UNE NUIT À ROME

À Naples, vers la fin de novembre ou le début de décembre 1820, Lamartine avait écrit une apostrophe à la Liberté. À Rome, où il séjourne de la fin janvier au début d'avril 1821, il esquisse *Une nuit à Rome* où le premier fragment prendra place.

Le poème, qui devait être dédié à Fontenay, le fut finalement à la duchesse de Devonshire, que Lamartine avait retrouvée à Rome en 1821.

P. 203   XX. ADIEUX À LA MER

Écrit, d'après le *Commentaire,* à Ischia en 1820. L'indication liminaire « Naples, 1822 » est à la lettre inexacte : Lamartine en 1822 n'était plus à Naples depuis longtemps. Mais ne peut-on supposer que la pièce, écrite ou esquissée à Ischia en 1820, fut reprise en 1822 comme le fut la pièce précédente?

P. 206   XXI. LE CRUCIFIX

C'est « après une année de silence et de deuil », affirme le *Commentaire,* que Lamartine écrivit « cette élégie sépulcrale ».

Le canevas en prose, *Il Crucifisso*, est nécessairement postérieur au printemps de 1818 : il figure en effet parmi d'autres textes écrits ou esquissés par le poète sur les pages blanches ou dans les marges d'une copie de *Saül* exécutée à Paris en « mai (ou mars?) 1818 ». On peut même conjecturer que Lamartine n'a pas ainsi rendu inutilisable cette copie précieuse avant le refus de *Saül* par Talma, ce qui nous porte jusqu'en octobre 1818. Ainsi le canevas daterait au plus tôt de la fin d'octobre 1818, soit dix mois après la mort de Julie. De dix mois à « une année » la différence est bien faible pour un Lamartine. Le *Commentaire*, cette fois, serait donc véridique. À la suite de ce canevas on lit quelques vers sous le titre *Idea* : ce sont les vers donnés « par le dieu », eût dit Valéry : presque toute la première strophe est là.

Dans un autre album, on trouve ce titre : « Fragment III. Le Crucifix ». Or cet album groupe des textes de 1822. Le poème, cette année-là, n'est donc pas encore mis au net. Lamartine ne l'achèvera, semble-t-il, qu'au printemps de 1823.

1. L'abbé de Keravenant, rescapé des prisons révolutionnaires, qui assista Julie Charles à ses derniers moments.

2. 1817-1823 : cela fait sept ans pour qui compte « les quantièmes sur ses doigts » (M. Levaillant).

P. 209   XXII. LA SAGESSE

Première publication dans l'*Almanach des Dames pour l'an 1820*.

P. 212   XXIII. APPARITION

« C'est, dit le *Commentaire*, la même date et la même pensée que dans *Le Crucifix*. »

P. 213   XXIV. CHANT D'AMOUR

Écrit à Ischia, en 1820. Revu peut-être en 1822, ce qui expliquerait l'indication liminaire : « Naples, 1822 » (v. notice des *Adieux à la mer*).

P. 222 XXV. IMPROVISÉE À LA GRANDE-CHARTREUSE

Dans le *Commentaire*, Lamartine écrit : « la marquise de B*** me rencontra en Savoie en allant à Turin, et me pria de l'accompagner à la Grande-Chartreuse. » Or d'Aix, le 6 août 1823, il cite à Virieu « madame de Barol, de Turin [...]. Nous la voyons du matin au soir. Nous sommes allés tous deux à la Grande-Chartreuse ». Le rapprochement de ces deux textes permet de dater ce poème que Lamartine dit avoir écrit « sur *son* genou » *(Commentaire)*. Il fut en effet « improvisé » dans les jours mêmes où le poète achevait son « deuxième volume » *(Corr., ibid.)*.

P. 223   XXVI. ADIEUX À LA POÉSIE

De Naples, le 8 décembre 1820, Lamartine écrit à Virieu : « ... je sens l'évaporation insensible de l'esprit poétique, je le pleure, je l'invoque, je viens même de lui faire mes adieux dans une *Odula* du style d'Horace. » Nous avons là l'acte de naissance du poème que Lamartine reprit à Saint-Point en 1823.

Cette triste année 1825, où le *Chant du sacre* avait suivi *Harold* et précédé les *Épîtres* allait rouvrir à Lamartine les chemins de la plus haute poésie. Quels que soient les mérites de maints poèmes publiés depuis 1820, jamais il n'avait retrouvé le temps ou le pouvoir de composer une œuvre égale aux *Méditations*. Le recueil de 1823, et même *Le Dernier Chant*, abondent en morceaux d'anthologie : nul ne songerait à les comparer, dans leur ensemble, au recueil de 1820. On put croire, un moment, que Lamartine resterait l'homme d'un seul livre. Mais en arrivant le 2 octobre 1825 dans cette Florence qu'il ne quittera qu'à la fin d'août 1828, le diplomate, sans le savoir encore, regagne la patrie du poète. C'est en Toscane que vont naître les *Harmonies*. Lamartine parle d'abord d'« Hymnes » ou de « Psaumes modernes ». Mais s'il hésite sur le titre, une chose est sûre : il s'agira de « poésies purement et seulement religieuses » (à Mme de Raigecourt, 27 septembre 1826). Les manuscrits nous livrent maintes ébauches de ces poésies que Lamartine rassemble bientôt en un album qu'il intitule *Harmonies sacrées. 1826-1827*. En 1828, il ajoute d'autres pièces à celles-ci et lorsqu'il regagne la France, il a déjà de quoi composer un recueil débordant d'adoration et de joie, un recueil qui, selon l'épigraphe empruntée au Psalmiste, chante au Seigneur un chant nouveau : nouveau et qui cependant fait écho à cette longue suite de louanges que de siècle en siècle, les saints et les poètes font monter vers Dieu célébré dans sa création.

Hymnes d'adoration et de bonheur, telles apparaissent les *Harmonies* toscanes. Mais telle n'est pas la tonalité unique des *Harmonies* de 1830 où l'on découvre à côté de l'effusion lyrique la familiarité, et près de l'allégresse l'angoisse. Le recueil rapporté d'Italie n'a pas seulement été revu et mis au net au cours de longs séjours à Saint-Point : il s'est enrichi de poèmes nés entre l'automne de 1828 et le printemps de 1830. Or, d'une part, Lamartine, sous l'influence de Sainte-Beuve, s'est pris à rêver d'une poésie plus simple et plus proche de la vie quotidienne; d'autre part, l'angoisse métaphysique l'a ressaisi et avec elle l'effroi de vieillir et de perdre ceux qui lui sont chers. Les *Novissima verba* qu'il écrit, comme sous la dictée d'une funèbre obsession, à l'automne de 1829, marqueraient le paroxysme de cette crise, si quelques jours plus tard, la mort subite de sa mère ne venait confirmer cruellement ses plus sombres pressentiments. Quelques pièces des *Harmonies* seront écrites sous le coup de ce deuil. Il s'y joindra, dans les derniers jours, ce *Premier Regret* qui évoque le fantôme de la petite Napolitaine.

Ainsi aux *Harmonies* de la joie ont succédé les chants de la douleur, aux hymnes retentissants le ton plus familier de l'*Épître à M. de Sainte-Beuve*. Les *Harmonies* y perdraient en unité si Lamartine n'avait revu en France tout ce qu'il avait écrit en Toscane, si surtout on ne sentait partout présente une âme, tantôt heureuse, tantôt douloureuse, mais toujours religieuse. Comme les *Méditations* avaient offert une sorte de journal sans dates des années 1813-1820, les *Harmonies* nous livrent, dans un savant désordre, les plus profondes pensées et les sentiments les plus vifs de leur auteur entre 1826 et 1830. Il faut ajouter ceci : nous avons là le recueil peut-être le plus soigné de Lamartine. Avec l'authenticité de l'inspiration, le travail — trop rare souvent chez lui — explique assez la qualité exceptionnelle de ce recueil, le plus beau sans doute qu'il ait jamais composé.

Nous donnons les poèmes des *Harmonies* dans le texte de la première édition, qui parut chez Gosselin le 15 juin 1830. Comme pour les œuvres précédentes, nous avons débarrassé l'édition originale de fautes qui avaient échappé à Lamartine et à ses éditeurs, toutes les fois que nous le permettait la collation des diverses leçons.

1. « Chantez au Seigneur un chant nouveau : chantez au Seigneur, terre entière... Car il a fait des merveilles. » Cette épigraphe combine le premier verset du Ps. XCV et le premier verset du Ps. XCVII (dans les éditions modernes, XCVI et XCVIII).

LIVRE PREMIER

P. 231   VI. AUX CHRÉTIENS
            DANS LES TEMPS D'ÉPREUVES

Intitulé *Tolérance*, puis *Charité*, ce poème fut achevé à Livourne le 2 septembre 1826. Il est particulièrement significatif des incertitudes religieuses de Lamartine.

1. Les manuscrits donnent ici une strophe supprimée à la publication :

> *Rompez, rompez tout pacte avec la force humaine*
> *Bornez aux soins d'en-haut votre divin domaine!*
> *Des intérêts mortels cessez de vous troubler!*
> *Redescendez du monde et montez au calvaire!*
> *Héritiers d'une croix, voilà, voilà la chaire*
> *D'où vous deviez parler.*

P. 234   VII. HYMNE DE L'ENFANT À SON RÉVEIL

Intitulé d'abord *Prière du matin d'un enfant*, cet hymne, composé à Florence en octobre 1826, fut remanié et mis au net à Saint-Point en juillet 1829.

LIVRE DEUXIÈME

P. 237   I. PENSÉE DES MORTS

Avant le texte définitif, il y eut au moins quatre états de cette harmonie composée à Lucques en septembre 1826. Titre primitif : *De profundis*.

P. 244   IV. L'INFINI DANS LES CIEUX

De Casciano, le 12 juin 1828, Lamartine écrit à Virieu : « Je t'enverrai ces jours-ci une *Harmonie* que j'écris, intitulée *L'Infini* ou *Que ta volonté soit faite!* »

P. 251   VIII. JEHOVA. — IX. LE CHÊNE.
        X. L'HUMANITÉ — XI. L'IDÉE DE DIEU

Le *Commentaire* évoque le « chêne de Casciano » au pied duquel Lamartine écrivit en 1826 *Le Chêne*. Même si l'on se rappelle qu'il retourna à Casciano en juin 1828 (cf. note de

L'Infini dans les cieux), on retiendra que cette suite dite des « quatre grandes Harmonies » fut au moins ébauchée en Italie et mise au net en France. Le poète l'acheva à Saint-Point le 1er janvier 1829.

LIVRE TROISIÈME

P. 270 II. MILLY, OU LA TERRE NATALE

Composé à Florence en janvier 1827.

1. Au sens strict, Milly n'est pas « la terre natale » de Lamartine qui vit le jour à Mâcon et ne vécut avec sa famille à Milly qu'à partir de 1797.

P. 279 V. HYMNE AU CHRIST

De Mâcon, le 23 avril 1829, Lamartine annonce à Virieu qu'il vient « d'ébaucher » l'*Hymne au Christ*. Il ajoute : « C'est écrit avec foi et amour. » En ces jours où l'homme réaffirme publiquement sa foi par la communion pascale, le poète a-t-il vraiment composé « la seule [Harmonie] qui soit d'esprit nettement catholique » (Levaillant)? Sans doute veut-il répondre à la brochure de Lamennais, *Des Progrès de la Révolution et de la guerre contre l'Église,* parue en février, qui l'a remué; et c'est au catholique Manzoni qu'il dédie son *Hymne*. À lire attentivement ce texte capital, on y reconnaîtra pourtant quelques-uns de ces doutes qui finiront par détacher Lamartine du catholicisme. On verra ci-dessous des variantes importantes du manuscrit de la Bibliothèque nationale. Celui-ci nous fournit le lieu et la date où fut achevé l'*Hymne :* « St. Point 1er mai 1829 ».

1. Entre cette strophe et ce qui suit, on lit dans le manuscrit de la Bibliothèque nationale :

> *Ta loi pour l'homme même est une autre nature!*
> *Ceux même à qui ton nom ô Christ est une injure*
> *Remplis à leur insu de ta seule clarté*
> *Ne pèsent qu'à ton poids le vice et l'imposture*
>   *Ne mesurent qu'à ta mesure*
>   *La justice et la vérité!*
>
> *Le jour dont ta parole inonde leur paupière*
> *Ne leur sert qu'à chercher des taches dans ta foi,*
> *Ta lumière céleste est toute leur lumière,*
> *C'est avec ta raison qu'ils combattent ta loi*

Et de l'aveuglement double et fatal exemple
Éteignant le flambeau d'où le jour est venu,
Avec les pierres de son temple
Ils lapident le Dieu qu'ils n'ont pas reconnu!

2. Entre cette strophe et la suivante, on lit dans le manuscrit de la Bibliothèque nationale :

Tu règnes sur la vie entière,
Tu prends l'homme avant le berceau,
À peine a-t-il vu la lumière
Tu marques son front de ton sceau,
De la mamelle de la femme
Ta parole lait de notre âme
Est notre premier entretien,
Et ton joug sublime et sévère
Du doux souvenir de sa mère
S'adoucit au cœur du chrétien!

P. 291   IX. POURQUOI MON ÂME EST-ELLE TRISTE?

H. Guillemin, croyant reconnaître dans « la femme aux perfides appas » de la strophe XI Léna de Larche, rapprochait ce passage d'une lettre du 6 juin 1827 à Virieu et fixait aux environs de cette date la composition de l'*Harmonie*. Celle-ci fut au moins commencée en décembre 1826. Premier titre : *Quare tristis es anima mea?* (Pourquoi es-tu triste, mon âme?)

LIVRE QUATRIÈME

P. 298   II. INVOCATION POUR LES GRECS

Une lettre à Virieu du 6 avril 1826 montre qu'à cette date Lamartine vient d'achever « une [hymne] pour les Grecs ». La pièce est contemporaine du siège de Missolonghi qui succomba les 22-23 avril 1826.

P. 301   IX. ÉTERNITÉ DE LA NATURE, BRIÈVETÉ DE L'HOMME

Selon le *Commentaire*, ce cantique fut écrit « à Florence, en 1828 ». Lamartine quitta la Toscane à la fin d'août. Le 16 juillet, il écrivait à sa mère qu'il « ne trouvait pas le temps d'écrire un vers ». La composition d'*Éternité de la nature* doit donc être antérieure; peut-être est-elle contemporaine du séjour aux bains de Casciano (mai-juin) où Lamartine écrit *L'Infini dans les cieux*.

P. 304   X. LE PREMIER REGRET

Boulay-Paty note dans son *Journal* que, le 29 mai 1830, Lamartine lui lut cette pièce composée de l'avant-veille. Cette indication concorde avec le *Commentaire* qui place « à Paris », « deux mois avant la Révolution de Juillet », la naissance du *Premier Regret*. On a donc pu croire rigoureusement établie la date du poème. Mais si Lamartine l'avait composé le 27 mai, il aurait dû l'ajouter sur les épreuves qu'il corrigeait dès le 9 mai au moins. Or *Le Premier Regret* figure dans un manuscrit qui a presque certainement servi à l'impression. Il est donc antérieur au début de celle-ci et il faut sans doute le dater des premières semaines (fin mars-début mai) du séjour de Lamartine à Paris.

P. 310   XI. NOVISSIMA VERBA,
                          OU
            MON ÂME EST TRISTE JUSQU'À LA MORT

« J'ai écrit une longue harmonie en seize heures, le 3 novembre 1829, à Montculot. » Cette phrase du *Commentaire* correspond à l'indication finale du manuscrit. Mais ce 3 novembre n'est que le jour où Lamartine acheva *Novissima verba,* intitulé dans le même manuscrit : *Dithyrambes. Le Chant du cygne ou Job,* titre suivi de ces mots : « Montculot, octobre 1829. » Dès le 19 octobre, le poète écrivait à Aimé Martin : « Je voudrais vous voir arriver. Je vous lirai[s] un petit morceau de six cents vers que je viens de faire [...] Cela s'appelle *Job.* » *Novissima verba* comptant 636 vers, on pourrait croire que, le 19 octobre, le poème était achevé; mais ne s'arrêtait-il pas au v. 614 (« N'a pas fait le miroir pour y briser l'image! »)? Au v. 615 commence en effet un nouveau mouvement : le poète, semblant « tourner du côté du bonheur », évoque Julia au bord de la mer en Italie; il s'arrête une première fois, ajoute quatre vers et s'arrête à nouveau « sans avoir conclu » *(Commentaire).* Tout se passe comme s'il reculait devant un pressentiment : ce bonheur avec Julia, dans quelques années, n'aura-t-il pas le même goût d'amertume que cette idylle ave Graziella, sous le même ciel, qu'il a évoquée dans le passage précédent? Quoi qu'on pense de cette conjecture, on retiendra qu'à peu près achevé le 19 octobre, le poème fut repris et mené à terme le

3 novembre 1829.

1. « Dernières paroles. ».

2. Paroles de Jésus à Gethsémani (*Matth.*, XXVI, 38).

3. Sous ce vers, Lamartine inscrit « Fin » et « Montculot, 3 novembre 1829 » (manuscrit de la Bibliothèque nationale).

4. Ayant ajouté les quatre vers précédents, Lamartine inscrit à nouveau : « Fin » (il raye ce mot cinq lignes plus haut) et « Montculot, 3 novembre 1829 » (manuscrit de la Bibliothèque nationale).

Odes politiques

P. 331   I. CONTRE LA PEINE DE MORT

Le 27 septembre 1830, la Chambre avait demandé, dans une adresse au roi, que Louis-Philippe accueillît favorablement l'abolition de la peine de mort en matière politique. Mais, le 17 et le 18 octobre, eurent lieu de violentes manifestations populaires réclamant la mort des ministres de Charles X détenus à Vincennes. Le 24, de Mâcon, Lamartine mandait à Virieu : « Nous attendons aujourd'hui la nouvelle d'une révolution nouvelle à Paris. » Tels sont les circonstances et l'état d'esprit dans lesquels il va écrire, les 2 et 3 novembre, sa « Première Ode au peuple » (titre du manuscrit). Une série de lettres à Aimé Martin permet de suivre les retouches que Lamartine apporte à sa première rédaction, souvent pour contenter les amis des ministres en péril : Guiche, neveu de Polignac, Martignac, son avocat, etc. L'ode parut en une plaquette de 16 p. chez Gosselin, sans doute le 15 décembre (Carrel la commente sévèrement dans *Le National* du 16), au plus tard le 18, jour où l'annonce la *Bibliographie de la France*.

1. Les couronnes de Charles X, Louis XIX (le duc d'Angoulême) et Henri V (le duc de Bordeaux).

2. Les ordonnances du 25 juillet 1830.

3. Celles des quatre ministres emprisonnés : Chantelauze, Guernon-Ranville, Peyronnet et Polignac.

4. Lamartine avait d'abord parlé de « Honteuses saturnales ». Il adoucit l'expression sur le conseil de M. Laîné.

5. Ces deux strophes furent ajoutées le 12 novembre. Mais, pour la fin, Lamartine proposait un texte bien différent :

> *Pour confondre le crime et venger* la Justice
> *Les rois ont inventé les lois et le* supplice,
> *Le peuple inventa la vertu.*

P. 338   II. A NÉMÉSIS

Dans la *Némésis* du 3 juillet 1831, Auguste Barthélemy avait publié une poésie satirique : *À M. de Lamartine, candidat à la députation de Toulon et de Dunkerque*. Ayant échoué de peu dans ces deux circonscriptions, Lamartine répondit à Barthélemy, non pas « le jour même de l'élection » comme il le dit en note, mais dans les jours suivants : l'un des cinq manuscrits est daté de Hondschoote, 10 juillet 1831, l'autre du 12, date que donne *L'Avenir* où le poème parut le 20 juillet.

Barthélemy publia dans la *Némésis* du 31 juillet une *Réponse à M. de Lamartine*. L'année suivante, Lamartine écrivit, mais ne publia pas une *Ode deuxième à Némésis* qu'il incorpora finalement à *Jocelyn*.

1. Lamartine assimile ici Némésis, déesse de la vengeance divine, aux Furies.

2. Barthélemy ayant attaqué le « poète financier », Lamartine fait allusion à l'emploi charitable qu'il fit de la plus grande partie des droits d'auteur des *Harmonies*.

3. Acheté par les princes des prêtres avec les trente deniers de Judas.

4. Barthélemy avait dit :

> « Sais-tu qu'avant d'entrer dans l'arène publique
> Il faut que, devant nous, tout citoyen explique
> Ce qu'il fit pour la liberté? »

5. Ces « premiers autels » sont ceux des Anciens, peut-être aussi ceux de la Révolution. À la liberté païenne, Lamartine va opposer la liberté chrétienne, celle que défend *L'Avenir*, journal de Lamennais et Montalembert.

6. Aucune allusion biblique derrière cette formule. Jehovah ici pourrait se nommer le Destin.

P. 342   III. LES RÉVOLUTIONS

Cette pièce, écrite dans les premiers jours de décembre 1831, sous le coup de l'insurrection de Lyon, où Lamartine avait servi comme lieutenant-colonel de la garde nationale, fut envoyée le 11 décembre à Ladvocat. Elle comptait alors « 350 vers ». *Les Révolutions* parurent d'abord dans le *Livre des Cent-et-Un*, t. III, p. 379 et suiv. (annoncé par la *Bibliographie de la France*, le 21 janvier 1832). Lamartine lui-même soulignait l'identité d'inspiration entre *Les Révolutions* et *La Politique rationnelle*, parue en octobre 1831.

1. Cf. *Genèse*, XXVIII, 12-15.

2. Thèbes, capitale de la Haute-Égypte; Memphis, capitale de la Basse-Égypte.

3. Un des noms de Dieu dans l'Ancien Testament (Maître tout-puissant), que Lamartine donnera au « prophète » de *La Chute d'un Ange*.

4. Roi légendaire d'Éthiopie.

5. La « gloire », selon la conjecture de M. Levaillant.

6. Mot de Jésus à Pierre qui « commençait à enfoncer » dans les flots du lac de Tibériade (*Matth.*, XIV, 31).

7. Le maître d'équipage, chargé de filer les nœuds du loch.

8. « Nous », c'est-à-dire les partisans de la branche aînée parmi lesquels on rangera longtemps encore Lamartine, moins audacieux ici que dans *La Politique rationnelle*.

9. Souvenir de Sardanapale, roi de Ninive, dont Byron et Delacroix avaient remis à la mode la fin spectaculaire.

Poésies diverses

VOYAGE EN ORIENT

P. 355   GETHSÉMANI, OU LA MORT DE JULIA

Dans le *Voyage en Orient* (avril 1835), où ces vers parurent pour la première fois (t. II, p. 277-289), une *note de l'éditeur* affirme que Lamartine écrivit ces vers « quatorze mois après la perte de son unique enfant ». Julia étant morte à Beyrouth le 6 décembre 1832, *Gethsémani* daterait de février 1834. Or, le 1ᵉʳ février 1834, Lamartine remercie le Hollandais Wap pour son poème, *De Dood van Julia :* serait-ce l'occasion qui inspira à Lamartine *Gethsémani?* Il est probable cependant que *Gethsémani* a été écrit à Jaffa où Lamartine resta seul du 22 au 26 avril 1833. Il note en effet à cet endroit du *Voyage en Orient :* « J'écris quelques vers sur la seule pensée qui m'occupe. » Mais rien n'interdit de penser que, nés à Jaffa, ces vers furent repris à Paris, à la fin de l'hiver de 1834, au moment où Lamartine vendit ses « trois volumes de notes de voyage ».

P. 362   JOCELYN

C'est de novembre 1831 aux premiers jours de 1836 que Lamartine écrivit *Jocelyn*. L'édition originale, annoncée le 27 février 1836 par la *Bibliographie de la France*, parut sans doute quelques jours plus tôt. En décembre de la même année, paraissait une « cinquième édition ». Même si l'on corrige « cinquième » en « quatrième », on mesure le succès du poème. Entre-temps, le 17 septembre, la *Bibliographie de la France* avait signalé une « troisième édition, revue et corrigée », celle-là même dont nous suivons le texte, conformément à l'avis autorisé de H. Guillemin.

Le fragment publié ici (emprunté à la *Neuvième Époque*) est trop célèbre pour qu'il soit nécessaire de le présenter.

P. 374   LA CHUTE D'UN ANGE

Cet énorme « épisode » représente l'aboutissement hâtif d'un dessein longuement mûri. Dès 1823 en effet, Lamartine avait imaginé l'histoire d'un ange tombé des cieux par amour pour « une des filles d'Ève ». Mais il écrivit les douze mille vers de *La Chute* en deux périodes de quelques mois chacune : juin-décembre 1836, juillet-décembre 1837.

Cette hâte explique, sans la justifier, l'inégalité frappante entre une conception grandiose et une exécution souvent décevante et en plus d'un endroit ridicule. Si Lamartine « est un poète du XVIIIᵉ siècle », il l'est surtout quand il ne se surveille pas et produit, d'une écriture presque automatique, de longues suites de vers. Dans *La Chute d'un Ange,* la survivance des formes classiques, au pire sens du terme, choque d'autant plus que le dessein et l'imagination sont effrénément romantiques : jamais peut-être une esthétique ne fut aussi inadaptée à l'inspiration. Mais quand on a fait la large part des erreurs, on doit souligner le nombre et la qualité des réussites : si le *Chœur des cèdres,* qu'on va lire dans le texte de l'originale, est l'exemple le plus connu, il n'est pas une exception. Si le « lecteur de Sade » ne sait pas ou sait mal exprimer la cruauté et l'horreur, Lamartine donne avec le *Fragment du livre primitif* un modèle de poésie philosophique et impose à notre imagination des scènes aussi différentes de ton que l'hymen de Cédar et de Daïdha ou la révolte farouche de l'ange déchu lançant le sable du désert vers le ciel hostile.

                    RECUEILLEMENTS POÉTIQUES

Moins d'une année après *La Chute d'un Ange,* la *Bibliographie de la France* annonçait la mise en vente des *Recueillements poétiques* (23 mars 1839). C'était, depuis 1830, le premier recueil lyrique de Lamartine. Mais les éditions des *Œuvres* en 1832 et 1834 avaient regroupé le meilleur de ce que le poète avait écrit après les *Harmonies :* les grandes « odes politiques », la *Réponse à Walter Scott* par exemple; et le poignant *Gethsémani* avait paru dans le *Voyage en Orient* (1835). Que restait-il à Lamartine quand en décembre 1837 il cherchait et trouvait « un marché nouveau de librairie »? Des pièces de circonstance, des vers d'album et trois grands poèmes, dont

Utopie, écrits l'été précédent. Comment faire le poids? En 1838, le poète saisit toutes les occasions de remercier en vers les auteurs qui lui adressent leurs œuvres. Mais tout cela n'atteint pas encore le volume promis à l'éditeur Gosselin. Que faire? Prélever quelque deux cent cinquante vers sur l'inépuisable *Saül,* écrire une longue préface — un chef-d'œuvre d'ailleurs — sous forme de lettre à Léon Bruys d'Ouilly. Enfin, pourquoi ne pas utiliser la première version de l'*Épilogue de Jocelyn?*

On devine qu'un recueil ainsi composé manque d'unité et est fort inégal. Certes, à l'exception du fragment de *Saül,* tous les poèmes dont nous connaissons la date ont été écrits dans la même courte période, de 1834 à 1838. Mais la place faite aux pièces fugitives enlève à l'ensemble cette qualité que possèdent, malgré quelques faiblesses, les *Méditations* ou les *Harmonies.*

P. 379   XXV. UTOPIE

Écrit à « St Point en 2 séances 21 - 22 août 1837 » (indication d'un manuscrit).

1. L'ode de Bouchard est intitulée : *L'Avenir politique en 1837.*

2. Le pont *(Sirât)* « plus tranchant qu'un sabre » que seuls franchissent les élus, passant par-dessus l'enfer pour atteindre le paradis.

3. Le manuscrit de la Bibliothèque nationale donne cette variante significative :

> N'est que *l'*évangile au grand jour;
> *Entre la nature et son maître*
> *L'homme grandi n'a plus de prêtre*
> *Pour porter à Dieu ses accents*
> *Chacun est son prêtre à soi-même*
> *Et le cœur, autel sans emblème*
> *A la prière pour encens.*

ÉDITION DES *ŒUVRES COMPLÈTES* (1843)

P. 389   LA MARSEILLAISE DE LA PAIX

Le 16 mai 1841, Lamartine recevait le *Rheinlied* de Nicolas Becker. Dès le lendemain, « dans son bain », il répondait au poète allemand par *La Marseillaise de la paix* qu'il mit au point les jours suivants. Un « premier jet », daté du 24 mai 1841, fut reproduit dans l'*Album de Saône-et-Loire.* Le poème parut dans la *Revue des Deux Mondes* du 1er juin 1841, avec la date du

« 28 mai » avant de faire partie des pièces nouvelles de l'édition des Œuvres complètes en 1843. Musset, poussé par Mme de Girardin, releva de façon plus cocardière le défi de Becker, et ce fut le célèbre *Rhin allemand* (paru le 15 juin dans la *Revue de Paris*).

1. *Georges,* roman de Dargaud publié en 1840.

2. Cet appel à l'expansion européenne vers l'est est la réponse de Lamartine à la question d'Orient qui avait provoqué la crise de 1840.

3. Comme les frères de Joseph à leur père Jacob (*Genèse,* XXXVII, 31-33).

ÉDITION DES SOUSCRIPTEURS

Au lendemain de sa chute politique, Lamartine se trouve dans une situation financière singulièrement aggravée. Aux dettes anciennes se sont ajoutées celles qu'il a contractées pendant son bref passage au pouvoir : n'a-t-il pas payé de ses deniers certaines dépenses publiques? Pour sortir de là, il envisage plusieurs moyens. L'un d'eux est de se faire lui-même son éditeur : ainsi naît l'Édition des Souscripteurs dont les 14 volumes paraîtront de novembre 1849 à mai 1850. Pour que cette publication attire un public auquel il avait tant de fois déjà offert ses *Œuvres complètes,* le poète enrichit les poèmes connus de *Commentaires.* Ces explications tardives — plus d'un quart de siècle séparant parfois la composition d'un poème du texte qui prétend l'éclairer — ont entraîné sous la plume insouciante de Lamartine de multiples erreurs. Il donne en outre de nombreux poèmes inédits, moins nombreux certes que ne le ferait croire la table des matières, représentant néanmoins un volume assez considérable. Ces inédits, pour ne pas compromettre la vente de l'ensemble, il les répartit entre les différents volumes, sans qu'aucune raison de date ou de genre justifie leur entrée ici ou là : ainsi place-t-il *L'Image du Christ* dans les *Harmonies* et *Un nom* dans les *Recueillements.*

P. 394 SUR L'IMAGE DU CHRIST ÉCRASANT LE MAL

Le manuscrit indique : « sur un dessin de M. Decaisne ».

1. Le dessin de Decaisne représentait l'Enfant Jésus écrasant un serpent.

P. 394 UN NOM

Une version manuscrite, intitulée *Rêverie sur un nom de femme,* est datée de « Florence, 25 novembre 1828 » (Lamartine était, ce jour-là, à Saint-Point); un autre manuscrit de « Florence, 1812 »; l'Édition des Souscripteurs porte : « Florence, 1818 ». Si Lamartine a voulu brouiller les pistes, c'est donc toujours à Florence qu'il rattache ce poème. Aussi, plutôt que de lire Valentine sous ce « nom caché » (thèse longtemps classique), songe-t-on aujourd'hui (H. Guillemin après le baron de Nanteuil) à « Thérésina » Gabrielli, fille de Léna de Larche. La date inexacte de la *Rêverie* s'expliquerait aisément : rentré en France en septembre 1828, Lamartine compose ou met au net cette pièce inspirée par « une vierge enfant », rencontrée quelques mois auparavant à Florence.

P. 397   AU COMTE D'ORSAY

Au comte d'Orsay avait été écrit à Monceau le 4 novembre 1850. Il fut publié dans *La Presse* du 10 novembre 1850 et repris en 1856 dans le *Cours familier* avant d'entrer, en 1860, dans le tome V des *Œuvres complètes*.

Commentaire de l'auteur : c'est un « sublime : Va te faire f... lancé au peuple ».

1. Alfred d'Orsay venait de sculpter le buste de son cousin Lamartine.

COURS FAMILIER DE LITTÉRATURE

Le bon départ pris en 1856 par le *Cours* rendit à Lamartine avec l'optimisme la sérénité nécessaire à l'inspiration. Le sous-titre du manuscrit de *La Vigne* laisse entrevoir qu'il projetait un livre de *Psaumes*. Du moins l'année 1856 vit-elle naître trois beaux poèmes : *À Mme V. Hugo, Le Désert, La Vigne et la Maison,* qu'il fit connaître à ses abonnés et que nous reproduisons en suivant le texte du *Cours familier*.

P. 399 À Mme VICTOR HUGO, SOUVENIR DE SES NOCES

Ces vers parurent dans le tome I, VIᵉ entretien, p. 477-479, du *Cours*. Ils étaient destinés à l'exemplaire des *Contemplations* de Mme V. Hugo, où sur « quelques pages blanches » des amis inscrivaient « quelques lignes de prose ou de vers ».

P. 400   LE DÉSERT

Publié dans le tome II, XIᵉ entretien, p. 389-408, du *Cours*. C'est en septembre 1856 que Lamartine reprit et acheva *Le Désert* (commencé en Orient, en 1832), « méditation tronquée » dont il affirme donner « seulement quelques fragments ».

P. 413 LA VIGNE ET LA MAISON

Écrit en octobre 1856, ce « 14ᵉ psaume » (sous-titre du manuscrit) fut publié dans le tome III, XVᵉ entretien (mars 1857), p. 165-188, du *Cours*.

1. Les sœurs de Lamartine.
2. Peut-être l'oncle aîné, chef de la famille.
3. La mère et les deux sœurs de Lamartine.
4. Le chevalier de Lamartine, père du poète.

ŒUVRE POSTHUME

P. 425 LES VOILES

Ce poème a été retrouvé et publié pour la première fois par Henri Guillemin (*Connaissance de Lamartine*, 1942).

Méditations poétiques

Nouvelles Méditations poétiques

Table 469

Harmonies poétiques et religieuses

LIVRE PREMIER

LIVRE DEUXIÈME

LIVRE TROISIÈME

Table   471

DERNIÈRES PARUTIONS